Stefanie Koch

Konrad Thurano

Beruf: Artist

Stefanie Koch

Konrad Thurano
Beruf: Artist

Herzlichste [signature] & [signature]

[signature]

Droste Verlag

Bildnachweis:
Niels Bolbrinker: S. 6, S. 242
Alle anderen Fotos: Privatbesitz der Familie Thur

Bibliografische Informationen Der Deutschen Bibliothek
Die Deutsche Bibliothek verzeichnet diese Publikation in der
Deutschen Nationalbibliografie; detaillierte bibliografische Daten
sind im Internet über http://dnb.ddb.de abrufbar.

© 2003 Droste Verlag GmbH, Düsseldorf
Schutzumschlagentwurf: Iris Wirker unter Verwendung eines Autogrammfotos

Satz: Droste Verlag
Druck und Bindung: Clausen & Bosse, Leck
ISBN 3-7700-1166-X

www.drosteverlag.de

Inhalt

	Lebenslauf Konrad Thurano	9
1.	Das Jahrhundert eines Artisten	13
2.	Fürstenwall Nr. 26 in Düsseldorf-Bilk	17
3.	Laufbursche im Bankhaus und wie es begann	35
4.	Lehrjahre	43
5.	Zirkus Althoff	63
6.	Die Nacht des unbekannten Artisten	95
7.	Südafrika	117
8.	Nelkentage	165
9.	Der Nahe Osten	175
10.	„Crazy Wire Act"	197
11.	Amerika	223
12.	Zuhause ist, wo eine Bühne für uns steht	233
13.	Heute	243
	Danksagung	256

Artisten

*Sie bringen das Lachen, das leise
Schmunzeln, das Ziehen im Herzen,
das Staunen. Sie schenken den Menschen
einen Moment Vergessen: sich selbst,
die Sorgen, die Ärgernisse. Mit dem Lachen
lösen sie Grenzen auf.*

*Lachen und Staunen kennen keine Sprache,
keine Hautfarbe, keine Religion.
Lachen und Staunen sind die Anliegen,
mit denen sie reisen, und es scheint genau dieses
Gepäck zu sein, das sie schützt. Körpersprache
ist die wirkliche Weltsprache und die beherrschen
die reisenden Artisten meisterhaft.*

*Die Geschichte, die hier erzählt wird,
ist die Geschichte eines solchen Artisten,
der seit 80 Jahren mit diesem Gepäck
durch die Welt reist. Ein ganz besonderer Mensch!*

Konrad Thurano

Lebenslauf Konrad Thurano (Thur)

4. 4. 1909	Konrad Thurano, geboren in Düsseldorf-Bilk
1923	Laufbursche bei der Darmstädter Nationalbank, Düsseldorf
1924	Lehrvertrag mit der Artistengruppe „Pascas" erster Auftritt im Apollo Varieté
1926	Zerfall der „Pascas", Fortsetzung der Lehre in einer Arena
1928	Die „Gebrüder Lindner" entstehen und arbeiten im Zirkus Althoff
1930	Magdalena Thur (Mama) gestorben
1932	Heirat mit Henriette Althoff
1933	Die „Gebrüder Lindner" verlassen den Zirkus und touren erfolgreich durch die Varietés Europas
1934	Geburt von Tochter Jeanette
1938	Emigration nach Südafrika, Zirkus Boswell
1939	Internierung in Pretoria
1940/41	Die Thurs werden Farmer
1944	Geburt von Tochter Sabine (Bieni)
1946	Geburt von Sohn Johannes (Johnjohn)
1950	Schweden, Zirkus Scott
1951	Ende der „Gebrüder Lindner"
1955	Zirkus Althoff in Südafrika, das erste Viermastzelt
1957	August Lindner und Vater Hubert Thur gestorben
1958	Konrad verunglückt, die Familie geht nach Deutschland

1958	Zirkus Franz Althoff
1959	Belgien
1960	Finnland
1961	Monte Carlo, Cannes, Nizza, Türkei und Griechenland
1963	Irak, Beirut, Iran
1964	Zypern, Spanien, Antwerpen, Portugal, Frankreich Der Seilapparat für den Crazy Wire Act entsteht!
1965	Alexandria, Kairo, Teheran und Zirkus Franz Althoff
1966	Zirkus Franz Althoff und Portugal
1968	Japan
1969	Dänemark, Österreich
1970	Schweden, Malmsten Tour
1971	Puerto Rico
1972	Deutschland und England
1973	Portugal, Frankreich
1974	„Lido" Paris (bis 1978)
1976	Auftritt mit Jerry Lewis im „Olympia", Paris
1978	Monte Carlo, Japan, Hamburg
1979	Miami
1980	Übersiedlung nach Amerika, Rentenzeit
1990	Der älteste aktive Artist der Welt
1993	Auftritt im Kolding Theater in Dänemark
1994	Ein Jahr im „Friedrichstadtpalast" Berlin
1998	Konrad feiert den 90. Geburtstag und alle folgenden im wieder eröffneten „Apollo" Varieté Düsseldorf

Hubert Thur, Konrads Vater

„Fangen wir an?"
„Jo. Haben Sie denn auch genug Zeit mitgebracht?"
„Warum?"
„Es war ein langer Weg."

1. Das Jahrhundert eines Artisten

Im März 1909 stand in einer kleinen Straße in Düsseldorf ein Gasmann, der reckte sich, um die einbrechende Dunkelheit zu erhellen und vergessen zu machen. Er zündete im immer gleichen Rhythmus die Gaslampen an. An der Ecke zur Straße Fürstenwall entdeckte er im Licht der Dämmerung eine vertraute Gestalt. Ein einbeiniger Mann auf dem Fahrrad stand mit der freien Pedale an den Bordstein gelehnt. Laterne um Laterne näherte der Gasmann sich dieser Gestalt. Vor der Nr. 26 rief er an der Hauswand hoch: „Len! Len! Komm runter. De Hubert is he!" Während der Gasmann mit kurzem Gruß weiterging, mit vertrauten Bewegungen, Laterne um Laterne entzündete und in die nächste Straße einbog, eilte Len, die eigentlich Magdalene hieß, die Treppen hinunter, um ihrem heimkehrenden Mann in die Wohnung zu helfen.

Hubert Thur, geboren 1861, heiratete 1890 die schöne Magdalene aus Neuss. Die Jungvermählten bezogen eine Wohnung in der Gartenstadt Düsseldorf. In den folgenden Jahren erlebten beide, wie sich die gemütliche Gartenstadt mit atemberaubender Geschwindigkeit zur Industrie- und Großstadt entwickelte. Die Fabrikerbauer kamen aus Belgien, England, der Eifel und vom Niederrhein. Nach der Fertigstellung der Fabriken folgten aus denselben Ländern die Arbeiter. Zählte Düsseldorf 1882 noch 100 000 Einwohner, waren es 1900 schon 213 000. Diese Arbeiter, zumeist junge Männer ohne Familien, mieteten sich oft nur ein Bett bei Fremden, waren so genannte Schlafgänger. Das wiederum verschaffte den Wirtshäusern einen erfreulichen Aufschwung, da sie die Feierabende gern im Wirtshaus unter ihresgleichen verbrachten.

Bald nach ihrer Heirat brachte Magdalene Thur ihr erstes Kind zur Welt, Willi, dem zwei Jahre später Jakob folgte. Die nächsten drei Kinder starben, entweder direkt nach der Geburt oder im ersten Lebensjahr. Kurz vor der Jahrhundertwende wurde Tochter

Judith geboren und ein Jahr später noch ein Sohn, Peter. In den folgenden Jahren musste das Ehepaar Thur weitere drei Kinder kurz nach ihrer Geburt beerdigen.

Der gelernte Bandagist Hubert Thur arbeitete in der Prothesenwerkstatt Hesting, gleich um die Ecke der Prachtmeile Königsallee, in der Schadowstraße. Die Werkstatt stellte Prothesen her, die über oder unter dem Knie oder Ellenbogen verlorene Gliedmaßen ersetzen sollten. Kleine Maschinenteile, Riemen und Bänder fertigte Hubert auf Anfrage zu Hause an. Einer solchen Anfrage folgte er eines Tages, als er während seiner Mittagspause in einer benachbarten Werkstatt einem Freund helfen wollte. Es galt einen neuen Riemen für die Schleifmaschine einzupassen. Auf der anderen Seite der riesigen Schleifmaschine stand unbemerkt ein Lehrling, der ebenfalls die Mittagspause für eine kleine Nebenarbeit nutzte. Hubert Thur zog den Riemen über das erste Rad, befestigte ihn und wickelte das andere Ende um seinen Oberschenkel, um den Riemen stramm zu ziehen. In diesem unglücklichen Moment schaltete der Lehrling auf der anderen Seite die Maschine an. Hubert verletzte sich so schwer, dass sein Bein amputiert werden musste und er selbst nun auch Kunde in Hestings Werkstatt wurde.

Glücklicherweise konnte er weiter arbeiten und lernte, mit einem Bein Fahrrad zu fahren. Nur wenn er gelegentlich ein Glas zuviel trank und im Brauhaus einschlief, brachten ihn Polizisten nach Hause. Die kannten die Familie Thur, denn das Polizeipräsidium war direkt gegenüber ihrer Wohnung im Fürstenwall. Dann eilte Magdalene wieder die Treppe hinunter, um ihrem Mann mit dem Fahrrad nach oben zu helfen.

Als elftes Kind dieser Eltern wurde am 4. April 1909 Konrad Thur (Thurano) geboren.

„Der Herr Hubert Thur erschien heute Morgen vor dem unterzeichnenden Standesbeamten und hat einen Sohn angemeldet", so der Vermerk in der Geburtsurkunde.

90. Geburtstag Vater Thur

Magdalene, Peter und Konrad Thur

„Wie muss ich mir Ihre Eltern vorstellen?"
*„Streng, wir waren katholisch.
Es war eine gute Familienbeziehung, bis heute!"*
„Wie war Ihre Mutter?"
*„Die Mama war eine wunderschöne Frau mit Haaren
bis über den Po. Wenn ich kalte Hände hatte,
konnte ich sie mir in ihren Achseln wärmen!"*

2. Fürstenwall Nr. 26 in Düsseldorf-Bilk

Nach der Jahrhundertwende stieg die Einwohnerzahl Düsseldorfs noch einmal immens an: 1909 zählte die Stadt fast 360 000 Bürger. Der von der „gehobenen Klasse" zunächst scharf attackierte „proletarische Lebenswandel" prägte das Leben in der Innenstadt. Zahlreiche Wirtshäuser etablierten sich in den schmalen Gassen rund um den Stadtkern.

Trotz positiver volkswirtschaftlicher Entwicklungen dankte der seit 1900 amtierende Reichskanzler Bernhard Ernst von Bülow im Jahr 1909 ab. Das Deutsche Reich saß auf einem gewaltigen Schuldenberg, knapp fünf Milliarden Mark betrug die Staatsverschuldung. „Gekauft wird nur, was wir sofort bezahlen können!" Die erste von zwei unumstößlichen Regeln, die das gemeinsame Leben der siebenköpfigen Familie Thur bestimmten. Die zweite: „Ich bin der Herr im Haus!" Mit diesem Ausruf beendete Vater Hubert Streitigkeiten zwischen seinen Kindern, die ihm zu lange dauerten und an seinen Nerven zerrten. Wenn diese Worte über Konrads Kopf hinwegdonnerten, machte er sich klein. Das Nesthäkchen sollte sein Leben lang immer und fast überall der Kleinste bleiben.

Einen einstündigen Fußmarsch vom Fürstenwall entfernt, in Düsseldorf-Hamm, unweit der Rheinfähre nach Neuss, lebte zu dieser Zeit noch der Großvater Thur. Auf den Märkten in und um Düsseldorf verkaufte er Nippessachen, Töpfe, Pfannen und andere Gebrauchsgegenstände für die Küche. Touristen kauften sehr gerne die kleinen Puppen aus Gips oder Porzellan; an christlichen Feiertagen erfreuten sich seine zierlichen Porzellanengel besonderer Beliebtheit. Es gab keinen festen täglichen Markt, vielmehr lösten sich die einzelnen Stadtteile ab. Auf seinem zweirädrigen Wagen fuhr Großvater Thur zum Verkauf nach Eller, Rath oder Derendorf. Samstags schlief er gerne etwas länger, denn es ging zum nicht weit entfernten Markt am Düsseldorfer Rathaus. Neben seinem festen

Platz verkaufte dort eine Cousine aus Hamm Hasen und Kaninchen, tot oder lebendig. Die akkurate Unterteilung des Marktes in kleine Vierecke, in die die Schubkarren der Verkäufer genau hineinpassten, faszinierte den kleinen Konrad. Bei seinen Besuchen schlängelte er sich durch die Karren und Wagen, bis er bei Großvaters Cousine ankam, betrachtete die toten Tiere und streichelte die lebenden. Kam ein Käufer, konnte es passieren, dass Konrad die Vorderläufe eines schon geschlachteten Kaninchens behalten durfte. Es war Pflicht, geschlachteten und gehäuteten Kaninchen das Fell an den Vorderläufen nicht zu entfernen. Einerseits dienten sie als Puderquaste für die Damen, viel wichtiger jedoch war, dass der Käufer sicher sein sollte, keinen „Dachhasen", also eine Katze im Topf zu schmoren, denn gehäutet und mit entfernten Läufen gab es zwischen beiden Tieren kaum einen erkennbaren Unterschied. Meistens verließ Großvater Thur samstags den Markt vorzeitig, um auf dem Heimweg in die eine oder andere Gastwirtschaft einzukehren. So wie sein Sohn Hubert hin und wieder die Hilfe seiner Frau brauchte, benötigte er gelegentlich die Hilfe seiner Nachbarn, wenn er auf dem Nachhauseweg an seinem Haus vorbei bis in den Rhein zu fahren drohte.

Morgens, wenn die Kinder noch schliefen, radelte Hubert Thur die drei Kilometer vom Fürstenwall zur Schadowstraße in Hestings Werkstatt, die sich im Hinterhof der Verkaufsräume befand. Hier saßen die Männer um einen großen Tisch im Schein der Gaslampe, denn das Tageslicht fiel spärlich durch die niedrigen Fenster. Ihre Arbeit bestand nicht nur in der Anfertigung neuer Prothesen, denn da sich der Arm- oder Beinstumpf manchmal veränderte, passten die Bandagisten die Prothesen neu an. Beide Hände wurden für die Arbeit benötigt, und so hielten sie die Prothesen mit einer großen Beinschere fest, die zwischen ihren Knien lag. Die handgearbeiteten, hölzernen Gliedmaßen, zunächst mit Leder überzogen, wurden durch ein Knie- oder Ellenbogengelenk verbunden. Den Lederbeutel für das obere Ende der Prothese nähten sie zuletzt und exakt nach Maß, denn hier musste der Stumpf so bequem wie möglich Platz finden. Griffbereit in einer mit Wasser gefüllten Schale standen brennende Kerzen auf dem Tisch, deren weiches Wachs die Bandagisten benutzten, um die Übergänge von Holz und Leder sauber zu gestalten.

In dieser Atmosphäre, durchsetzt von dem Geruch nach warmem Leder, Holz und Wachs, debattierten die Männer die Tagespolitik. Die gewaltigen Rüstungsausgaben verschärften die Finanzkrise des Deutschen Reiches, die sich auch in den Straßen an der dramatisch ansteigenden Zahl der Bettler und verarmten Frauen, die Lumpen sammelten oder mit gebeugtem Rücken viel zu schweres Brennholz trugen, zeigte.

Die Berechnungen der Astrologen, dass der Halleysche Komet die Erde zerstören könnte, verbreiteten im Mai 1910 das Grauen eines Weltunterganges. Während die Bandagisten mit geübten Griffen Holz glatt schliffen, Leder zuschnitten und aufnähten, diskutierten sie das Für und Wider der Todesstrafe, für deren Beibehaltung die Rechtsgelehrten Deutschlands auf dem Danziger Juristentag votierten. Der Untergang der Titanic im April 1912 beherrschte tage- wenn nicht wochenlang das Gespräch in Hestings Prothesenwerkstatt. Schlagzeilen über einen drohenden Krieg füllten die Blätter. Am Ende ihres zehnstündigen Arbeitstages räumten die Bandagisten die Werkstatt auf und gingen bisweilen noch auf ein Glas in die Schänke, bevor sie sich auf den Heimweg machten. Manchmal nahm Herr Hesting Hubert Thur abends zur Seite, um ihm für Konrad ein abgelegtes Spielzeug seines eigenen Sohnes mitzugeben. Auf diese Weise kam die Familie zu einer ganzen Reihe sehr luxuriöser Kinderspielzeuge, darunter eine Husarenuniform, bestehend aus einem Blechwams, einem Blechhelm und Stiefeln. Konrads am weitesten zurückreichende Erinnerung ist, dass er diese Uniform anlässlich eines Kaiserbesuchs in Düsseldorf trug und dabei die für Düsseldorf typischen Räder schlug.

Ab Ostern 1914 besuchte der fünfjährige Konrad eine Verwahrschule, vergleichbar der heutigen Vorschule, die die Kinder spielerisch auf den Schulunterricht vorbereitete. An einem Strick, der aus vielen Schlaufen bestand, in die die Kinder fassen mussten, marschierten sie unter der Anleitung einer Nonne zur Bilker Kirche und von dort einmal die Woche in eines der umliegenden Bäder zum Duschen. Die Verwahrschule fiel aus, als am 31. Juli 1914 rote Anschlagzettel die Bürger der Stadt über die Machtübernahme durch den kommandierenden General informierten. Am 1. August 1914 erklärte Deutschland Russland den Krieg, es erfolgte die allgemeine

Mobilmachung. Zwei Tage später erklärte Deutschland auch Frankreich den Krieg. Kaiser Wilhelm II. beschwörte die Einigkeit Deutschlands mit dem oft zitierten Satz: „Ich kenne keine Parteien mehr, ich kenne nur noch Deutsche!"

Die in Düsseldorf stationierten Regimenter verließen unter dem Jubel der Bevölkerung die Stadt Richtung Belgien. Mit ihnen zogen Konrads älteste Brüder, Willi und Jakob. Die Kriegsbegeisterung versetzte Düsseldorf in einen Rausch, aber schon drei Wochen später, am 19. August, trafen bereits die ersten Verwundeten ein. Dennoch dauerte die Hochstimmung in der Bevölkerung an. Der einbeinige Bandagist Hubert Thur blieb in Düsseldorf, er konnte nicht eingezogen werden. Auch aus diesem Grunde brachte der Ausbruch des Ersten Weltkrieges keine einschneidende Veränderung in Konrads Leben. Manche Handwerksbetriebe stellten auf Kurzarbeit um, andere schlossen die Türen ganz, weil ihre Gesellen in den Krieg zogen. Hesting brauchte seine Bandagisten, denn unter den heimkehrenden Verwundeten befanden sich viele neue „Kunden" für sein Geschäft. Prothesen hatten Konjunktur.

Düsseldorf veränderte sein Gesicht. Luxusgüter, in der Stadt immer gut zu verkaufen gewesen, wurden schon kurz nach Kriegsausbruch zu Ladenhütern. Die Zahlungsmoral verfiel sehr schnell. Das Privileg, von Montag bis Freitag anschreiben zu lassen und am Samstag zu bezahlen, blieb nur noch sehr wenigen vorbehalten. Der Krieg trieb viele kleine Leute rasch in den Ruin, während die Stahlindustrie mit der gleichen Geschwindigkeit ihren Aufschwung vorantrieb. Düsseldorfs Industrie zählte in den Kriegsjahren zu den bedeutendsten Waffenlieferanten des Reiches. Der Krieg bescherte schon 1915 miserable Ernten, hauptsächlich verursacht durch fehlende Arbeitskräfte und Düngemittel. Die Lebensmittelknappheit und die überhöhten Preise ließen die Wut der Städter auf die Bauern bedrohlich anwachsen. Konrads Leben blieb weitgehend unbelastet von den Auswirkungen der Missernten, schließlich gab es den Großvater und einige Verwandte unter den Gemüsebauern in Düsseldorf-Hamm. Fortwährend schmuggelte Hubert Thur in den Hohlräumen seiner Prothese Lebensmittel. Ein Bruder der Mutter, zu alt für den Krieg, arbeitete in einer Pferdemetzgerei in der Altstadt und ließ ihnen gelegentlich einen Knochen, manchmal sogar ein Stück Fleisch oder Wurst zukommen. Drei Brüder Magdalenes arbeiteten als Köbes (Kellner) in verschiedenen Brauereien in der Altstadt und machten das Bier für Vater und Großvater Thur bezahlbar. Die Kinder des Hauses Fürstenwall Nr. 26 trugen ihren Teil zur Verbesserung der Versorgung bei. Familie Kinnhauer mit Tochter Eva und Sohn Josef wohnten in der ersten Etage, die sie sich mit Konrads ältestem Bruder Willi und seiner Frau teilten. Eva, Josef, genannt „Männemann" und Alvis Lange aus der dritten Etage bildeten mit Konrad aus der zweiten ein unzertrennliches Quartett. Im Hinterhaus der Nr. 26 betrieb Hausbesitzer Kluse zusammen mit seinem ältesten Sohn eine Schmiede. Seine beiden jüngeren Söhne, Willi und Richard, gehörten zum erweiterten Kreis der Truppe vom Fürstenwall. Konrad und seine Freunde sammelten leere Senfpötte, brachten sie zurück zum Krämer und bekamen dafür immer ein wenig Geld und meistens ein Bonbon. Beladene Fuhrwerke, vom Zollhafen kommend, mussten über den Fürstenwall, um in die Innenstadt zu gelangen. Durch das unebene Kopfsteinpflaster fielen oft Teile schlecht befestigter Ladungen herunter, die Kinder rannten hinter den Fuhrwerken her, sammelten eifrig Kohlen, Briketts oder Holzstücke ein, und teilten sich die Beute. Ab der Kreuzung Neusserstraße gehörten die Fuhrwerke der nächsten Kindertruppe und wehe dem, der sich daran nicht hielt. Es konnte passieren, dass die Eltern ein Kind losschickten, um in der Lorettostraße etwas einzukaufen. Dann musste die Neusserstraße überquert werden. Konrad konnte manchmal den Streit umgehen, indem er den Bürgersteig mied. Stellten allerdings rauflustige Jungen die Frage: „Wat willse hier?" gab es natürlich nie eine befriedigende Antwort. Diese Frage endete regelmäßig in einer kleinen Prügelei mit blutigen Nasen und blauen Augen. Die linke Seite der Neusserstraße war etwas weniger gefährlich. Dort wohnten der kleine, dicke Esser und Löckenhof, der Bäckerjunge, der von seinem eigenen Laden träumte und Konditor werden wollte. Auf der Hammerstraße galten die gleichen Bürgersteigregeln. Aber wenn möglich, gingen die Jungs sich aus dem Weg. Konrad, der kleinste seines Alters und deshalb beliebte Zielscheibe, verschaffte sich auf seine Weise Respekt. Wann immer es nötig schien, führte er die zwar nicht scharfe, aber doch sehr eindrucksvolle Dobermann-Hündin der Familie spazieren. Er schritt dann mit der tiefschwarzen „Nelli" und einem Gesichtsausdruck und Habitus, als könne er sie kaum bändigen, den Fürstenwall auf und ab, blieb an der Kreuzung Neusserstraße/Hammerstraße eine Weile stehen, und brachte die gutmütige „Nelli" wieder nach Hause.

Im November 1915 forderte das Reich bereits ausgemusterte Männer auf, sich nochmals auf Tauglichkeit prüfen zu lassen. Dem Reich fehlten Soldaten, der Wirtschaft die Arbeiter. Die Regierung legte Höchstpreise für Milch und Fleisch fest. Nach der Missernte 1915 ergab die Kartoffelernte 1916 nur mehr den halben Ertrag des Vorjahres. Der Schwarzhandel blühte auf. Die Bauern mussten ihre Felder überwachen und Fabriken ihre Waren gut im Auge behalten, denn Diebstähle aller Art gehörten zum Alltag. Die Verwandten in Hamm schützten auch jetzt die Familie Thur vor dem größten Hunger. Vater Hubert half in dieser Zeit dem einen oder anderen Bauern, nähte Lederriemen für ihre Fuhrwerke oder reparierte Geräte. Bauer Kohn, Besitzer eines großen Hofes direkt an der Fähre, bedankte sich eines Tages bei ihm mit dem großzügigen Angebot, dass er die Kinder mal schicken könne, um Gemüse zu holen. Judith und Peter ließen sich das nicht zweimal sagen, sie organisierten einen Handkarren, für den sie sogar die Miete von 50 Pfennig zusammenkratzten, und machten sich mit ihrem kleinen Bruder Konrad auf den Weg nach Hamm. Die gute Stunde Fußmarsch versüßten sich die Geschwister, indem sie sich gegenseitig ausmalten, was am Abend auf den Tisch kommen würde.

Feindselig und schweigend standen sie Bauer Kohn gegenüber, als er ihnen nur einen kleinen Salat gab, der in dem großen Handkarren geradezu winzig wirkte. Dennoch bedankten sie sich mit einem höflichen Knicks und Diener. Judith und Peter drehten den Handkarren und liefen eilig die Auffahrt hinunter. Konrad rannte hinter ihnen her und holte sie vor dem Haus des Großvaters ein, wo sie sich vor Lachen die Bäuche hielten. Auf dem Heimweg imitierte Peter immer wieder den Bauern Kohn und überreichte Konrad und Judith mit dramatischer Geste den kleinen Salat. Zu Hause angekommen, brachten sie erst den Handkarren zurück, dann den Salat zu ihrer Mutter. Gemeinsam beschlossen sie, diese Episode dem

Vater lieber zu verschweigen, denn sie fürchteten seinen Zorn, wenn nicht über ihre Unverschämtheit, dann über Kohns Geiz.

Das Grundnahrungsmittel Kartoffeln sowie Lebensmittel aller Art verschwanden aus den Regalen der Geschäfte. Dennoch gelang es Konrads Mutter, den Kindern ab und zu Rübenkraut aufs Brot zu schmieren. Diese Tage, und die, an denen sie Pflaumen im Haferflockenbrei fanden, waren kleine Feste. Schon im Juli 1916 hungerte die Bevölkerung so sehr, dass der Staat öffentliche Großküchen einrichtete. In der Neusserstraße vor der Gaststätte Kleve stand die Gulaschkanone, die auch Konrad in den Kriegsjahren mit Suppe versorgte. Es folgte der Kohlrübenwinter 1916/17. Im August 1916 beschlagnahmte das Reich die Kohlrüben, die fortan als Ersatz für Brot und Kartoffeln Verwendung finden sollten. Wie viele andere Jugendliche ging auch Konrads Bruder Peter nicht mehr zur Schule, er musste seine Familie mit unterstützen. Zusammen mit seinem Vater, der trotz des verlorenen Beines ein sehr guter Radfahrer war, unternahm er große Touren bis nach Koblenz und sie besorgten, was sie nur konnten! Konrad litt nicht unter den Entbehrungen, die den Kriegsalltag vieler anderer Menschen prägten. Dank seiner Eltern erschien es ihm nie, als würde wirklich etwas fehlen. Und es fehlte sicher manches. Wenn in der Suppe ein Knochen schwamm, bekam ihn stets der kleine Konrad, um die Fleisch- und Knorpelreste abzunagen, und die vier Geschwister hielten zudem ihre Hände über das Nesthäkchen. Nur der Schwester rutschte diese gelegentlich auch mal aus und Konrads Wangen brannten.

Juni 1917. Die Wut und Verzweiflung in der Stadt führte zur Erstürmung und Plünderung von über 200 Läden. Bei den Plünderungen entlud sich der Hass auf die Gemüsebauern und ihre Preise so gewaltig, dass das Militär gegen die eigenen Landsleute eingreifen musste. Viele Düsseldorfer hielten das für Krieg. Der eigentliche Krieg jedoch fand woanders statt. Die Menschen zu Hause wussten nichts von den neuen Kriegsmethoden draußen im Feld, die die Soldaten überforderten. Sie wussten nichts von den ersten Giftgaseinsätzen, den ersten Panzern. Die Modernisierung des Krieges nahm ihren Lauf!

Konrad Thur war neun Jahre alt, als am 11. November 1918 der Erste Weltkrieg zu Ende ging und die Brüder heimkehrten. Das andere Ufer des Rheins, die linksrheinischen Gebiete, blieben unter belgischer Besatzung. Kaiser Wilhelm II. dankte ab und hinterließ ein Deutsches Reich mit über 200 Milliarden Mark Schulden. Ausgelöst durch den Matrosenaufstand in Kiel, entwickelte sich die Novemberrevolution, die in ganz Deutschland Kreise zog, und in deren Folge der Übergang zur parlamentarisch-demokratischen Republik eingeleitet wurde: Am 9. November rief der Sozialdemokrat Scheidemann in Berlin die Republik aus. Die Düsseldorfer verhielten sich abwartend. Die Nachricht, dass sich Kölner Soldaten der Revolution anschlossen, glaubten sie erst, als am nächsten Tag diese Soldaten am Hauptbahnhof eintrafen und bei ihrem Marsch zur Königsallee Soldaten und Offiziere entwaffneten, und anschließend das Polizeirevier in der Corneliusstraße ohne Gewalt in Besitz nahmen. Die Räume des Oberbürgermeisters im Rathaus besetzte – wie in fast allen Ländern und Städten des Reiches – ein Arbeiter- und Soldatenrat, der im Dezember desselben Jahres in Arbeiterrat umbenannt wurde. Dieser neue Rat änderte jedoch nichts an der desolaten Lage der Düsseldorfer: Es fehlte an Nahrungsmitteln, an Wohnungen, an Arbeit. Im Januar 1919 kursierten Gerüchte, dass der Oberbürgermeister und das Generalkommando beabsichtigten, den Arbeiterrat abzuschaffen. Der Spartakusbund, eine Gruppierung innerhalb der SPD, die eine radikal sozialistische Demokratie, ein Rätesystem, anstrebte, sah sich durch diese Gerüchte veranlasst, den Umsturz zu planen. Am 7. Januar fand auf dem Spichernplatz eine große Kundgebung statt. Als die anschließend durch die Stadt ziehenden Demonstranten im Gefängnis Ulmer Höh 150 Häftlinge befreiten, beschloss Oberbürgermeister Oehler mit Regierungspräsident Kruse und Landeshauptmann von Renvers die Flucht auf die andere Rheinseite in Belgisches Gebiet.

Im März 1919 gab es allein in Düsseldorf 24 000 Arbeitslose. Nicht nur die Kriegsheimkehrer ließen die Zahl der Arbeitslosen in die Höhe schnellen, auch die plötzlichen Massenentlassungen in der Metallindustrie schlugen zu Buche. Die Nachfrage nach Hestings Prothesen allerdings blieb konstant. Während der unruhigen Tage arbeitete Hubert Thur zu Hause, die notwendigen Utensilien lagen stets griffbereit an seiner Nähmaschine. Willi Thur nahm seine Arbeit als Chauffeur bei Mannesmann wieder auf und Jakob die seine als Fuhrmann. Für Peter, der während des Krieges die Schule verlassen musste, fand sich eine Lehre als Kostümschneider. Die politischen und gesellschaftlichen Umwälzungen erreichten Konrads Alltag zunächst nicht. Düsseldorf war nach dem Krieg entmilitarisierte Zone, der Besitz und das Führen von Waffen strafbar. Willi, Konrads ältester Bruder, schmuggelte trotzdem sein Armeegewehr nach Hause. Da er zu Recht annahm, dass es in der Wohnung seiner Eltern nicht so schnell gesucht würde, versteckte er das Gewehr im Schrank seines alten Zimmers. Ein paar Tage später spielte Konrad in dem Zimmer und baute sich im Schrank eine Höhle. Zum Glück war er nicht alleine zu Hause, als er das große Gewehr fand. Willi und die Mutter hörten ein ungewöhnliches Geräusch. Magdalenes Mutterinstinkt riet ihr, sofort nachzusehen. Von der viel zu schweren und großen Waffe umgerissen, lag Konrad mit dem Gewehr im Arm auf dem Boden. Am Abend desselben Tages inspizierte Konrad unauffällig alle Zimmer der elterlichen Wohnung. Die Waffe konnte er zu seinem Leidwesen nicht wieder finden.

Konrads Alltag verfügte über feste Regeln. Da sein Schulweg sehr kurz war, gerade mal über die Straße, konnte er etwas länger schlafen als viele seiner Mitschüler. Die anderen Kinder im Haus Nr. 26, Eva, „Männemann" und der dicke Alvis aus der dritten Etage, teilten dieses Privileg mit ihm. Gespannt war Konrad immer auf seine Pausenbrote, denn oft fand er in der Brotdose noch ein unerwartetes Plätzchen oder ein Stückchen Schokolade. Magdalene Thur verwöhnte ihren Nachzögling wo sie nur konnte und schmuggelte mit Vergnügen morgens eine Überraschung in die Brotdose. Die meisten Lehrer mochten den kleinen Konrad, und daher konnte er sich viel erlauben. Allerdings vermuteten sie ihn stets unter den maßgeblichen Unruhestiftern, auch wenn er mal nicht an den Streichen beteiligt war. Es kam einem Automatismus gleich, dass Konrad stets mit herausgerufen wurde, wenn es Rügen zu verteilen gab. „Müller, Heimann, Meier! Und Thur! Rauskommen!" hieß es dann oder „Peters, Schreiner, Kinnhauer! Und Thur! Rauskommen!" Es gab eine Strafpredigt, manchmal Stockschläge. Wagte es ein Lehrer, Konrad ins Gesicht zu schlagen, musste er damit rechnen, dass am nächsten Tag sein ältester Bruder Willi in der Schule auftauchte, um sich auf seine Weise mit dem Lehrer zu unterhalten. Die Thurs kannten kein Pardon, wenn ein Familienmitglied angerührt wurde. Als im Musikunterricht ein zorniger Lehrer Konrad mit der flachen Hand auf die Ohrmuschel schlug, weil er keinen Ton halten konnte, und er anschließend zu Hause fortwährend über Ohrenschmerzen klagte, passierte es. Willi erschien tags darauf in der Schule und schlug für Konrad zurück. Das gab zwar eine Verwarnung und Willi musste sich bei dem erschrockenen Lehrer entschuldigen, aber es zahlte sich aus: Fortan übte dieser Lehrer Zurückhaltung. Magdalene Thur überließ es keineswegs immer ihrem ältesten Sohn, in der Schule die Sache ihres Jüngsten zu vertreten. Sie selbst lag sich oftmals mit der Lehrerschaft in den Haaren, wenn sie überzeugt war, dass Konrad Unrecht geschah oder die Strafen ihr zu drastisch erschienen. Dann musste sich Magdalene in Gegenwart des Direktors bei der Lehrerin entschuldigen. Der Familiensinn blieb davon unbeirrt: Die Thurs standen füreinander ein, sparsam, aber unmissverständlich! Selbst wenn sie sich nach langer Zeit wieder sahen, konnte der einzige Kommentar ein sehr zurückhaltendes: „Ach, da bisse ja wieder" sein. In diesen wenigen Worten jedoch lag mehr Wärme, als in vielen lärmenden Gesten und Umarmungen.

Dabei war die Meinung der Lehrer, Konrad per se unter den Rabauken zu vermuten, keineswegs ungerechtfertigt: Schon früh zeigte er die grundsätzliche Bereitschaft zu allerlei Streichen. So etwa rieb er sich vor der Schule gerne die Hände mit Zwiebeln ein. Gab es mit dem Stock Schläge auf die Hände, schwollen diese durch den Zwiebelsaft stark an – Beachtung und Mitleid waren ihm sicher. So wie Konrad in der Schule unter dem Schutz von Bruder und Mutter stand, so beschützten ihn auf der Straße seine Freunde aus dem Haus, der dicke Alvis und „Männemann". Bekam er auf der Neusserstraße Prügel, weil der Übermut ihn auf dem Bürgersteig laufen ließ oder weil er auf die Frage: „Wat willse hier?" *„Wat jeht dich dat an?"* antwortete, konnte Konrad gewiss sein, dass „Männemann" oder Alvis und die Jungens aus der Schmiede, Richard und Willi, ihn rächen würden. Dennoch: Er war der Matador der Fürstenwalltruppe. Seine Ideen, sein Mut, seine Phantasie machten ihn zum Anführer, sein Witz und seine Herzlichkeit zum Maskottchen. Langeweile mit Konrad? Undenkbar! Die Nachmittage boten die

Möglichkeit zu zahlreichen Aktivitäten. Nach einem kleinen Essen zu Hause, brachte Konrad seinem Vater manchmal eine Brotzeit in die Schadowstraße. Er trieb sich dann gerne ein wenig in der Werkstatt herum, auf diesem spannenden Spielplatz inmitten der halben Beine, Arme und Hände. Überall lagen Holzstücke, Leder und Gummistrümpfe herum.

Konrad sah den Männern zu, wie sie mit geschickten Händen das Leder an die Holzgliedmaßen schmiegten, wie sie vorsichtig das flüssige Wachs der brennenden Kerze auf die Übergänge träufelten. Besonders wichtig fühlte er sich, wenn ihn seine Schwester Judith zu ihrem Mann schickte, um ihm im Zollhafen sein Essen zu bringen. Das unzertrennliche Quartett ging bis an die Grenze, an der der Fürstenwall in den Zollhafen mündete. Seine Kinderliebe Eva, „Männemann" und Alvis blieben schweren Herzens stehen, wenn der Zollbeamte Konrad mit dem Henkelmann durchwinkte. Absichtlich verlief er sich oft zwischen den Zügen, den riesigen Kränen, Silos und Fuhrwerken. Der Geruch nach Metall, Öl, Getreide, Schweiß von Mensch und Tier, die behäbigen Bewegungen der Verladekräne, das freundliche Rufen und manchmal zornige Schreien der Arbeiter, erzeugte in Konrad ein Kribbeln. Kam er zurück an die Zollschranke, blickte er in die erwartungsvollen Gesichter seiner Freunde, und meistens konnte er ihnen Neues aus dem Zollhafen berichten.

Im März 1921 kehrten die Franzosen nach Düsseldorf zurück. Als die Deutsche Reichsregierung sich weigerte, die immensen Reparationszahlungen von 269 Milliarden zu akzeptieren, besetzten die Alliierten neben Duisburg und dem Ruhrort auch Düsseldorf, um unmissverständlich klar zu machen, wie ernst es ihnen war. Den Franzosen folgten 1922 die Belgier zur Verstärkung. Die französischen und belgischen Soldaten belegten neben anderen Gebäuden auch Konrads Schule, als die Kasernen nicht mehr genug Platz boten. Fortan gingen Konrad, Eva, „Männemann" und Alvis in der Citadellstraße zur Schule. Beängstigend war die Anwesenheit der 9000 Soldaten für die Kinder nicht. Sie integrierten das Militär auf eigene Weise in ihren Alltag. Gemeinsam tummelten sie sich unter den Fenstern der Kasernen und riefen laut: „Hallo, hallo!" Oft warfen die französischen und später die belgischen Soldaten ihnen

Blockschokolade zu. Entdeckten sie Touristen bei ihren Streifzügen durch die Umgebung, riefen sie: „Radschlagen, Radschlagen!" Um sicher zu sein, dass die Touristen sie verstanden, schlugen sie gleich ihre Räder. Anschließend hielten sie mit freundlichem Lächeln ihre Hände auf und nicht selten gab es ein wenig Geld. Seit der Schlacht von Worringen, die die Düsseldorfer 1288 für sich entschieden und aus Freude darüber Räder schlugen, ist der Radschläger ein Symbol für die Stadt Düsseldorf. Bis heute ist das Düsseldorfer Kindern vorbehalten. „Een Groschen fürn Radschläger" ist im Sommer oft zu hören auf den gut besuchten Promenaden der Stadt.

Schlug ein Zirkus sein Zelt auf, erbaute eine Arena ihre Bühne am Ende des Fürstenwalls, war das Konrads ganz persönliches „Weihnachten". Er war stets unter den ersten, die dort herumschlichen. Er bot dem fahrenden Volk seine Dienste an, ging für sie Wasser in der heimischen Waschküche holen, lief zum Krämer oder Metzger und half beim Säubern der Tiere. Konrad mischte sich unter die Artisten und versuchte, soviel wie möglich von ihrem Können zu lernen. Glückstage waren solche, an denen sich ein Artist die Zeit nahm, und ihn ein kleines Kunststück lehrte. Ihn faszinierte die Welt des Zirkus so sehr, dass er bald anfing, die Kunststücke, so weit es ging, nachzumachen. Unter seiner Anleitung probten die Unzertrennlichen vom Fürstenwall, Alvis, „Männemann" und Eva, allerlei Kunststückchen. Eva und der Schmiedejunge Richard studierten einen kleinen Tanz ein. Konrad trug ein Couplet vor, „Männemann" baute sich selbst Gewichte. Der dicke Alvis gab den Kraftmann am Expander zum Besten und übte mit Konrad eine Pantomime ein. Fühlten die jungen Artisten sich einigermaßen sicher in ihren Kunststückchen, rührten sie die Werbetrommel und kündigten ihre Aufführung an. Alvis kassierte am Eingang zum Hinterhof des Hauses Nr. 26 das Eintrittsgeld: fünf bis zehn Pfennige, je nach Länge des Programms. Die Aufführung selbst fand im Hof statt, vor der Schmiede des Hausbesitzers Kluse. Sobald 10 bis 12 Kinder zusammen gekommen waren, konnte es losgehen. Nach der Reihenfolge der Zirkusaufführungen, die Konrad immer aufmerksam verfolgte, baute er die Fürstenwall-Darbietung auf. Und so begann auch ihre Aufführung mit einem Clownentree. Im klassischen Zirkus wurde das von einem klugen Weißclown und dem dummen

August bestritten, um das Publikum einzustimmen und zum Lachen zu bringen. Es sind nur kurze Sequenzen, keine ganzen Nummern. Konrad spielte als Entree Pantomime: Er saß an einem kleinen Tisch, studierte die Zeitung und aß gleichzeitig ein Brot. Die imaginäre Zeitung fesselte ihn immer mehr. Er hielt das Brot scheinbar vergessen in der Luft, beugte seinen Kopf tiefer und tiefer in die Zeitung. Da kam der dicke Alvis mit einem hungrigen Gesichtsausdruck und aß es ihm genüsslich aus der Hand. Hörte Konrad das satte Schmatzen hinter sich, blickte er sich um. Er konnte Alvis nicht entdecken, schüttelte verwirrt den Kopf und konzentrierte sich wieder auf die Zeitung. Sobald er die Hand langsam zum Mund schob und seine Lippen erwartungsvoll öffnete, krümmten die kleinen Zuschauer sich schon vor Lachen, in der schadenfrohen Erwartung, dass Konrad gleich ins Leere oder gar in seine Hand beißen würde. Richard und Willi Kluse führten Kunststücke mit dem Klicker (ein kurzes Seil, das an jedem Ende eine Kugel hat, die zusammengeschlagen werden in immer größerer Geschwindigkeit) oder dem Diabolo (hat die Form einer Sanduhr, wird mittels eines Seiles hoch in die Luft geworfen und mit dem selben wieder aufgefangen) auf. Unter lauten Zurufen des Publikums gelang Alvis mit schmerzverzerrtem Gesicht die Dehnung des Expanders und „Männemann" das Heben seiner Gewichte. Nach Couplet (witziger Sprechgesang in Reimform) und Tanz fanden die Aufführungen regelmäßig ihren Höhepunkt in Konrads Verschwinden. Sie stellten den kleinen Tisch so, dass er genau über der Kohlenrutsche zu Thurs Keller stand. Nach kleinen Zaubertricks hob Eva die Decke vom Tisch und wirbelte damit herum. Im richtigen Augenblick ließ Konrad sich in die Kohlenrutsche fallen und glitt in den Keller. Mit einem geschickten Fußtritt beförderte Alvis die Klappe wieder auf das Loch, in dem Konrad verschwunden war. Eva und „Männemann" hoben den Tisch, von Konrad keine Spur! Das löste großes Staunen und wahre Beifallsstürme aus. In guten Zeiten trat die kleine Gruppe einmal in der Woche auf. Kamen Pferde zum Beschlagen oder kleine Kutschen zur Reparatur, mussten sie den Hof räumen und ihre Aufführung unterbrechen.

Konrad malte sich hin und wieder das Abenteuer aus, mit einem Zirkus in die weite Welt zu reisen. In diesen Momenten konnte er sich vorstellen, von zu Hause davon zu laufen. Aber wenn er frierend nach Hause kam und seine kalten Hände in den Achseln seiner geliebten Mama wärmen durfte, war daran nicht mehr zu denken.

Die regelmäßigen Turnstunden in der Schule waren für Konrad Thur Höhepunkte des Schultages. Bald nach Kriegsende folgte er seinen Freunden Alvis und „Männemann" in den Düsseldorfer Turnverein Turu 80 (Turn und Rasensport Union 1880 e.V.). Hier entdeckte er seine Vorliebe für die Ringe, turnte stundenlang daran, und nur wenn er musste, beschäftige er sich am Barren, Reck oder Pferd. Zu dieser damals üblichen Auswahl an Geräten kam in manchen Turnhallen noch eine Kletterwand hinzu. Die so genannten „Vorturner" teilten die Kinder und Jugendlichen ihrem Können entsprechend in Gruppen ein. Die Übungen trainierten die Turner mit Schwung, nicht mit Kraft. Dennoch entdeckte Konrad sehr bald sein Talent, dieselben Übungen mittels Kraft sehr langsam auszuführen. Gelegentlich veranstalteten die einzelnen Turnvereine Wettbewerbe untereinander, stolz, wer dann auf dem Siegertreppchen mit pathetischer Geste den goldenen, silbernen oder grünen Lorbeerkranz in Empfang nehmen durfte.

Von Hestings Sohn erbte Konrad noch einiges Spielzeug. Der Husarenuniform folgten ein Hochrad, Schlittschuhe, eine kleine Eisenbahn und Rollschuhe mit Eisenrollen. Konrads ältester Bruder Willi kam als Chauffeur viel herum in Düsseldorf. Von ihm hörte Konrad eines Tages, dass in Düsseldorf-Grafenberg eine große Kirmes aufgebaut sei. Mit „Männemann", Alvis und den Schmiedejungen machte Konrad sich auf den Weg nach Grafenberg. Er kannte den Weg dorthin von diversen Sonntagsausflügen mit seinen Eltern in den Grafenberger Wald. Den Kindern fehlte das Geld für die Straßenbahn; nur Alvis nannte ein funktionierendes Fahrrad sein eigen; aber alle besaßen Rollschuhe. Als wahr gewordener Alptraum der Straßenbahnschaffner, legten sie den größten Teil der Strecke zurück: Sie hängten sich mit den schweren Rollschuhen unter den Füßen an die Straßenbahn, die „Elektrische". Anders ließen sich die Kilometer vom Fürstenwall nach Grafenberg und zurück in den Nachmittagsstunden nicht bewältigen. Die Eltern erzogen Konrad streng, aber liebevoll. Tagsüber stand allen die Wohnung in der zweiten Etage offen, abends aber legte sein Vater wert auf eine geschlossene Gesellschaft Thur. Nur die Kinder, die auch im Haus wohnten, durften dann eventuell nach dem Abendbrot noch zu Besuch kommen. Man traf sich ohnehin gelegentlich auf dem Flur, da sich drei Wohnungen eine Toilette teilten. Vater Thur arbeitete hin und wieder noch am Abend zu Hause, erledigte für Bekannte und Verwandte kleine Freundschaftsdienste. Die Nähmaschine und handwerklichen Utensilien durften die Kinder nicht anrühren. Es lag in Magdalenes Verantwortung, dass ihr Mann blind nach seinen Werkzeugen greifen konnte. In dieser Beziehung war Hubert Thur sehr eigen und konnte ungehalten werden, wenn er nicht jede Nadel mit einem halben Meter Faden versehen an dem ihr angestammten Platz finden konnte. Konrad fürchtete das Grollen des Vaters und ließ tunlichst die Hände davon. Nur die Gummistrümpfe, hervorragend geeignet als Knieschoner im Fußballspiel, besiegten seine Furcht und er stibitzte sie. Mit einem unterdrückten Lächeln schimpfte sein Vater dann laut:„Himmel Herr Gott! Ich habe das doch hier liegen gehabt!" Die gemeinsamen Abendessen verliefen ruhig und freundlich. Wer mittags etwas nicht aufaß, konnte gewiss sein, dass es zum Abendbrot wieder vor ihm auf dem Tisch stand. Da Konrad von Statur klein und zart war, quälte auch ihn eine Zeitlang die Erfindung des Lebertrans. *„Jeder Löffel war einer zuviel!"* sagt er heute. Am Abend nach verrichteter Arbeit und dem gemeinsamen Essen stopfte Magdalene ihrem Mann die Pfeife und achtete sorgsam darauf, dass sie nicht erlosch. An manchen Sonntagen aber machte Konrads Vater seine übliche Altstadttour durch diverse Wirtshäuser, von der er in feucht-fröhlicher Stimmung und hin und wieder von der Polizei begleitet zurückkehrte.

Im Sommer führten die Sonntagsausflüge die Familie vom Fürstenwall oft in den Grafenberger Wald, wo es ein kleines Picknick gab. Mit der Schule unternahm Konrad kleine Ausflüge in die Umgebung, die, je nach Entfernung, eine Übernachtung in den Scheunen der Bauern mit sich brachten. Konrads Begeisterung für diese Ausflüge hielt sich in Grenzen, denn es folgte diesen Unternehmungen unweigerlich ein zu schreibender Aufsatz. Schwänzen kam für Konrad nur in der Zeit in Frage, als er zur Citadellstraße ging.

Auf dem Fürstenwall kutschierten fast nur die Fuhrwerke, die vom Zollhafen kamen oder dorthin wollten. Deshalb konnten die Kinder nach Herzenslust die Straße in ihr Spiel mit einbeziehen und das Hochrad von Hestings Sohn ausprobieren. Ob von den Zirkusleuten oder seiner Mutter geschickt, oft, wenn Konrad einen kleinen Dienst erledigte, beim Metzger, Bäcker oder Krämer, bekam er eine Scheibe Wurst, ein Plätzchen, ein Bonbon oder Lakritze. Am liebsten mochte er Salmiakpastillen, die er sich mit Spucke auf den Handrücken klebte und dann genüsslich ableckte. Cafe Büttner in der Kasernenstraße verkaufte für einen Groschen Studentenfutter, Bruchstücke von Plätzchen abgepackt in einer kleinen Tüte. Das Pfandgeld für die zurückgebrachten Senftöpfe oder die Groschen für ihre Aufführungen tauschten sie gerne bei Büttner gegen diese Leckerei ein.

Düsseldorf ist und war eine Stadt aus vielen einzelnen Dörfern, wie Bilk, Eller, Karlstadt, Hamm, Kalkum, Golzheim, Gerresheim, Benrath. Als am 15. März 1923 Leo Albert Schlageter, ein ehemaliger Offizier, mit einigen Kumpanen in Kalkum einen Anschlag auf die französische Besatzungsmacht verübte, blieb das für die Familie Thur in Bilk ein Ereignis im Ausland. Die von Schlageter in die Luft gesprengte Eisenbahnbrücke war zu weit entfernt. Am 26. Mai desselben Jahres wurde Schlageter vom Französischen Kriegsgericht verurteilt und in der Golzheimer Heide hingerichtet. Die Wut der Bevölkerung gegen die scharfen Maßnahmen der Besatzungsmacht äußerte sich in dramatischen Trauerfeiern für Schlageter und stilisierte ihn zum Nationalhelden.

Im September 1923 kam es in Düsseldorf zum so genannten „Düsseldorfer Blutsonntag". Der Plan, die linke Rheinseite der Französischen Republik zuzuschlagen, war in Versailles gescheitert. Aber seit der Besetzung des Ruhrgebietes gab es die Idee eines vom Deutschen Reich unabhängigen Rheinlandes. Bei der Bevölkerung fand sie keine Resonanz. Dennoch veranstalteten die von Frankreich unterstützten Separatisten am 30. September 1923 eine große Kundgebung in Düsseldorf. Noch bevor es zur Ausrufung der Rheinischen Republik kam, löste die Polizei mit Unterstützung der Kommunisten die Kundgebung auf dem Hindenburgwall (heute Heinrich-Heine-Allee) gewaltsam auf. Da die Separatisten ebenfalls bewaffnet waren, endete die Straßenschlacht in einem Gemetzel mit 10 Toten und etwa 70 Verletzten.

Die Welle der Wut gegen die Besatzer und die Ereignisse des „Blutsonntags" erreichten den Fürstenwall nicht. Es waren andere Städte, in denen das passierte. Die Bewohner von Bilk erkannten an der Aussprache, ob jemand aus Düsseldorf-Gerresheim oder Düsseldorf-Flingern stammte. Dass die Zeiten unsicher, die Weimarer Republik nicht stabil, die Inflation rasant war, spürte allerdings auch die Familie Thur. Von 1921 bis 1922 stiegen die Lebenshaltungskosten um 73%. Der Preis für ein Brot betrug bereits Milliarden.

Hestings Sohn mit seinen abgelegten Spielzeugen, die Verwandtschaft in Düsseldorf-Hamm, die sorgende Familie, die Freunde bildeten ein schützendes Netzwerk für Konrad. Dieses Netzwerk trotzte der Kriegszeit, der Armut, der Revolution, der Besatzung in der Stadt. Aus dieser Lebensphase nahm Konrad etwas sehr Wesentliches mit: die Fähigkeit, auch in den schlechtesten Zeiten das Beste daraus zu machen und nur das Gute in Erinnerung zu behalten. Konrads erfüllte Kindertage neigten sich dem Ende zu.

Auf dem Weg nach oben

„Wie kam es zu der Arbeit als Laufbursche in der Bank?"
„Dat hat sich halt so ergeben.
Vieles in meinem Leben hat sich einfach ergeben.
Deshalb komme ich mir manchmal wie ein Münchhausen vor,
wenn ich erzähle."
„Münchhausen fand ich gut."
„Jo, ich auch."

3. Laufbursche im Bankhaus und wie es begann

Die Kindheit lag nun hinter Konrad, der Sinn für Unsinn noch nicht. Das Rhein-Strandbad in Oberkassel erfreute sich im Sommer großer Beliebtheit bei den Jungs vom Fürstenwall. Es bestand aus einem wunderschönen Stück eingezäunter Rheinaue an einer Bucht. Aus dem Rhein wurde ebenfalls ein kleines Schwimmbecken für die Nichtschwimmer gespeist, und dort brachten sie sich gegenseitig das Schwimmen bei. Die Bademeister prüften hier nicht die Ohren, Füße und Fingernägel auf Sauberkeit, sondern den Körper nach Wunden, denn offene Wunden konnten sich durch das manchmal verschmutzte Rheinwasser entzünden. Nach dem ersten Sommer konnten alle, Konrad, Alvis, „Männemann", Richard und Willi Kluse von sich behaupten, gute Schwimmer zu sein und wurden der Alptraum der Schlepperkapitäne. Wenn ein Schiff schwer beladen war und dadurch tief im Wasser liegend gegen den Strom fuhr, war es für die Rheinschwimmer ein beliebtes Ziel, um sich einige hundert Meter flussaufwärts ziehen zu lassen. Dieses Anschwimmen war eine Kunst für sich und bedurfte einer gewissen Kühnheit und Übung. Konrad und seine Freunde brauchten einen weiteren Sommer, bis es ihnen zum ersten Male gelang. Zunächst übten sie das seitliche Herauskippen aus einem Strudel, von denen der Rhein gefährlich viele zu bieten hatte. Von älteren und bereits versierten Schwimmern lernten sie zu beurteilen, ob ein Schiff tief genug im Wasser lag. Das bannte die Gefahr, vom Sog des Schiffes auf den Grund des Flusses gezogen zu werden. Je tiefer ein Schiff im Wasser lag, je geringer die Gefahr. Die Wut der Schiffer, wenn sie die Jugendlichen erwischten, erschöpfte sich im zornigen Händeringen, denn sobald ein Schiffer angelaufen kam um ihnen auf die Finger, die sich in den Schiffsrand verkrallt hatten, zu schlagen, ließen sie los. Sie unterließen das Anschwimmen, selbst wenn ein Schlepper noch so verführerisch tief im Wasser lag, wenn sie im

Strandbad von Oberkassel auf der Wiese lagen, denn jeder misslungene Versuch hätte sie schließlich neues Eintrittsgeld gekostet. Für den leidenschaftlichen Turner Konrad gab es noch einen Grund mehr hierher zu kommen: Das Strandbad bot zahlreiche Turngeräte. Hier zu turnen war im Sommer viel angenehmer als in den stickigen Hallen des Vereins.

Am 11. Januar 1923 wurde das Ruhrgebiet besetzt. Frankreich als der Hauptgläubiger des Deutschen Reiches weigerte sich Englands Vorschlag zu folgen, dem zahlungsunfähigen Deutschland einen Aufschub von vier Jahren zu gewähren. Die Reichsregierung rief zusammen mit der preußischen Regierung die Bevölkerung dazu auf, jede Zusammenarbeit mit den Besatzungsmächten zu unterlassen, als die Franzosen und Belgier das besetzte Ruhrgebiet durch eine Zollinie vom übrigen Reichsgebiet abtrennten. Die Lage in Düsseldorf blieb politisch angespannt.

Konrad beendete Ostern 1923 seine Schulzeit. Auf die Frage seines Klassenlehrers, was er werden wolle, antwortete er: *„Uhrmacher!"* „Na, meine Uhr bekommst du bestimmt nicht", erhielt er als spontane und ehrliche Antwort. Ein Schulkamerad aus der Abgangsklasse vor ihm, Peter, arbeitete seit einem Jahr als Laufjunge in der Darmstädter Nationalbank am Schadowplatz. Als er erfuhr, dass ein Laufjunge für den Personaldirektor gesucht wurde, bot er Konrad an, ihn dort vorzustellen. So richtig ernst war es dem damit nicht. Er konnte nicht sagen, wovon er träumte, aber ganz sicher nicht von einer Banklehre, die der einjährigen Laufburschenzeit folgen sollte. Dennoch: Bereits zwei Wochen später arbeitete Konrad als Laufbursche für den Personaldirektor Hölling in der besagten Bank, unweit von Hestings Prothesenwerkstatt. Wollte jemand zum Direktor, musste er fortan erst an Konrad vorbei. Das hieß, ein Formular mit Namen und Anliegen auszufüllen und seinem Chef zu bringen. Ein unglücklicher Moment, als Konrad beim englischen Schwiegervater des Direktors auf dieser Prozedur bestand. Letztlich fügte sich dieser und kritzelte wütend seinen Namen auf das kleine Stück Papier. Konrad, stolz auf seinen Sieg, trug das Papier mit erhobenem Haupt in das Büro seines Direktors, der, kaum den Namen gelesen, mit den Armen ruderte und ausrief: „Um Himmels willen, lass ihn herein!"

Es lag ebenfalls in Konrads Verantwortung, morgens das Buch am Bankeingang auszulegen, in dem sich die Angestellten bei ihrer Ankunft mit Uhrzeit eintragen mussten. Pünktlich um 8:15 sollte Konrad das Buch zuklappen und Direktor Hölling auf den Schreibtisch legen. Das Privileg des Direktors, erst um 9:00 Uhr in der Bank zu erscheinen, nutzte Konrad, um das Buch länger liegen zu lassen, als erlaubt. Erwischte der Direktor ihn bei dieser Nachlässigkeit, gab er vor, das Buch völlig vergessen zu haben. Als erstes schickte ihn Direktor Hölling Blumen für seine Frau, eine schöne Engländerin, zu holen. Konrad kaufte die Blumen an einem kleinen Blumenstand auf der Königsallee. Einmal bei der Frau Direktor mit den Blumen angekommen, passierte es gelegentlich, dass Konrad den ganzen Tag mit Botengängen für die Dame beschäftigt blieb. Und da es den Direktor nicht störte, wenn er verschwunden war, nutzte er das manchmal für einen kurzen Besuch in Hestings Werkstatt. In seiner Verantwortung lag ebenfalls die Verteilung der Bleistifte und Schreibblöcke. Konrad erfreute sich großer Beliebtheit, er begriff schnell, war lustig und flink. Im November 1923 kamen die Menschen mit Schubkarren voller Papiermark zur Bank, um die Milliarden gegen die Rentenmark zu tauschen. Für seine Arbeit an sechs Tagen in der Woche erhielt er aber nur ein geringes Taschengeld, das er zu Hause abgab.

Das Düsseldorf der zwanziger Jahre bot, wie viele große Städte, eine bunte und umfangreiche Palette an Varietés und Kabaretts. Das „Apollotheater" auf der Königsallee galt als eines der führenden Varietés Deutschlands und Europas. Während der Besatzungszeit von 1921 bis 1925 blieb es an die städtischen Bühnen vermietet. „Dantons Tod", „Tosca" oder „Schneider-Wibbel"-Aufführungen standen auf dem Programm, gelegentlich fanden Varietéfestivals statt. Das „Apollotheater" stellte viele kleine Bühnen Düsseldorfs in den Schatten und feierte nach Abzug der Besatzungsmacht 1925 mit „Der zehnten Muse Wiederkehr" die Wiederauferstehung des Varietés. Ein Haus im Schatten und trotzdem Nutznießer des „Apollos", weil nicht weit davon entfernt, war die „bunte Bühne Adler", bei den meisten nur „Adler" genannt, an der Hüttenstraße. Auch in der Nähe des „Apollos", in der Friedrichstraße, gab es den vornehmen „Kristallpalast", im Volksmund KP genannt. In der

Zeitungsausschnitt „Apollo" in den zwanziger Jahren

Schadowstraße, unweit von Hestings Prothesenwerkstatt, lud das „Café Corso" (das spätere „Café Wien") die Gäste zum Staunen ein. Es bestand aus den „Corsostuben" und der „Corsobar", die sich im Erdgeschoss befanden. In der ersten Etage lockte das „Corsokaffee" mit süßen Speisen und im zweiten Geschoss das auf seine Weise elegante „Corsokabarett" mit der Neuheit einer musikalischen Wasserfontäne, die beschaulich den Klängen der Musik folgte. In der Kasernenstraße gab es noch das sehr beliebte „Czardas", eigentlich „Czardaspalast", ebenfalls ein Kabarett.

Robert Ackermann wagte sich 1925 im „Apollotheater" an eine große Aufführung: „Wien gib Acht! Eine Revue für Menschen ab 18 Jahren". Damit verschaffte er dem „Apollotheater" einen Ruf weit über das Rheinland hinaus, es galt als Garant für freizügige Shows. Varietés, Operetten und Revuen folgten aufeinander. Die

Tiller-Girls (1925) wechselten sich ab mit Rastelli (1928/30/31), Asta Nielsen, Carl Bernhard (1904-29). Als die Gebrüder Desprez 1926 mit einem Auto einen zweifachen Salto ohne Netz über dem speisenden Publikum wagten, war das „Apollovarieté" mit einem Schlag in ganz Deutschland und weit darüber hinaus bekannt. So erstaunt es nicht, dass sich in der Stadt viele Artisten aufhielten und zum Teil auch dort ansässig waren.

Im Sommer 1924 verbrachte Konrad mit seinen Freunden einen Sonntag im Strandbad von Oberkassel. Der für seine 15 Jahre kleine Junge turnte zu seinem eigenen Vergnügen, vielleicht auch weil die Freunde ihn darum baten, am Reck. Unweit davon lagen an diesem Sonntag auch ein paar Artisten auf der Wiese und genossen ihren freien Tag – die „Pascas". Betty Heuer, Haltedame der „Pascas", blinzelte in die Sonne, drehte sich zur Seite und sah mit einem Blick, was für ein Talent ein paar Meter entfernt am Reck turnte. Sie stieß ihren Mann Hermann an und deutete mit einer Kopfbewegung in Konrads Richtung. Sie beobachteten Konrad eine Weile und wussten sofort, dass dieser Junge gut in ihre Truppe passte. Hermann Heuer schlenderte zum Reck hinüber. Als Konrad mit einem eindrucksvollen Überschlag auf dem Boden landete, sprach er ihn an. Zunächst traute er seinen Ohren nicht, als Hermann Heuer ihn fragte, ob er sich vorstellen könne, eine Artistenlehre zu absolvieren. Konrad blieb wie vom Donner gerührt stehen und starrte die „Pascas" ungläubig an. Als er seine Sprache wieder fand, antwortete er, dass sie das mit seinen Eltern besprechen müssten, er sei noch nicht volljährig. Konrad gab Betty und Hermann Heuer seine Adresse im Fürstenwall und die versprachen, noch am selben Tag vorstellig zu werden. Konrad konnte nicht schnell genug nach Hause laufen. Aufgeregt und atemlos erzählte er seinen Eltern von den „Pascas" und deren Angebot. Die Eltern hatten zunächst ein wenig Bedenken: Wer waren die „Pascas"? Gehörten sie gar zum fahrenden Volk? Es gab sie schließlich immer schon, die Geschichten vom fahrenden Volk und den verschwundenen Kindern.

Den „Pascas" gefiel der kleine Konrad so gut, dass sie tatsächlich noch am selben Tag im Fürstenwall Nr. 26 erschienen und ihm von der Internationalen Artistenloge (IAL) einen Lehrvertrag über

Abschied von der Familie
Vater Thur, Schwester Judith und Schwager Schäng

drei Jahre vorlegten. Er würde bei ihnen wohnen und ein Taschengeld von monatlich 30 Mark erhalten.

Konrads schöne und verehrte Mutter und der strenge Vater trafen einen ungewöhnlichen, fast unglaublichen Entschluss. Noch immer waren die französischen und belgischen Besatzer in der Stadt, noch immer schwächelte die deutsche Wirtschaft, waren Reparationszahlungen zu leisten, noch immer gab es viele Arbeitslose. Trotz alledem entschieden die Eltern, dass Konrad die vielleicht sehr aussichtsreiche Arbeit als Laufbursche in der Bank verlassen durfte, um sich den „Pascas" anzuschließen. Allerdings unter einer Bedingung: „Lern-et, aber lern-et richtich oder lass-et bleiben. Komm uns nich weinend nach Hause!"

Konrad wollte es richtig lernen, unbedingt!

Die „Pascas" 1924 in spanischen Kostümen

„Wie war das, im Apollotheater auf der Bühne zu stehen?"
„Wie meinse dat?"
„Was für ein Gefühl?"
„Gefühl?"
„Ja, Gefühl!"
„Och, vielleicht Stolz? Ja, ich glaube, ich war stolz!"

4. Lehrjahre

Im Sommer 1924 änderte sich Konrads Leben innerhalb von sieben Tagen. Nach der Vertragsunterzeichnung gingen Betty und Hermann Heuer sehr zufrieden nach Hause. Das kinderlose Ehepaar bekam jetzt Nachwuchs ins Haus. Konrad, obwohl schon 15 Jahre alt, sah immer noch sehr kindlich aus. Er konnte in der folgenden Nacht kaum einschlafen. Ein Traum, den er sich nie zu träumen gewagt hatte, wurde wahr. Wie ein Wirbelsturm fegte die Nachricht: „Konrad wird Artist" durch das Haus Fürstenwall Nr. 26, erreichte das Hinterhaus und später die Polizeistation gegenüber. Seine Kinderliebe Eva, mittlerweile einen guten Kopf größer als er, und ihr Bruder „Männemann" freuten sich aufrichtig mit Konrad. Der Polizeikommissar klopfte dem kleinen Jungen wohlwollend auf die Schulter: „Mensch, Konni!" Er sollte sich später noch oft als sehr guter und hilfreicher Freund erweisen. Konrad sprach am nächsten Tag bei Direktor Hölling in der Bank vor und bat um Entlassung. Erstaunt schüttelte dieser den Kopf und lauschte ungläubig seinen Plänen. Er wollte den intelligenten, angenehmen Jungen gerne bei sich behalten. Konrad hörte sich die guten Ratschläge des Direktors an, während er ungeduldig vor dessen großem Schreibtisch zappelte. Nach der kategorischen Frage, ob er sich wirklich ganz sicher sei, die Konrad noch einmal laut und deutlich mit Ja beantwortete, ließ ihn Direktor Hölling endlich gehen. Konrad verabschiedete sich eilig von den Mitarbeitern in der Bank und rannte wieder zurück in den Fürstenwall. Seine Mutter half ihm, eine kleine Tasche zu packen, ihr ging der Abschied von ihrem Nesthäkchen sehr zu Herzen. Sicher, er zog nur ein paar Straßen weiter, würde jedoch nicht mehr abends bei ihnen am Tisch sitzen und von den fröhlichen Ereignissen und Abenteuern des Tages erzählen. Seine Ungeduld trieb Konrad schnell aus dem Haus. Er schulterte sein Gepäck, sprang die Stufen hinunter und lief noch kurz in den Hof, um sich von Willi und

Richard zu verabschieden. Sehnsüchtig, Willi ein bisschen neidisch, Richard stolz auf seinen kleinen Freund, blickten sie ihm nach. Leichten Fußes lief Konrad den Fürstenwall entlang, bog in die Neusserstraße, erreichte kurze Zeit später nach Überquerung des Schwanenmarktes die Hohe Straße und klingelte bei Familie Heuer. Überaus freundlich nahmen die „Pascas" ihren Lehrling in Empfang, der ein kleines Zimmer vorfand, das neben dem Schlafzimmer des Ehepaars lag. In Konrads neuem Reich montierte Hermann Heuer Ringe für seine abendlichen Übungen. Die Ketten, an denen die Ringe von der Decke hingen, passte Hermann Heuer auf Konrads Größe an. Im Wohnzimmer befand sich außer weiteren Ringen auch eine Trapezkonstruktion, an der sie zu zweit und zu dritt übten. Während des ersten gemeinsamen Abendbrotes lernte Konrad den dritten Mann der „Pascastruppe" kennen: Hans Müller aus Hannover. In der ersten Woche übten die „Pascas" sehr viel mit Konrad. Körperbeherrschung für das Turnen an Ringen, Kondition und Kraft brachte er bereits mit. Doch die Balance am frei schwingenden Trapez zu halten, das auf jede Bewegung reagierte wie eine Feder im Wind, nämlich unmittelbar, heftig, und lange nachschwingend, das zu lernen, machte dem quirligen und jederzeit zu Unsinn aufgelegten Konrad zu schaffen. Am dritten Tag turnte er im großen Wohnzimmer an den Ringen und übte die Kreuzhaltung. Das hieß, die Ringe in den Händen, die Arme auf Schulterhöhe langsam zu öffnen, bis sie ihm ganz ausgestreckt das Aussehen eines Kreuzes gaben. Sein Meister, Hermann Heuer, korrigierte wiederholt Konrads Haltung. Als sein Lehrling nicht zu verstehen schien, was er wollte, ging Hermann Heuer selbst an die Ringe. Konrad stellte sich neben die Matte. Bis heute schwört er, dass er die Melodie des Liedes: „Du bist verrückt mein Kind", nur zufällig summte. Ehe er sich versah, brannte seine Wange, glühte ihm der Kopf. Der große stattliche Mann Hermann Heuer lehrte Konrad, wie viel Konzentration und Aufmerksamkeit für den Artisten bedeuten und Spaß und Spiel erst dann erlaubt sind, wenn man ein Gerät und die Übungen absolut beherrscht.

Die „Pascas" traten als Spanier auf, also nähte Hermann Heuer, ein hervorragender Schneider, auch für Konrad ein spanisches Kostüm. Es gab ein kleines Theater hinter der Hohe Straße, in dem sie

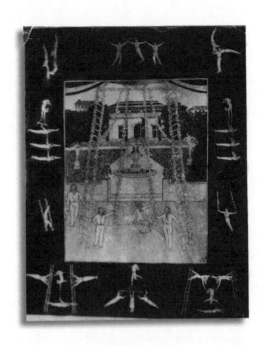

Die „Pascas" in Action

gelegentlich üben durften. Auf dieser Bühne erbauten sie ihre komplette Konstruktion. Zwischen zwei senkrecht stehenden Leitern wurde eine dritte horizontal verankert, an der das Trapez in der Mitte befestigt wurde. An diesem Trapez schaukelte die schöne Betty Heuer kopfüber und hielt ein weiteres Trapez, an dem wiederum ihr Mann, Müller und Konrad untereinander hingen und turnten. Sie probten mit Konrad, wie er sich als dritter Mann verhalten solle, dessen Gewicht Betty als Balance diente. Das ehrgeizige Ziel, Konrad bereits zu ihrem nächsten Auftritt mitzunehmen, erreichten sie tatsächlich eine Woche nach Vertragsunterzeichnung. Sie traten gemeinsam im Kabarett „Czardaspalast" in der Kasernenstraße auf. An diesem Samstagabend öffnete sich für Konrad zum ersten Mal ein Vorhang. Das Bild, das sich den Zuschauern zunächst bot: Vor einer frühlingshaften Kulisse schaukelte Betty verspielt hin und her.

Hermann Heuer und Hans Müller spielten Tennis, Konrad mimte den Balljungen. Als er hinter dem Ball herlief, stoppten die Männer Betty. Schnell sprang sie hinunter und kletterte eine Leiter hinauf. Als die Männer ihr folgten, ging sie über die Mittelleiter zum Trapez, setzte sich auf die Stange und wiegte sich noch ein paar Mal hin und her, bevor sie sich unter dem überraschten Aufschrei des Publikums fallen ließ und kopfüber hing. Hermann reichte seiner Frau das nächste Trapez und sobald sie es fest in Händen hielt, vertraute er sich ihrer Kraft an und turnte daran. Das Publikum applaudierte begeistert. Es erschien unglaublich, dass diese Frau, die wie ein kleines zierliches Mädchen wirkte, diesen großen stattlichen Mann halten konnte. Natürlich ging ein Raunen durch die Menge, als Hans Müller, nicht minder groß und stattlich, sich mittels eines weiteren Trapezes in Hermanns Händen Bettys Kraft anvertraute. Die beiden Männer führten einige Kunststücke vor, dann gönnten sie Betty eine kurze Pause. Betty kam mit Schwung nach oben, setzte sich wieder auf die Trapezstange, und entspannte schaukelnd ihre Beine. In diesem Moment kletterte Konrad auf die Leiter. Er reichte Betty ein größeres Trapez, sie schaukelte einen Moment weiter und ließ sich dann mit dem Trapez in Händen in ihre Halteposition fallen. Es folgte ein weiterer atemberaubender Moment für die Zuschauer. Konrad hängte sich in die Mitte des von Betty gehaltenen Trapezes, Hermann von der einen Leiterseite, Müller von der anderen folgten ihm. Betty summte über ihren Köpfen die Melodie des Orchesters mit. Konrad durfte sich nicht regen, da sein Gewicht in der Mitte die Balance für Hermann und Hans gewährleistete. Die beiden Männer bewegten sich synchron und zeigten ihre Kraft, indem sie sich langsam in den Handstand erhoben. Nochmals ging ein Aufschrei durch das angespannte Publikum, als Betty eine Hand vom Trapez nahm, den Arm grazil zur Seite streckte und die drei Männer mit nur einem Arm festhielt. Konrad hörte den begeisterten Applaus und lächelte in sich hinein. Er wusste, dass Betty, mit beiden Füßen auf der Erde stehend, nicht über die Kraft verfügte, zwei gefüllte Wassereimer zu tragen.

Gelegentlich starteten sie ihre Nummer so, dass der Aufbau der Leitern erst erfolgte, wenn der Vorhang sich öffnete. Das erzeugte beim Publikum Aufmerksamkeit bevor die eigentlich Aufführung begann und ein Gespür für die gewagte Konstruktion, an der die Artisten sich bewegten. Betty hielt eine Leiter mit den Zähnen fest, an der ihr Mann hochkletterte, um oben die nächste Leiter zu verankern. Dann ließ Betty die Leiter los. Konrad begriff, wie wichtig ein guter Bühnenmeister sein kann, als bei dieser Aktion einmal Bettys falsche Vorderzähne in der Leitersprosse stecken blieben. Noch ehe das Publikum erfassen konnte, was auf der Bühne passiert war, schloss sich mit einem Ruck der Vorhang. Geistesgegenwärtig zog Müller die Zähne aus der Sprosse und reichte sie Betty lachend. Der Vorhang öffnete sich wieder, die Show ging weiter. Die „Pascas" boten eine atemberaubende Vorführung, und die Trommeln der Düsseldorfer Varietészene arbeiteten so erfolgreich, dass sich bereits vier Wochen später der Vorhang für die vier Artisten im berühmten „Apollotheater" öffnete. Zu dieser Zeit fanden die Aufführungen im „Apollo" oft vor den Besatzungstruppen statt. Die in Düsseldorf stationierten Franzosen beanspruchten allabendlich ein Kontingent von 110 Plätzen. In diesen Wochen vom „Czardaspalast" zum „Apollotheater" lernte Konrad sein Kostüm zu pflegen und auszubessern, leichte Turnschuhe zu nähen und vor den Aufführungen nichts zu essen. Er schulte sein Gefühl für die Stimmungen des Publikums. Betty Heuer erklärte Konrad, dass Nummern mindestens sieben, höchstens 15 Minuten dauern dürfen und dass eine siebenminütige Nummer sehr gut sein muss, um angenommen zu werden. Sie zeigten Konrad, wie eine Nummer durch eine eingebaute Aufbauphase künstlich gestreckt werden konnte. Aus den Gesprächen, die der Chef der Truppe mit Agenten führte, lernte Konrad, dass es Einzelverträge und Exklusivverträge gab, die sich von einem Wochenende bis zu einem Monat erstrecken konnten. Selten länger. Neben der Gage wurde auch vereinbart, dass sich die Artisten nur mit Genehmigung des Direktors aus der Stadt entfernen durften. Wichtigster Passus des Vertrages war der Auftrittszeitpunkt. Selbst eine großartige Nummer musste um die Aufmerksamkeit des Publikums kämpfen, wenn sie die undankbare Aufgabe hatte, den Abend zu eröffnen. Die gleiche Nummer konnte stehende Ovationen ernten, wenn sie im letzten Drittel des Programms lag oder sogar den Abschluss bildete. Vom Auftrittszeitpunkt unabhängig blieb das berühmte „Apollovarieté" für jeden Artisten etwas Besonderes.

Konrad brachte es mit folgenden Worten auf den Punkt: *„Das ‚Apollo' war schließlich ein Haus und kein Laden!"* Er fühlte sich wie ein König, als er sich das erste Mal auf der Bühne des „Apollotheater" verneigen durfte.

„Ich dachte, oh Mann, ‚Apollotheater'! Otto Reuter hat hier, wo ich jetzt stehe, gestanden!" Konrad bewunderte Otto Reuter, der mit seinen außergewöhnlichen Fähigkeiten als Coupletsänger abends in Reimform die Geschehnisse des Tages auf der Bühne kommentierte. Stolz erfüllte Konrad ebenso wie seine Eltern, Geschwister und Freunde. Sie alle leisteten sich einen Stehplatz für eine Mark im Rang, um ihn auf der Bühne zu erleben. Sein Bruder Willi sollte zeitlebens sein treuester Fan bleiben, Peter ließ sich von der Welt des Varietés so faszinieren, dass er sich nach Beendigung seiner Ausbildung als Schneider im Kabarett „bunte Bühne Adler" bewarb und bei Ausbruch des Zweiten Weltkrieges das „Palladium" als Bühnenmeister verließ. Die „Pascas" erlebten einen rauschenden Monat im „Apollo", und Konrad bekam ein Gespür für die Nuancen des Applauses. Er staunte über die zahlreichen Pralinenschachteln, die Betty regelmäßig nach einer Aufführung in ihrer Garderobe vorfand. In den Pralinenschachteln, fein säuberlich im Cellophan versteckt, lagen kleine Briefe verliebter Herren. Da die „Pascas" sich häufig als „Die Geschwister Pascas" ankündigen ließen, nahmen die von Betty bezauberten Männer an, sie sei ungebunden. Was die Schwärmer nicht ahnten: Hinter dem kleinen, zierlich aussehenden Mädchen verbarg sich eine gestandene Frau von über vierzig Jahren.

Die städtischen Bühnen, Mieter des „Apollotheaters", nutzten nach vier Wochen Varietéfestival die Bühne wieder für Theateraufführungen. Konrad lernte, sich im Alltag eines Artisten zurechtzufinden.

Da sie meist spät in der Nacht heimkamen, entsprach es ihrem Lebensrhythmus, nicht vor neun Uhr am Morgen aufzustehen. Von 11 bis 12 Uhr probten sie konzentriert, länger nicht. Sie mussten haushalten mit ihren Kräften, denn Betty konnte nicht beliebig oft an einem Tag Kopf überhängend 200 kg halten. Konrads Trainingsstunden gingen an aufführungsfreien Abenden weiter, er musste vor dem Zubettgehen noch einige Zeit an den Ringen in seinem Zimmer trainieren. Da die Ketten so schön rasselten, gab Konrad oft vor zu üben, indem er sie nur bewegte. Riefen seine Lehreltern, er könne jetzt Schluss machen, rasselte er noch ein wenig an den Ketten und legte sich schlafen. Bei dieser kleinen Mogelei erwischten sie ihn nie. Konrad war und blieb sein Leben lang sehr einfallsreich, wenn es galt, einen ungeliebten Zwang zu unterlaufen.

Die „Pascas" nutzten jede Gelegenheit, auf der Bühne des „Apollos" oder anderer Theater zu üben, die ausreichend Platz für den großen Standapparat boten, da sie zu Hause nur Teile ihrer Nummer proben konnten.

An freien Nachmittagen besuchte Konrad seine alten Freunde und die Familie im Fürstenwall. Der Schmiede-Willi erzählte ihm von der Gründung der NSDAP-Ortsgruppe in Düsseldorf (1925) und versuchte, ihn zum Beitritt zu überreden. Richard und „Männemann" hielten es mehr mit den Kommunisten in der Stadt. Aber in Konrads Welt gab es keine Politik. Er gewöhnte sich an, auf die mitunter leidenschaftlich gestellte Frage, mit welcher Partei er es denn nun halte, zu antworten, er sei in der Heilsarmee. Im Erdgeschoss des neuen Zuhauses in der Hohe Straße befanden sich ein Kolonialwarenhandel und ein Bildergeschäft. Konrad hielt sich in seiner freien Zeit gerne auf der Straße auf, damit es leicht war, ihn um Botendienste zu bitten. Damit besserte er sein Taschengeld auf, denn der Krämer oder Galerist entlohnte ihn mit ein paar Groschen. An besonders guten Tagen bedachte ihn auch der Empfänger der gelieferten Ware.

Konrad verreiste immer häufiger, um mit den „Pascas" in Köln, Bonn, Duisburg, Solingen oder Wuppertal aufzutreten. Dauerten die Engagements länger als einen Abend, blieben sie auch über Nacht in diesen Städten. Das jeweilige Varieté oder Kabarett vermittelte ihnen eine Unterkunft, entweder mit eigener Küche, oder mit Kost und Logis. Durch das kontinuierliche Training entwickelte sich Konrads Körper; die auf Schönheit bedachte Varieté-Welt erweckte seine Eitelkeit. Von seinem ersten Ersparten kaufte er sich ein Seidenhemd mit passender Krawatte, und dem attraktiven jungen Mann flogen die Mädchenherzen nur so zu. Erlaubte es sein Geldbeutel, führte er die Mädchen zum Kaffeetrinken aus. Immer nur kurze Zeit an einem Ort, blieben die Bekanntschaften so flüchtig, dass es selten einen Kuss gab für den schüchternen Konrad, der von sich selbst sagt, er habe immer einen kolossalen Respekt vor Frauen gehabt.

Blieben die Küsse auch selten, so schenkten die jungen Frauen Konrad zahlreiche Ringe, Armbänder und Ohrringe. Diese Schmuckstücke fand er oft in kleine Briefchen verpackt in seiner Garderobe, selten warfen die Mädchen ihren Schmuck direkt auf die Bühne. Sie gaben ihm diese kleinen, mitunter wertvollen, Geschenke zum Andenken und in der Hoffnung, dass der schöne Artist sich ihrer erinnern möge. Konrad sah sich außer Stande, alle diese Ringe, Ketten und Armbänder zu tragen, zumal ständig neue hinzukamen. So überließ er den Schmuck seiner Schwester Judith, wann immer er seine Familie besuchte. Betty und andere Artistinnen schenkten Konrad gerne die Pralinenschachteln ihrer Verehrer, in denen die ihnen zugedachten Briefe steckten. Zu seinem Vergnügen gab es Zeiten, in denen er in Süßigkeiten schier erstickte, so etwa als er mit dem freizügigen „Lola Bach Ballett" gemeinsam in einer Show auftrat.

Am 25. August 1925 holten die französischen Besatzer endlich die Trikolore ein und verließen Düsseldorf unter dem Jubel der Bevölkerung und dem Läuten der Kirchenglocken. Im September feierten die Düsseldorfer die tausendjährige Zugehörigkeit der Rheinlande zum Deutschen Reich. Der damalige Reichspräsident Paul von Hindenburg besuchte aus diesem Anlass die Stadt, 50 000 Menschen jubelten ihm im Rheinstadion zu. Unzählige Feiern prägten den Herbst in der Stadt. Konrad befand sich bereits im zweiten Lehrjahr, hinter der „Pascastruppe" lagen sehr erfolgreiche Monate. Die Lust der Menschen auszugehen, sich zu amüsieren, bedeutete für die Artisten sichere Arbeit. Zahlreiche Filmtheater öffneten ihre Türen und boten den Artisten Auftritte zwischen den einzelnen Filmen als zusätzliche Arbeitsmöglichkeiten an. Düsseldorf plante, mit Hilfe einer großen Veranstaltung den Namen weltweit bekannt zu machen. Mit dem zentralen Thema „der Mensch" eröffnete am 8. Mai die „Große Ausstellung Düsseldorf 1926 für Gesundheitspflege, Soziale Fürsorge und Leibesübungen", vom Volksmund sofort auf die griffige Bezeichnung „GeSoLei" gekürzt. Von Mai bis Oktober besuchten 7,5 Millionen Menschen die Messe. Die überwiegend ausländischen Touristen wollten sich abends amüsieren und bescherten den Kabaretts und Varietés in der Stadt ausverkaufte Häuser. Sichere Engagements bedeuteten für die „Pascas" sorglose Tage. An einem freien Abend, nach einem Kirmesbesuch in Düsseldorf-Hamm, geschah etwas, das der Truppe die Zukunft nahm und ihr Leben entscheidend verändern sollte. Man ließ den Abend in einer kleinen gemütlichen Kneipe ausklingen. Draußen fegte ein Herbststurm durch die Gassen, seit Tagen regnete es, der Rhein führte viel Wasser. Die „Pascas" wollten den schlimmsten Schauer abwarten, und sich dann auf den Heimweg machen. Als Betty zur Toilette ging, regnete es noch immer, und Dunkelheit umhüllte bereits die Häuser. Wie zu dieser Zeit üblich, befanden sich die Toiletten außerhalb der Gastwirtschaft. Sie tastete sich, wegen des schlechten Wetters sehr eilig, über den kaum beleuchteten Hinterhof. Auf dem Weg zurück glitt sie auf den dicken Pflastersteinen aus, und knickte mit ihrem rechten Fuß um. Der brennende Schmerz im Knöchel ließ sie zugleich taumeln und fluchen. Betty humpelte mit schmerzverzerrtem Gesicht zurück in den Gastraum. Als ihr Mann sie sah, sprang er sofort auf und half ihr an den Tisch. Hans Müller bat den Wirt um Eis. Betty hob den bereits geschwollenen Fuß auf einen Stuhl, vorsichtig legte Hermann das kühlende Eis auf den schmerzenden Knöchel. Für diese Woche würden sie das Engagement im „Café Corso" absagen müssen, darin waren sie sich schnell einig. Konrad begriff in diesem Augenblick, dass für den Artisten der Körper sein einziges Kapital ist. Als der Regen ein wenig nachließ, gingen sie mit der humpelnden Betty zur Straßenbahnhaltestelle. Zu Hause angekommen, versorgte Hermann den verletzten Fuß seiner Frau mit dem zu dieser Zeit üblichen Allheilmittel essigsaure Tonerde. Immer wieder erneuerte Hermann in den nächsten Tagen den Umschlag und kühlte den entzündeten und sehr stark geschwollenen Knöchel. Als nach einer Woche der Schmerz immer noch andauerte und die Schwellung bedenklich zunahm, entschlossen sie sich endlich, einen Arzt aufzusuchen. Leider viel zu spät. Die immense Schwellung hatte die Blutzufuhr der Wadenmuskeln unterbunden und durch den absterbenden Muskel waren Gasbrandbakterien entstanden. Die Ärzte mussten den Unterschenkel amputieren. Nach kurzer Zeit jedoch entzündete sich auch der Stumpf und der Gasbrand erschien so bedrohlich, dass die Ärzte das ganze Bein entfernten. Hermann Heuer kündigte alle bereits unterschriebenen Verträge für die kommenden Wochen, Hans Müller musste die Familie verlassen, die „Pascas" gab es nicht mehr.

Konrad begegnete unvermutet den Schattenseiten des Artistenlebens. Betty, jahrelang vom Erfolg verwöhnt, eine Frau, der die Männer hinterher blickten, die nach jeder Aufführung zahlreiche kleine Pralinenschachteln mit Liebesbriefchen in ihrer Garderobe fand, diese schöne, starke Frau wurde vor seinen Augen zu einem gebrochenen, verbitterten Menschen. Betty plagten die Phantomschmerzen ärger als zuvor der entzündete Knöchel. Sie konnte an manchen Tagen ihren eigenen Anblick kaum ertragen und musste neu lernen, die selbstverständlichsten Dinge zu tun. Die schöne Frau litt fürchterlich unter der plötzlichen Wendung ihres Lebens. Nichts hätte sie über ihren Schmerz, nicht mehr auftreten zu können, hinweg getröstet. Jeden Abend hatte sie die Begeisterung der Menschen für ihr Können gespürt, auf der Straße die bewundernden Blicke der Männerwelt; jetzt beachtete sie niemand mehr, allenfalls mit mitleidsvollem Blick.

In einer Arena und einem Zirkus müssen die Artisten neben ihrer Nummer viele andere Tätigkeiten verrichten. Da sie in einer Arena unter freiem Himmel arbeiteten, begann ihre Saison oft erst im Mai und endete schon im August. Der Zirkus aber verfügte über ein Zelt, und so konnte die Saison von April bis Oktober ausgedehnt werden. Das Varieté kannte keine Saison. Wer im Zirkus gut genug war, versuchte zumindest gelegentlich, in der feinen Welt der Varietés zu arbeiten. Konrad ging diesen Weg auf seine Weise. Im Varieté angefangen, ließ er den Zirkus erst einmal aus und fand sich in einer Arena wieder.

Hermann Heuer, der nicht wollte, dass seine Frau zu Hause saß und sich dem Trübsinn hingab, entschied, eine Arena zu kaufen. Betty musste Menschen sehen und wenigstens das ging vom Kassenhäuschen aus immer noch. Das Geld, das für die Altersruhe vorgesehen war, investierte er in eine viereckige Bühne, einen hohen Mast, eine Konstruktion für das Hochseil, ein paar Wagen, Pferde, eine Musikorgel. Für eine runde Leinwand, die die Aufführungen gegen nicht zahlende Zuschauer außerhalb der

Eine klassische Zirkusarena

Absperrung schützen konnte, reichte das Geld nicht mehr. Konrad war vertraglich noch ein Jahr gebunden, und die Heuers freuten sich, dass er blieb. In der Regel betrieb eine Familie eine Arena gemeinsam. In Artistenkreisen galten jene, die in einer Arena arbeiteten, gemeinhin als zweite Klasse. Ihre Wohnwagen schauten ärmlicher aus, ihre Vorführungen glichen einem Jahrmarkt, außer Ponys und selten einem Affen, verfügte eine Arena über keine Tierattraktionen. Diese Artisten „zweiter Klasse" mussten mindestens zwei, besser mehrere Nummern beherrschen. Zwei bis drei Künstler teilen sich neun bis zehn Nummern, die sich in rascher Folge abwechselten. Wieder verhandelte Hermann Heuer mit Agenten, jetzt aber auf der anderen Seite. Seine Familie, die verbitterte Betty und der noch lernende Konrad, reichten nicht für eine ganze Show, er benötigte zusätzliche Artisten. Heuer blieb für die Agenten ein harter Verhandlungspartner. Kaufte er über einen Agenten Artisten ein, konnte es passieren, dass diese sich mit einem Trick beworben hatten, den sie zu beherrschen nur vorgaben. Derartige Betrüger schickte er ausnahmslos wieder weg. „Können Sie den Trick oder können Sie ihn nicht?" Dazwischen gab es für ihn nichts. Halbes Können in ihrem Beruf, das wusste er, war nicht nur schädlich für das Geschäft, sondern auch gefährlich für die Artisten. Adolf Mai, ein Artist aus Köln, entsprach Hermanns Anforderungen und reiste in der ersten Saison mit.

Die Arena-Zeit rundete Konrads Ausbildung ab. Neben neuen handwerklichen Tätigkeiten lernte er jetzt Parterre-, Luft- und Leiternummern. Viele dieser Nummern gibt es heute nicht mehr. Die „Pascas" brachten Konrad alle Ketten-, Ring- und Trapeznummern bei, Adolf Mai lehrte ihn, sich auf dem hohen Mast zu bewegen. Er probierte die Tricks zuerst am Boden. Sobald Konrad eine Übung dort routiniert beherrschte, kletterte er den Mast hoch und probierte sie in luftiger Höhe. Er übte die Balance auf dem schwankenden Mast. Anschließend trainierte er tagelang, behände wie ein Affe den Mast zu erklimmen. Er lernte, sich die Hände mit Harz einzureiben, um beim Schwanken des Mastes ein Geräusch zu erzeugen, als drohe das Holz zu brechen. Adolf Mai zeigte ihm, wie er sein Gewicht verlagern und die Hände halten musste, um mit waghalsiger Geschwindigkeit kopfüber den Mast hinunter zu sausen und wenige Zentimeter vor dem Bühnenboden abrupt abzubremsen. Üben konnte er nur an reisefreien Tagen oder abends nach der letzten Vorstellung. Da eine Arena selten länger als drei Tage an einem Platz blieb, hieß es für die Artisten, abends nach der letzten Vorstellung: die Bühne, die Seil- und Mastkonstruktionen, die Bänke und die Umzäunung abbauen und reisefertig verpacken! In der Morgendämmerung wurden die Wagen an die schwere Zugmaschine angehängt. Im nächsten Stadtteil angekommen, bauten die Artisten das Ganze wieder auf, während Hermann Heuer in den umliegenden Gastwirtschaften und Geschäften Werbezettel verteilte. Bereits um die Mittagszeit begann die erste Aufführung. Wie schon als Kind im Hinterhof, kopierte Konrad von anderen Artisten, was immer er sah. Er erweiterte sein Repertoire um eine Seil-, Luft- und Stuhlnummer. Konrad übte jede Nummer beharrlich ein; beherrschte er sie, änderte er sie für sich ab.

Mühelos gewöhnte er sich an den neuen Alltag. Die Arena zog durch die einzelnen Stadtteile Düsseldorfs, selten ging es in andere Städte. Kamen sie in an einem Platz neu an, lag zunächst der Auf- und Abbau der Bänke in Konrads Verantwortung. Gelegentlich half er seinem Chef, die Zettel mit der Ankündigung ihrer Show zu verteilen. Nach der Vorstellung, in der Konrad selbst zwei bis drei Nummern aufführte, ging er mit dem Teller durch die Zuschauerreihen außerhalb der Bänke. Dieses Sammeln empfand Konrad als Bettelei und machte sich daher, wann immer möglich, aus dem Staub, um diese Aufgabe den anderen zu überlassen. Damals war es in Varietés üblich, eine so genannte Klacke (aus dem Französischen Wort: Claquette = Klapper, Klatsche) einzusetzen. Eine Klacke bestand aus mehreren Personen, die für eine Aufführung im Publikum verteilt wurden und geübt applaudierten, um das Publikum auf diese Weise zu animieren. Große Varieténummern reisten sogar mit ihrer eigenen Klacke. Dasselbe Prinzip gab es für die Arena, nur ein wenig gröber: Die so genannten Anreißer! Die Artisten einer Arena lebten zum Teil von dem Geld, das die Zuschauer ihnen als Anerkennung auf die Bühne warfen. Der Anreißer animierte die Menschen, indem er sich zunächst eine geeignete Stelle im Publikum suchte, dann wild applaudierte, seinem Staunen über die waghalsigen Kunststücke der Artisten mit anerkennenden Zurufen Luft machte, um dann als stärkstes Mittel seiner Begeisterung schnell hintereinander Pfennige geräuschvoll auf die Bühne zu werfen. Es sollte so klingen, als ob bereits viele Zuschauer Geld auf die Bühne regnen ließen. Anreißer und Klacke konnten aus einer oder vielen Personen bestehen und erreichten fast immer ihr Ziel.

Die Angewohnheit aus Kindertagen, sich davonzustehlen, wenn ein Zirkus in der Nähe seine Zelte aufschlug, nahm Konrad in der Arenazeit wieder auf. Auch diese Besuche trugen zur Erweiterung seiner artistischen Kenntnisse bei.

Als sich die Saison 1927 dem Ende zuneigte, verließ Adolf Mai die Heuer-Arena. Konrad verabschiedete sich ebenfalls, seine Lehrzeit war zu Ende. Beide wollten aber in Kontakt bleiben, da Adolf Mai, beeindruckt von Konrads Können und Talent, plante, mit seiner Frau und ihm eine Dreier-Trapeznummer aufzubauen. Außer seinem umfangreichen Wissen und den vielen erlernten Nummern, wurden ihm in dieser Zeit zwei Angewohnheiten zu Eigen, die er sein Leben lang nicht mehr ablegen sollte: von Hermann Heuer die Leidenschaft Briefmarken zu sammeln, von Betty Heuer leise Lieder zu summen.

Konrad verbrachte am Saisonende ein paar Tage im Fürstenwall und traf dort seine Freunde wieder. Willi und Richard stritten ständig über Politik. Willi schwärmte von Adolf Hitler, las „Mein Kampf" und schimpfte auf die Kommunisten und damit auch auf seinen Bruder Richard und „Männemann". Alvis hielt es mit dem „Stahlhelm", einem Wehrverband aus Teilnehmern des Ersten Weltkrieges. Konrad entzog sich diesen Diskussionen und verließ den Fürstenwall bald wieder. Der Winter stand vor der Tür, und er brauchte Arbeit. Erfinderisch stellte er sich selbst eine Nummer zusammen, die keiner großen Bühne bedurfte und tingelte damit durch Cafés, Kinovarietés und Wirtshäuser. Bessere Cafés und Gaststätten verfügten über eigene Musiker im Haus, und boten ihren Gästen zur Abwechslung gerne eine artistische Darbietung.

Im Frühjahr 1928 löste Konrad sein Versprechen ein: Er fuhr mit Zug und Bus zu Adolf Mai, der zu dieser Zeit bei der Arena Peine in Mönchengladbach arbeitete. Dort angekommen, fand er die Wagen der Arena verlassen vor. Konrad lief rufend um die Wagen und sah einen Mann Sitzbänke säubern. Herr Peine persönlich wollte wissen, wen er suche. Jetzt erzählte Konrad, dass er Adolf Mai besuchen wollte, den er von der Heuer-Arena her kenne, und dass er selbst gerade seine Ausbildung beendet habe. Peine, schon viele Jahre im Geschäft, erkannte das Talent und die Arbeitskraft des jungen Mannes und engagierte ihn, noch bevor Adolf Mai überhaupt auftauchte. Sie einigten sich per Handschlag auf 15 Mark pro Arbeitstag und drei Nummern pro Aufführung zunächst bis zum Ende der Saison. Fortan begleitete Konrad die Tour, die ihn nach Köln, Bonn und weiter rheinaufwärts führte. Während dieser Saison stellte er mit Adolf Mai und dessen Frau Gretel eine neue Nummer zusammen, die sie, wann immer sich Zeit fand, einübten. Adolf und Gretel Mai, die aus der Familienarena Hardung stammte, wollten den Sprung ins Varieté wagen. Dafür jedoch benötigten sie eine spektakuläre Nummer, die sich im gleißenden weißen Licht einer Varietébühne sehen lassen konnte.

*Arena Peine Sommer 1928
(Konrad im weißen Hemd vorne)*

Abermals übte Konrad neue Tricks ein. Peine überzeugte den gut gebauten jungen Mann, sich nebenbei Geld mit Boxkämpfen zu verdienen, und bot ihm drei Mark pro Kampf an. Konrad willigte ein und die Peine-Arena war um eine publikumswirksame Attraktion reicher. Auf den Marktplätzen verteilten sie Zettel, mit denen sie mutige Männer zum Preisboxen suchten. Berufsboxern blieb die Teilnahme untersagt. Fand sich ein mutiger Mann, kündigten sie das Spektakel mit lautem Trommelwirbel an. Viele Männer ließen sich verführen, sobald sie den klein und schmächtig wirkenden Konrad sahen, der seine kompakte Gestalt geschickt unter der Kleidung verbarg. Auch die Aussicht, ein Pony gewinnen zu können, das man als für Zirkusdressuren völlig ungeeignet deklarierte, lockte viele Herausforderer in den Ring. Vor dem Boxkampf schob sich Konrad kleine Kapseln mit falschem Blut zwischen die Zähne. Traf ihn im Kampf ein Gegner tatsächlich am Kinn, zerbiss er eine Kapsel, so dass es aussah als würde Blut aus seinem Mund spritzen. Wenn er sich anschließend den Schweiß abwischte, verteilte er mit dem Boxhandschuh das falsche Blut über sein Gesicht.

Das gab den Kämpfen den notwendigen dramatischen Effekt. An guten Tagen kämpfte Konrad drei bis vier Mal und verdoppelte so seinen Tageslohn. Es gab selten ein k.o. und wenn, lag meist Konrads Gegner auf dem Boden. Schlug jedoch tatsächlich jemand Konrad k.o., musste er anschließend enttäuscht feststellen, dass der Preis lediglich ein kleines Holzpferd war. Das lachende und applaudierende Publikum rund um den Boxring schuf meist die geeignete Atmosphäre, um einen Wutausbruch des Gewinners zu vereiteln. Der geschäftstüchtige Chef der Arena kannte alle Markttage der Umgebung und versuchte stets dort präsent zu sein. Das versprach viel Publikum ohne Werbung und genügend Männer für die beliebten Boxkämpfe.

Adolf Mai verhandelte noch während der Saison mit Agenten und bot ihnen ihre Trapeznummer an. Dann geschah etwas, das diese hochfliegenden Pläne zunichte machte und die Zusammenarbeit beendete. Konrad kam eines Abends zufällig am Wagen der Mais vorbei und hörte, wie Adolf seine Frau schlug. Er sprang in den Wagen und versuchte Adolf zurückzuhalten. Zu seinem Erstaunen wehrte Gretel ihn ab: Er solle verschwinden, das sei schließlich ihr Mann und ginge ihn nichts an. Konrad, zutiefst getroffen, verließ das streitende Paar. Er grübelte an diesem Abend lange über diese Szene, körperliche Gewalt war ihm fremd und gegen Frauen zutiefst zuwider. Am nächsten Morgen teilte er den Mais mit, dass sie nicht mehr mit ihm rechnen können. *„Bevor ich mit solchen Leuten arbeite, arbeite ich lieber alleine!"*

Schon bald ergab sich eine neue Partnerschaft mit Jack, einem zwar nicht gerade begnadet talentierten Jungen, der aber hoch motiviert war, unbedingt Artist zu werden. Konrad nahm ihn in die Lehre und stellte mit ihm eine kleine Hand-auf-Hand- sowie eine Luftnummer zusammen. Seine neue Rolle als Lehrer, die ihm nicht lag, gab ihm dennoch den Mut, mit seinem Wissen und Können zu experimentieren. Konrad begann, den traditionell vorgeführten Nummern ein komisches Element beizufügen: ein Zittern an falscher Stelle, eine ungeschickte Bewegung. Er kratzte sich mitten in der Aufführung geräuschvoll am Rücken oder kitzelte seinen Untermann. Das Publikum brüllte vor Lachen und der Erfolg beflügelte seine Phantasie. Jetzt begann er auch, selbst mit den Agenten zu verhandeln. Eines ihrer ersten Engagements führte Konrad und Jack unter dem neuen Namen „Gebrüder Thur" mit ihrem Gymnastikakt ins Nachbarland Holland. Zunächst mussten sie sich um Reisepässe kümmern, was aber kein Problem war, denn Konrad erinnerte sich an den netten Kommissar im Fürstenwall, der ihm rasch die notwendigen Papiere verschaffte. Nach Erledigung der Formalitäten übergab ihnen der Agent einen Brief mit der Wegbeschreibung zu ihrem ersten Auftrittsort gleich hinter der Grenze. Dort erwarteten sie ein Veranstaltungsleiter und andere Artisten, die als eine komplette Show durch Holland touren sollten. Außerdem enthielt der Agentenbrief eine Arbeitsgenehmigung für das Land sowie die Erlaubnis der holländischen Artistenloge, mit dieser Nummer auftreten zu dürfen. Viele Staaten schützten ihre eigenen Artisten, indem die Artistenloge prüfte, ob nicht im eigenen Land arbeitslose Artisten dieselbe Nummer aufführen konnten. Aufgeregt ging Konrad auf seine erste Reise, händigte den Zöllnern seinen Pass aus und erklärte ihnen sein mit speziellen Aufklebern verziertes Gepäck. Zum ersten Mal knüpfte er Kontakte zu Artisten aus anderen Ländern, studierte ihre Nummern. Die Gruppe startete in Venlo. Der sympathische Veranstaltungsleiter organisierte die Unterkünfte, die Fahrkarten, sorgte für Werbung und kassierte die Gagen. Die jungen Artisten folgten ihm, bepackt mit ihren Requisiten über die Dörfer und in die kleinen Städte des Landes. Klaglos traten sie jeden Tag auf, spielten in Sälen, Wirtshäusern und Scheunen. Nach zwei Monaten endete die Reise in der Nähe von Den Haag, und nach der letzten Aufführung feierten sie in einer Gaststätte ihre erfolgreiche Tour und ihren Abschied. Am nächsten Tag würden sie ihre Gagen erhalten und heimfahren. Der Veranstaltungsleiter versprach ihnen, beim Fahrkartenkauf am nächsten Tag zu helfen. Als sie am Morgen etwas verkatert zum Frühstück erschienen und ihr Leiter nicht auftauchte, schwante den erfahrenen Artisten bereits das Unheil. Der „freundliche Mann" hatte sich mit ihrem Geld in Luft aufgelöst. Konrad und Jack, kaum einen Pfennig in der Tasche, wussten zunächst keinen Rat. Da sich alle anderen Artisten auf den Weg machten zu ihren Konsulaten in Den Haag oder Amsterdam, taten sie das gleiche. Die „Gebrüder Thur" benötigten zwei Tage, bis sie per Anhalter und zu Fuß völlig ausgehungert das deutsche Konsulat in Amsterdam erreichten. Hier bekamen sie Fahrkarten nach Düsseldorf und ein wenig Reisegeld. Auf dem Weg zum Bahnhof erblickten die hungrigen jungen Männer im Schaufenster eines kleinen Geschäftes einen großen runden Käse, auf dem ein Preisschild mit 2,65 stand. Jack drängelte, diesen schönen großen Käse zu kaufen. Konrad marschierte in den Laden, legte wortlos das letzte Geld auf die Verkaufstheke und zeigte auf den Käse im Fenster. Sein Magen knurrte vernehmlich. Aber Konrad kam nur mit einem kleinen Stück zurück, das für jeden von ihnen gerade einen winzigen Bissen bedeutete. Die hungrigen Augen hatten die ‚per 100 gr' hinter dem Preis übersehen. Was blieb anderes übrig, als in den Gastwirtschaften, die auf dem Weg zum Bahnhof lagen, ihre Hand-auf-Hand-Nummer für eine warme Mahlzeit anzubieten. Nach mehreren Fehlschlägen fand sich ein Wirt, der ihnen, begeistert von ihrem Können, vorschlug, das ganzes Wochenende zu bleiben, und damit ihre Reisekasse aufzubessern. Die Idee brachte leider nicht den gewünschten Erfolg. Konrad und Jack verließen am Montagmorgen die Gastwirtschaft abermals ohne Bargeld, aber immerhin mit ein paar Mahlzeiten im Bauch. Als Entschädigung gab der Wirt Konrad einen silbernen Ring mit einem kleinen Halbedelstein. Diese glücklose erste Reise ins Ausland nahm dann auch noch ein recht klägliches Ende: Sie zertrümmerten im Zug versehentlich eine Fensterscheibe, als ihre Requisiten bei einer abrupten Abbremsung umfielen.

Konrad tourte noch ein paar Wochen mit Jack durch die Kinovarietés in und um Düsseldorf, um die Schulden beim Konsulat und der Bahn zurückzahlen zu können. Seit diesem Erlebnis begleitet Konrad stets die heimliche Sorge, ob er genug eigenes Geld in der Tasche hat.

Trotz dieser schlechten Erfahrung im Ausland traten Jack und Konrad wieder in Holland und in Belgien auf. Im November 1928 trennten sich die „Gebrüder Thur". Die Schulden waren abbezahlt, zudem eignete Konrad sich nicht recht zum Lehrmeister, besonders nicht für den untalentierten Jack. Konrad verbrachte ein paar Tage bei seinen Eltern im Fürstenwall und erzählte ihnen von seinen Abenteuern und Lehrstunden des ereignisreichen Jahres. Sein Vater liebte diese Geschichten und ließ sich genau die Städte beschreiben, durch die Konrad gereist war, die Menschen und Artisten, die Gasthäuser und die Landschaften. Bei einem gemütlichen Bier erzählte Hubert Thur stolz seinen Freunden die Erlebnisse seines jüngsten Sohnes und nahm ihn als lebenden Beweis gerne mit zu diesen Abenden. Magdalena Thur erzählte die Geschichten den Nachbarn, und erwähnte als stolze Mutter beim Einkaufen mit Vorliebe, dass Konrad wieder in dieser und jener Stadt sei.

Anfang Dezember, Konrad saß mit seinen Eltern zu Tisch, klingelte es, ein Mann kam die Treppe herauf und stellte sich als August Lindner vor. Er suche einen neuen Obermann für die Perchstange (Perche frz. für Stange, eine elastische Bambusstange, an der Akrobaten Balancen u.a. Stücke vorführen). August Lindners Freund Peine hatte ihm Konrad empfohlen, der nun seinerseits seine Fähigkeiten beschrieb. August Lindner arbeitete beim Zirkus Althoff, der im Dezember 1928 in Bonn im Winterquartier stand. Sie einigten sich darauf, dass Konrad in den nächsten Tagen zu Proben dorthin kommen sollte. Bevor ein gemeinsames Arbeiten beginnen konnte, mussten die Artisten erst herausfinden, ob sie über die gleiche oder eine sehr ähnliche Arbeitsweise verfügten. Die Art, wie Konrad sein Gleichgewicht hielt, war möglicherweise sehr verschieden von Augusts Art, Konrads Gleichgewicht auf dem Perch zu unterstützen und gleichzeitig die Stange auf Schulter oder Stirn zu balancieren.

Ein spannender neuer Lebensabschnitt begann.

Jetta Althoff

„*Das gute Stückchen habe ich jetzt seit über 70 Jahren
und liebe sie noch immer!*"
„Im Zirkus Althoff haben Sie Ihre Frau kennen gelernt oder?"
„*Ja. Ich glaube, die hat mich übertölpelt.
Ich wollte gar nicht heiraten. Aber sie wollte mein Geld!*"

5. Zirkus Althoff

Konrad fuhr direkt am nächsten Tag nach Bonn. Zum ersten Mal sah er einen Zirkus ohne Glitter und festlich geschmücktes Zelt. Die Männer trugen schmuddelige Overalls, und stampften in Gummistiefeln über die aufgeweichten Wege. Dass keine Tiere da waren, fiel ihm als erstes auf, für ihn gehörte das Scharren der Pferde und Esel, der strenge Geruch der Tiger und Löwen unbedingt dazu. Wenn ein Zirkus Glück hatte, waren die meisten Tiere an eine Show oder einen Winterzirkus mit festem Bau vermietet, wie dies bei Althoff der Fall war. Der zehn Jahre ältere August Lindner, verheiratet mit Sabine Althoff, lud Konrad erst einmal auf einen Kaffee zu sich in den Wagen ein. Die beiden und ihre Töchter nahmen ihn herzlich auf. Ein dritter Mann, Toni, stellte sich vor, der ebenfalls mit August arbeitete. Nach dem Kaffeetrinken ging es hinüber in die kalte Manege. Konrad zeigte die Tricks, die er auf dem Trapez beherrschte, seine Spezialität, alles im Zeitlupentempo auszuführen und seine Hand-auf-Hand-Übungen. Seine Ausbildung erwies sich als fundiert und umfassend, August konnte sein Glück kaum fassen. Er gab Konrad die Longe, schulterte seine Perchstange und zwinkerte ihm zu. Mit dem ersten Fuß auf Augusts Oberschenkel, mit dem nächsten bereits auf der Schulter, erklomm Konrad in wenigen Sekunden das obere Ende der Perchstange. Sie verstanden sich auf Anhieb. Abgesichert durch die Longe, wagte Konrad sich gleich an die schwierigsten Tricks. Am Ende der Proben waren sie sich einig und beschlossen, einen Vertrag aufzusetzen. August führte ihn noch durch das Winterquartier und stellte Konrad Direktor Dominik Althoff vor. Die Althoff-Kinderschar, neben Sabine weitere fünf Schwestern und zwei Brüder, verwirrten ihn zunächst. Er lernte seine zukünftigen Kollegen kennen und den Zwerg Max, vor dem August ihn eindringlich warnte. Sie nannten ihn freundschaftlich einen kleinen Verbrecher, denn begegneten die großen

Leute Max zu unverschämt, trat er sie zuerst heftig gegen das Knie und sobald sie dann mit ihrem Gesicht auf seiner Höhe ankamen, weil sie sich vor Schmerz krümmten, versetzte er ihnen einen kräftigen Kinnhaken.

Am nächsten Tag zog Konrad in den kleinen Gepäckwagen der Lindners, wo August ein Bett und eine kleine Truhe für ihn hineinstellte. An diesem Tag erfüllte sich für Konrad sein Traum aus Kindertagen: mit einem Zirkus auf Reisen zu gehen. Er erfuhr, dass es in der kommenden Saison Richtung Süden gehen sollte, dass sie ihr nächstes Winterquartier wieder in Bonn beziehen würden. Konrad beeindruckte die umfassende Planung, die ein großer Zirkus erforderte. Genehmigungen mussten rechtzeitig eingeholt, Plätze reserviert, Programmhefte, Plakate und Werbezettel gedruckt werden, Züge waren zu reservieren. Ein Zirkus reiste nie mit leichtem Gepäck. Nach wenigen Tagen wusste er, dass sich der Alltag im Zirkus nicht so sehr von dem in der Arena unterschied. Auch im Zirkus übernahmen die Artisten in der vorstellungsfreien Zeit allerlei Arbeiten.

Mit August klappte die Zusammenarbeit sofort, mit Toni gestaltete sie sich schwieriger. Konrad, als der dritte Mann einer Pyramidennummer, stand auf Tonis Schultern, der Konrads Waden mit den Händen umfasste. Drei Mann hoch balancierte August vorsichtig über eine Art Schwebebalken, Brücke genannt. In der Mitte der Brücke verlor die Pyramide ihr Gleichgewicht und schwankte. Konrad versuchte abzuspringen, aber Toni hielt sich fälschlicherweise an ihm fest, so dass sie der vollen Länge nach hinschlugen. Konrad verstauchte sich den Arm: Er hatte eine Riesenwut auf Toni, denn sein Körper war sein einziges Kapital, diese Lektion hatte er genau begriffen. Und seine Gesundheit wegen mangelnder Professionalität des Partners aufs Spiel zu setzen, das ärgerte ihn maßlos. Der schmerzende Arm bedeutete auch verletztes Vertrauen, der Arm heilte, das Vertrauen in Toni nicht mehr. Wenige Tage später bestätigte sich Konrads Misstrauen: Er trainierte mit August auf dem Perch, Konrad benutzte zur Sicherheit wieder eine Longe, die Toni halten sollte. Während er langsam in den Kopfstand ging, sah er, dass Toni sich am Rand der Manege mit einem Bekannten angeregt unterhielt, die Longe lose in den Händen haltend. Konrad

Zirkus Althoff

platzte der Kragen. *„Wofür stehst du da? Für meine Sicherheit oder zum quatschen?"* August versuchte noch zu vermitteln, aber Konrad stellte ihn vor die Entscheidung: Toni oder ich! August entschied sich für Konrad. In den folgenden Monaten, bis der Zirkus sein Winterquartier verlassen würde, probten sie täglich zweimal ihre Perchnummer und August fand Gefallen an Konrads Sinn für Komik. Das ungleiche Paar, der große stabile August und der kleine kompakte Konrad, verstanden sich bald wortlos. Konrad lernte wieder Neues: Ein Zirkuszelt auszubessern, Zirkustribünen zu bauen, ein bisschen mit Tieren umzugehen, und dass ein Winterquartier im Zirkus kein Geld, aber trotzdem viel Arbeit bedeutete. Konrad liebte die Momente, wenn sich die Manege mit Artisten in Trainingsanzügen füllte, jeder sich eine Ecke suchte und probte. Man sah einander zu, half sich gegenseitig aus und lernte fast nebenbei neue Nummern. Konrad schaute gerne zu, wenn Steffi, der Ballettmeister aus Russland, die Althoff-Mädchen in Ballett, Tanz und Gymnastik unterrichtete. Mit einem Schwarzafrikaner in ihrer Mitte probten sie einen Buschtanz in Strohröcken, mit den Pferden die ungarische Reiterei, als „Althoff-Schwestern" führten sie einen Harlekin-Tanz auf.

Konrad spürte die aufkommende Unruhe der Artisten im Winterquartier. Das Wetter stabilisierte sich, der April trieb immer weniger Scherze mit Sonne, Wolken, Wind und Regen. In Gruppen oder einzeln trafen die Musiker aus der Tschechei ein, und formierten sich zum Zirkusorchester. Die Direktion wies ihnen die Schlafplätze an und teilte ihnen die Arbeiten zu, die sie vor und nach der Aufführung übernehmen mussten. Proben fanden täglich statt, der Direktor stellte die Abfolge des Programms zusammen. Die verliehenen Tiere kamen zurück, und die Dompteure nahmen ihre Dressurarbeit wieder auf. Endlich befand Konrad Thur sich in seiner Zirkuswelt, dem berauschenden Gewirr aus Menschen, Tieren, Gerüchen. Seine ausgefüllten Tage verbrachte er mit Proben und kleinen Spaziergängen durch die Wagenkolonne. Wann immer ihm der Direktor eine Arbeit zuteilen wollte, blieb Konrad unauffindbar. Die Geräusche der Tiere, das Scharren, Wiehern, Rufen durchbrachen die Stille der Nächte. In den Wochen im Winterquartier hatte er sich mit Franz Althoff und den zwei jüngsten Töchtern der Althoff-Dynastie, Jetta und Netti, angefreundet. Mit der Kleinsten, Netti, alberte Konrad viel herum, so dass der Direktor Dominik Althoff seinen Schwiegersohn August Lindner dringend bat, ein waches Auge auf die Jugendlichen zu haben. Sein neues Zuhause fand Konrad im Wagen der Familie Lindner. Hier bekam er morgens seinen Kaffee, mittags die leichte Suppe, und abends nach den Proben oder der letzten Vorstellung sein Abendessen. Jetta traf Konrad sehr oft im Wagen der Lindners, da sie gerne ihre freie Zeit mit den zwei kleinen Kindern ihrer älteren Schwester Sabine verbrachte. Die älteste Althoff-Tochter, Carola, nannte Konrad zu dieser Zeit schon insgeheim das „Kommandoweib". Wenn sie ihre Mitteilungen, die stets wie Befehle klangen, quer über den Platz brüllte, schüttelte er missbilligend den Kopf. Rief Carola ihm etwas zu, stellte er sich taub. Seine Auffassung, wenn ihm jemand etwas mitzuteilen habe, solle man bitte nahe an ihn herantreten, es beträfe schließlich nur ihn, und nicht den ganzen Platz, teilte Carola nicht. Was das Verhältnis ebenfalls ein wenig trübte, war die Tatsache, dass Carola und andere Artisten ihn manchmal spüren ließen, dass er nicht „im Wagen" geboren war. Ein echter Artist erblickt im Zirkuswagen das Licht der Welt. Dieser kleine Makel haftete Konrad an.

Die Aufbruchstimmung erreichte ihren Höhepunkt. Ende April machte sich der Vortrupp auf den Weg und nutzte die fünf bis sechs Tage Vorsprung, um den vereinbarten Platz zu begutachten. Anschließend suchten sie möglichst in der Nähe des Platzes einen Bauern, der für den Mist der Tiere Verwendung fand und Futter für die Pferde bereitstellte. Als nächstes galt es, einen Metzger aufzustöbern, der Fleisch für die Löwen und Tiger liefern konnte. Drei Tage, nachdem der Vortrupp das Winterquartier verlassen hatte, folgte ihm eine weitere Gruppe, die Werbeplakate anzukleben und Handzettel zu verteilen hatte. Endlich ging es auch für Konrad los. In der Nacht zuvor half er, die Tiere zum Bahnhof zu bringen und zu verladen: Elefanten, Pferde und Esel mussten mit dem Zug reisen. Kein Zirkus verfügte über so viele Fahrer und Zugmaschinen, um alle Tierwagen in die nächste Stadt oder das nächste Dorf zu transportieren. Um vier Uhr morgens, noch vor der Dämmerung, weckte die aufkommende Unruhe Konrad. Die Artisten verstauten die letzten Gegenstände in ihren Wagen. Konrads Gepäckwagen hing an August Lindners Wagen, der wiederum am Kassenwagen befestigt war, in dem Jetta Althoff wohnte, die zu dieser frühen Morgenstunde noch schlief. Es dauerte fast eine Stunde, bis alle Wagen sich hintereinander auf der Straße befanden. Gegen 9 Uhr machte der Zirkustreck an einer Gaststätte die erste Rast. Jetzt kletterten auch die letzten Schlafmützen aus ihren Wagen, um einen heißen Kaffee zu trinken. Nochmals eilte ein kleiner Trupp dem Zirkus voraus. Er musste die Umzäunungen und die Masten für das Zirkuszelt, das Chapiteau, errichten, bevor die Zirkus- und Tierwagen ankamen. Zirkusmasten wurden immer in doppelter Ausführung benötigt, um auch während einer Tour diese Vorarbeiten zu ermöglichen. Trafen die Wagen ein, musste ein Teil der Artisten das Zelt hochziehen und verankern und die Bänke und Tribünen aufbauen. Die Tierwagen wurden so gegenübergestellt, dass sich die gebildete Gasse für die Tierschau eignete. Diese Tierschau bot dem Zirkus eine zusätzliche Einnahme, Erwachsene zahlten 40 Pfennige, Kinder 20 Pfennige, und wer Brot für die Fütterung wollte, zahlte noch einmal 10 Pfennige. Die Dompteure gingen mit anderen Artisten zum Bahnhof, um die Tiere abzuholen. Selbst kostümiert, schmückten sie die Pferde, die Esel, die Elefanten und ritten, wenn möglich, mit den Tieren quer durch die Innenstadt, um Werbung zu machen, obwohl das nicht erlaubt war. Konrad liebte diese Tierparaden, das laute Klappern der Hufe auf dem Pflaster, die schwerfälligen Schritte der Elefanten, das neugierige Staunen in den Gesichtern der Menschen, die den Tieren bereitwillig Platz machten.

Konrad fügte sich in einen neuen Alltag ein, den Zirkusalltag. Schnell begriff er, dass Zirkusarbeit schwere und harte Arbeit ist. Zu dieser Zeit blieb ein Zirkus selten länger als drei Tage an einem Ort. Kam er morgens an, baute die Mannschaft im Eiltempo das Zelt und die Sitzbänke auf. Jeder Handgriff musste sitzen. Bald fanden sich vor dem Kassenhäuschen, in dem Jetta hinter einem kleinen Fenster saß, die ersten Zuschauer für die Matinee ein. Die Tierschau war den ganzen Tag geöffnet. Ebenso gab es kleine Zelte, Menagerien, rund um den Eingang, in denen die Besucher allerlei Kurioses bestaunen konnten. Den Affenmenschen, die schwimmende Nixe, die schwebende Seefee, den kleinsten Menschen der Welt. Die Attraktionen wurden lautstark angekündigt. Es konnte sich dann für den Besucher herausstellen, dass die schwebende Seefee nur ein Stück Seife war, das an einem Faden gezogen wurde. *„Damals hätte keiner der Zuschauer zugegeben, dass sie angeschmiert wurden. Also ging auch der nächste hinter ihm rein."*

Nach der Matinee versorgten die Pfleger die Tiere, reinigten die Käfige, andere säuberten die Manege. Das wiederholte sich nach der Nachmittagsvorstellung. Es gab immer etwas zu tun. Bänke zu reparieren, das Zelt auszubessern, Tierfutter zu schneiden. Auch für Konrad, da August Lindner ebenfalls die Restauration des Zirkus betreute und seine Hilfe gut gebrauchen konnte. Waren nach der Abendvorstellung die Tiere gut versorgt und stand für den nächsten Tag keine Weiterreise an, konnten jetzt die Proben beginnen. Im leeren und hell ausgeleuchteten Zirkuszelt trainierten die abgeschminkten Artisten mit müden Gesichtern manchmal bis tief in die Nacht. Konrad und August verfeinerten ihre Nummer, mit der sie die folgenden 25 Jahre erfolgreich sein sollten. Sie traten in quer

Jetta vor ihrem Kassenwagen

gestreiften Hemden und schwarzen Hosen auf, Hand in Hand kamen der große August und der kleine Konrad in die Manege. Mit ihrer ebenso waghalsigen wie komischen Perch- und Kopf-auf-Kopfnummer ließen sie das Publikum mal unbändig lachen, mal staunend ausrufen, mal erschreckt zusammenfahren. In den Pausen zwischen den Aufführungen mussten einige Artisten sich auf Jettas Geheiß mit Sammelbüchsen unter die auf dem Zirkusvorplatz flanierenden Besucher mischen. Sie erzählten mit ernster Miene dem gut gelaunten Publikum von ihrem harten Leben. Die wirkungsvollste Geschichte war die über Hochseilakrobaten und Dompteure, für die der Zirkus, so erzählten die Spendensammler dem geneigten Zuhörer, unvorstellbare Summen an Versicherungen zahlen mussten. Manche Spendenjäger behaupteten sogar, für einen nicht versicherten, aber von seinen Löwen schwer verletzten Dompteur zu sammeln. Eindrucksvoll schilderten sie den Unfallhergang, den unerwarteten Sprung des zornigen Löwen, den blutenden Oberkörper des bewusstlosen Dompteurs und erzählten mit geheimnisvollem Flüstern von der verschwundenen Hand, die niemand mehr hatte retten können. Konrad fiel das schwer! Reden war nicht seine Stärke, Märchen erzählen erst recht nicht. Er drückte sich mit seiner Sammelbüchse ein wenig durch das Publikum, bis er eine dunkle, unbeobachtete Ecke fand. Dann steckte Konrad schnell ein wenig von seinem eigenen Kleingeld in die Büchse, damit es wenigstens klimperte. Die inzwischen in Konrad verliebte Jetta, die für die Kasse zuständig war, ließ ihm das durchgehen. Am Gagentag fragte sie ihn dann keck, was er eigentlich mit seinem ganzen Geld mache?

Konrad genoss jede Vorstellung, die Atmosphäre in der Manege, den Applaus. Kinder gehörten bald zu seinem Lieblingspublikum: Ihre sorgenvollen Ausrufe, das ungezügelte Lachen, die unverstellte Schadenfreude klangen in Konrads Ohren am ehrlichsten. Die Nummern für Parterre und Luft sowie Clown und Weißclown, die Pferde, Esel und Hunde kamen aus der Althoff-Familie. Jetta Althoff führte zu dieser Zeit eine Hundenummer vor, die sich „kleine Kinderstube" nannte. Außerdem trat sie mit ihren fünf Schwestern in verschiedenen Tanznummern auf und ritt in der wilden ungarischen Reiterei mit. Von Familienmitgliedern erwartete Dominik Althoff besonderen Einsatz. Bei aller Liebenswürdigkeit, die ihm die Althoff-Familie entgegen brachte, spürte Konrad auch hier oft, dass er weder zur Familie gehörte noch ein echtes Zirkuskind war. Im Gegenzug ließ er sich auch nicht für jede Arbeit einteilen. Familienmitglieder mussten alle Aufgaben klaglos übernehmen. Am Abend, sobald die Zuschauer das Zirkuszelt verlassen hatten, begann der Abbau, der oft bis Mitternacht dauerte. Eingespielte Gruppen schraubten die Bänke wieder auseinander und verstauten sie, lösten die Befestigungen, rollten das Zelt ein und verpackten es. Andere brachten die Tiere wieder quer durch die nächtliche Stadt zum Bahnhof. Die restlichen Tier- und Wohnwagen wurden in Fahrtrichtung gestellt und bereits miteinander verbunden. Je nach Wagengröße konnte eine Zugmaschine drei bis fünf Wagen ziehen. War das alles geschafft, stahlen sich Konrad, Jetta und ihr Bruder Franz mit seiner Freundin davon, um im Dorf ein bißchen Tanz und Wein zu genießen. Beim ersten Morgengrauen ging es weiter. Das zunächst leise Tuckern der Zugmaschinen schwoll an, wenn sie sich mit ihrer Last vom zerfurchten Zirkusplatz auf die Straße schoben. Mitunter schwankte der eine oder andere Wagen bedenklich. Wer konnte, blieb trotz des

Lärmes in seinem Wagen und schlief weiter – das Privileg der meisten Frauen und aller Kinder. Konrad erfreute sich an den wechselnden Landschaften auf ihrem Weg. Während der gemächlichen Fahrten im Schritttempo zum nächsten Ort paffte er Zigarren. Fuhr er nicht selbst, stöberte er in den Zeitungen, ob etwas über den Zirkus Althoff oder gar die „Gebrüder Lindner" geschrieben stand. Düsseldorf war im Jahr 1929 oft in den Zeitungen zu finden. Ein grausamer Mörder trieb sein Unwesen in der Stadt. Kaum ein Monat verging, an dem die Presse nicht über einen weiteren schrecklichen Mord an einer jungen Frau berichten konnte. Die Polizei blieb ratlos, konnte keinen Verdächtigen vorweisen, nur falsche Geständnisse.

Nach einer erfolgreichen Saison landeten sie im Herbst wieder in Bonn. Konrads Liebe zu seiner Arbeit blieb ungetrübt, die Schwärmerei für den Zirkus nicht. Da er das letzte Winterquartier nur zur Hälfte erlebt hatte, lernte er jetzt auch die Eintönigkeit der fünf bis sechs Ruhemonate kennen. Die tschechoslowakischen Musiker verließen den Zirkus, um zu ihren Familien in ihre Heimat zu reisen. Wieder galt es, das Zirkuszelt zu restaurieren, die Wohnwagen neu zu streichen, die Tierkäfige gründlich zu reinigen.

Nachdem die Wagen versorgt und die Tiere gut untergebracht waren, verließ auch Konrad für einige Tage das Winterquartier und fuhr nach Düsseldorf, um seine Familie zu besuchen. Vater und Mutter Thur, die Brüder Willi, Jakob und Peter, die Schwester Judith mit ihrem Mann saßen um den Küchentisch im Schein der Lampe und lauschten gebannt seinen Geschichten. Konrad beschrieb die Route, die der Zirkus genommen hatte, erzählte von dem Tag, an dem sie beinahe nicht rechtzeitig angekommen wären, weil es nicht gelingen wollte, die Elefanten auf die schwankende Rheinfähre zu bringen. Jedes Mal, wenn eines der Schwergewichte sein Bein auf den Schiffsboden setzte, gab dieser nach und der Elefant schreckte zurück. Sie versuchten, die Pferde zuerst auf die Fähre zu bringen, aber die spürten die Unruhe und Ängstlichkeit in der Luft und wollten auch nicht mehr gehorchen. Letztlich gelang es doch, die Tiere, die die Rheinfähre wie eine Arche Noah aussehen ließen, auf die andere Rheinseite zu bringen. Er erzählte, dass eines Morgens der Metzger kam, um das Fleisch für die Löwen zu liefern. Nachdem er es den Tierpflegern übergeben hatte, wollte er die Gelegenheit nutzen, um sich die Tiere aus nächster Nähe anzusehen. Beim Reinigen der Käfige drängte der Pfleger die Tiere auf eine Käfigseite, schob dann eine Zwischenwand ein, um ungehindert die jetzt freie Käfigseite zu säubern. Anschließend verschloss der Pfleger den Käfig, entfernte die Zwischenwand, drängte die Tiere auf die bereits gesäuberte Seite, schob wieder die Zwischenwand ein und reinigte die andere Seite. An diesem Morgen hatte irgendetwas den Pfleger abgelenkt, so dass er die Zwischenwand entfernte, ohne vorher die Käfigtüre geschlossen zu haben. Plötzlich schrien alle aufgeregt durcheinander, der brüllende Löwe lief frei zwischen den Wagen herum. Manche Artisten verbarrikadierten sich eilig in ihren Wagen und beobachteten die Szene aus sicherer Entfernung. Der aufgeschreckte Metzger fürchtete so sehr, mit seinem blutigen Kittel am appetitlichsten für den Löwen zu riechen, dass er sich in seiner Verzweiflung ausgerechnet in den leeren Löwenkäfig rettete und diesen von innen verschloss. Konrad beschrieb, wie sie mit Engelszungen auf ihn einredeten, er möge doch endlich herauskommen! Die Dompteure wollten den Löwen direkt wieder in seinen Käfig treiben und dafür musste der Metzger zunächst heraus. Es dauerte eine Weile, bis sich alle wieder an ihrem angestammten Platz befanden.

Durch seinen Bruder Willi, der einen der Mannesmanndirektoren chauffierte, hörte Konrad über den „Schwarzen Freitag" an der New Yorker Börse und die Sorge der Firma vor einer Weltwirtschaftskrise. Seine Schwester Judith berichtete ausführlich über die Frauenmorde in Düsseldorf. Sieben Frauen wurden im Verlauf des Jahres 1929 getötet. Oft hieß es, die Polizei habe nun einen Geständigen. Bis zum nächsten Mord! Wieder stellte sich heraus, dass ein psychisch Kranker sich mit seinem Geständnis ins Rampenlicht der Presse hatte rücken wollen. Judith erzählte, dass die Polizei schreckliche Würgemale am Hals der Frauen fand und oft weitere Verletzungen, die ihnen mit einem schweren Gegenstand, wahrscheinlich mit einem Hammer, zugefügt worden waren.

Konrad ging mit seinem Vater auf Kneipentour, und erzählte auch vor den Skatfreunden seine Anekdoten. Hubert Thur war stolz auf seinen jüngsten Sohn, der, erst 20 Jahre alt, schon soviel von der Welt gesehen hatte. Konrad allerdings spürte die gedämpfte Stimmung unter den alten Männern, hörte sie schimpfen über die Kommunisten und Witze machen über „den Spinner" Adolf Hitler.

Noch etwas sollte Konrad tief betrüben in diesem Winter. Er saß abends am Tisch in der vertrauten Küche im Fürstenwall. Die Mutter fühlte sich sehr müde und schwach, das kalte, feuchte Wetter machte ihr das Atmen schwer. Seit einigen Jahren kämpfte Magdalene Thur schon gegen das ständig sich verschlimmernde Asthma. Den ganzen Abend begleitete das Rasseln ihres Atems die Gespräche am Tisch und immer wieder griff sie sich an die Brust. Zu später Stunde half Judith ihrer Mutter zu Bett. Konrad setzte sich noch eine Weile zu ihr und streichelte zärtlich die alten Hände.

Er blieb noch lange mit Judith in der Küche, sie tranken Kaffee und plauderten eine Weile. Judith, die kaum jemals Düsseldorf-Bilk verließ, faszinierten seine Reisen besonders. Außerdem: Seitdem ihr kleiner Bruder als Artist arbeitete, erhielt sie alle Armbänder, Ohrringe und Kettchen, die ihm diverse Verehrerinnen überlassen hatten. Die Süßigkeiten aß Konrad selbst, sie blieben zeitlebens seine große Schwäche. Kurz bevor er an diesem Abend den Fürstenwall wieder verlassen wollte, schaute Judith nochmals nach ihrer Mutter. Magdalene Thur atmete nicht mehr.

Konrad traf der Tod der geliebten Mutter sehr, sie war der wichtigste Mensch in seinem jungen Leben und hatte es stets vermocht, ihm ein Gefühl der Sicherheit zu geben, zudem seine Ambitionen Artist zu werden unterstützt. Ein Band war zerrissen und er fühlte, wie sich ein wenig Verlorenheit in ihm ausbreitete. Am Tag der Beerdigung regnete es in Strömen, der graue Himmel hing so tief, dass man meinte, hineinfassen zu können. Die Brüder, Judith, der Vater Hubert Thur und viele Verwandte aus den umliegenden Stadtteilen standen am Grab. Sie waren alle zornig, da sie dem Pfarrer ein Taxi durch den Regen hatten bezahlen müssen, damit die Beerdigung stattfinden konnte. Das Bild der schwarzen Schirme, die sich düster aneinander reihten und die traurigen Gesichter verdeckten, den Anblick, wie sie dort alle mit ihren besten Schuhen im aufgeweichten Boden, dem Regen und der Kälte ausgesetzt, verharrten, um Magdalena Thur, Mutter von 11 Kindern, das letzte Geleit zu geben, sollte Konrad lange im Herzen tragen; aber auch die Erinnerungen an seine glücklichen Kindertage.

Wenige Tage nach der Beerdigung zog Judith zu ihrem Vater, um ihn fortan zu versorgen. Für Konrad blieb ein Zimmer im Fürstenwall reserviert, so dass er stets einen Schlafplatz hatte, wann immer er nach Düsseldorf kam.

Als Konrad im Frühjahr 1930 das Winterquartier in Bonn zum zweiten Mal mit dem Zirkus Althoff verließ, quälte ihn der Verlust der geliebten Mutter noch sehr. Wenn sich die Gelegenheit bot, sprach er mit August darüber, zum Varieté zu wechseln. Aber er fand bei seinem Partner noch kein offenes Ohr für diese Idee. Im Gegenteil, August versuchte, ihre Nummer ein wenig zu ändern. Er wollte seine Frau in die „Gebrüder Lindner" integrieren, aber es funktionierte nicht. Konrad arbeitete bereits seit sechs Jahren als Artist und wenn man ihn auch in vielerlei Hinsicht noch als Jungen betrachten konnte, so war doch sein Wissen und Können in Akrobatik fundierter, als das vieler anderer Artisten. Deshalb ließ er sich hinsichtlich ihrer Nummer weder überzeugen noch erweichen. Eine Erweiterung ihrer Perchnummer um Augusts Frau Sabine bedeutete nach Konrads Meinung nur schmückendes Beiwerk, das von ihrer eigentlichen Vorführung abgelenkt und die Nummer keinesfalls verbessert hätte. Der kleine, freundliche Konrad konnte in dieser Beziehung sehr bestimmt sein.

Ende Mai las er überrascht und erleichtert in der Zeitung, dass der Frauenmörder von Düsseldorf endlich gefasst war und acht Morde gestanden hatte. Am 24. Mai 1930 hatte die Polizei Peter Kürten an der Rochuskirche in Düsseldorf-Pempelfort festgenommen. Nach der Vernehmung fanden die Polizisten neben Tatwerkzeugen, die Kürten für künftige Gelegenheiten an verschiedenen Stellen Düsseldorfs vergraben hatte, auch Kleidungsstücke der Opfer sowie vier präparierte Schädel. Als Konrad im Winter desselben Jahres seine Familie im Fürstenwall besuchte, hörte er auf den Straßen die Kinder ein Lied singen über den Mörder Kürten, der mit dem Hackebeil unterwegs sei. Konrad selbst hatte dieses Lied 1924 gesungen, als Fritz Harmann in Hannover gestand, 24 junge Männer während des Liebesaktes ermordet zu haben.

Deutschland und damit auch Düsseldorf änderte langsam aber unverkennbar sein Gesicht. Am 14. September 1930 gelang der

NSDAP der Durchbruch bei den Reichstagswahlen, bei der sie die Zahl ihrer Mandate von 12 auf 107 steigern konnte. Dieses Wahlergebnis bescherte der NSDAP auch in Düsseldorf einen immensen Zulauf. Hatte die Ortsgruppe in den Gründungsjahren 1925/26 gerade 350 Mitglieder, wies sie 1930 schon die stolze Mitgliederzahl von 4643 auf. Konrads Freunde aus Kindertagen standen in verschiedenen Lagern. Alvis als überzeugter Stahlhelm-Anhänger verstand sich gut mit Schmiede-Willi, der sich der Mitgliedschaft in der NSDAP Ortsgruppe rühmte. Der überzeugte Kommunist „Männemann" steckte oft mit Richard zusammen. An ein Miteinander der ehemaligen Kindertruppe vom Fürstenwall war 1930 nicht mehr zu denken. Es fiel Konrad immer leichter, Düsseldorf den Rücken zu kehren. Der Zirkus, eine Welt für sich, ermöglichte zunächst noch den Schutz vor dem politischen Alltag und der allgemein schlechten Stimmungslage. In die Aufführungen kam, wer sich amüsieren wollte, wem der Sinn nach Lachen und Staunen stand, und niemand, um über Politik zu diskutieren. Der Mikrokosmos „Zirkus Dominik Althoff" beherbergte die unterschiedlichsten Auffassungen, Religionen, Kulturen und Weltanschauungen.

Das monatelange, mitunter jahrelange Miteinander der Artisten auf engstem Raum lehrte sie eine Toleranz, die außerhalb des Zirkus zu dieser Zeit kaum zu finden war. Begabte und weniger begabte, schöne und hässliche Menschen, Affenmenschen, Zwerge, Farbige, mutige Dompteure, ernste Clowns, Juden, Moslems, Christen. Menschen, die Sorgen und Ängste quälten, die sich fürchteten und fürchterlich lachen konnten, die weinten und wütend waren. Die unterschiedlichsten Menschen lebten friedlich miteinander.

„Ich lerne Menschen kennen, nicht Religionen, Hautfarben, Rassen." Die Saison 1931 führte den Zirkus Althoff Richtung Norden. Die ausgefeilte Planung sah vor, dass der Zirkus Ende November in Hamburg ankommen sollte, um dann mit dem Zug nach Russland zu reisen. Der russische Staatszirkus mit seinem festen, beheizbaren Winterbau in Moskau, lud Zirkus Althoff ein, das Weihnachtsprogramm 1931 zu gestalten. Solche Gastspiele im Winter waren ein Geschenk für jeden Zirkus, der sonst im Winterquartier geblieben wäre. Konrad freute sich auf das ihm unbekannte Land. Die Routine, das Auf- und Abbauen der Tribünen und Sitz-

bänke, das Zelt hoch- und wieder herunterziehen, Tiere aus- und einladen, Zugwaggons be- und entladen, Plakate kleben, Freikarten verteilen, Spenden sammeln, weiterziehen, würde durch Moskau eine willkommene Unterbrechung erfahren. Doch es kam ganz anders. Im letzten Winterquartier hatten Konrad und August sich die Zeit damit vertrieben, neue Kostüme anzufertigen, die ihnen ein schneidiges Aussehen geben sollten. Konrads Kostüm-Oberteil geriet allerdings etwas zu klein, so dass es unangenehm in die linke Achselhöhle schnitt. Konrad bemerkte dies erst, als sie schon auf Tournee waren und drei Mal täglich auftraten. Zeitmangel und sicher auch Leichtsinn verführten ihn, das Kostüm nicht abändern zu lassen, bis sich Konrads Achselhöhle so stark entzündet hatte, dass er und Lindner im November 1931 pausieren mussten. Ihre Enttäuschung gestanden sie einander nicht ein. Konrad ließ sich in einem Hamburger Krankenhaus behandeln und den Abszess aus der Achsel entfernen. Er nutzte die Zeit, um seinem Kollegen und Freund die Welt der Varietés schmackhaft zu machen. August gab zu bedenken, dass ihre Nummer und ihr Können nicht ausreichend seien. Konrad erwiderte, dass sich nur der Rahmen ihrer Darbietung ändern würde. Ein Artist im Varieté sei wie ein Brillantring, der auf einem roten Samtkissen präsentiert würde. Wenngleich nur als „drittes Rad am Wagen", so fühlte August sich doch sicher im „finanziellen Kokon" des Althoff-Clans, zumal die Wirtschaftslage sehr unsicher war. Deutschland spürte massiv die Auswirkungen der Weltwirtschaftkrise, die Arbeitslosenquote lag bei 12%. Sehr wenige Menschen konnten sich noch einen Besuch in den beliebten Kabaretts und Varietétheatern leisten. Auch das berühmte „Apollotheater" in Düsseldorf befand sich schon seit 1930 im Besitz der UFA-Berlin, die es für Filmvorführungen umbaute. Nur noch ausgezeichnete Einzelnummern fanden ihren Weg auf die Bühne des „Apollo". Der berühmte Clown Charlie Rivel trat 1931 in einer Einzelnummer dort auf und im selben Jahr der Coupletsänger Otto Reuter. August Lindner ließ sich von Konrad nicht überzeugen, auch nicht mit dem Argument, dass ein Varieté keine Saison kenne, die auf sechs bis sieben Monate beschränkt sei. Nun, wenn es keine Varietés mehr gebe, nutze einem das auch nichts. Konrad, der Worten nie soviel beimaß wie Taten, schmiedete einen Plan.

Nachdem er das Krankenhaus verlassen hatte und seine Narbe langsam verheilte, stromerte er über die Hamburger Reeperbahn. Er war der Meinung, da sie ohnehin in Hamburg auf die Rückkehr des Zirkus warten mussten, könnten sie auch arbeiten. Das kleine Nachtkabarett „New China" engagierte die „Gebrüder Lindner" für zwei Wochen. In Moskau erfuhr Jetta von ihrer Schwester Sabine, dass ihr heimlicher Schatz auf der Reeperbahn arbeitete. Die lange schmerzhafte Trennung tat ihr übriges: Jetta beschloss, der Heimlichkeit ihrer Liebe sofort nach ihrer Rückkehr aus Russland ein Ende zu bereiten. Derweil genoss sie ihren Erfolg. Das russische Publikum zeigte sich begeistert von der hübschen „Prinzess Jeanette" und ihren Hunden in der „Kinderstube". Wie Puppen saßen die Hunde am Tisch und drehten gemeinsam ein Karussell. Anschließend legten sie sich zu Bett und deckten sich selbst zu. Zwerg Max half Jetta bei dieser Nummer. Das Publikum johlte, wenn zwei der Hunde, mit Handschuhen bewaffnet, gegeneinander boxten und einer tatsächlich k.o. ging. Jetta, deren große Begabung in der Dressur von Tieren lag, kaufte in Russland Windhunde ein, die sie in der nächsten Saison wie eine Pferdenummer vorzuführen plante und einen Silberring für ihren Schatz.

Konrad sagt bis heute, er sei doch sehr überrascht gewesen, als plötzlich die Garderobentüre im „New China" auflog und Jetta in seine Arme stürmte. Sie waren sich einig, dass sie zusammengehören. Auf diese Weise begleiteten Herzrasen und Schmetterlinge im Bauch Konrads Weg ins Winterquartier nach Königsberg. Die prachtvolle Landschaft Ostpreußens strahlte noch grandioser und die Monate, die vor ihm lagen, schienen gar nicht mehr so öde. Wieder einmal verließen viele Artisten und Musiker den Zirkus, um zu ihren Familien zu reisen. Der Rest, und der hieß überwiegend Althoff mit Nachnamen, restaurierte in den kalten Wintermonaten Wagen und Zirkuszelt. Die Frauen renovierten die Wohnwagen innen, die Männer außen. Man besserte die Zirkusbänke aus, reinigte die Tierkäfige und prüfte die Schlösser und Stäbe. In den Nächten schlich er sich manchmal zu Jetta, die im Kassenhäuschen wohnte.

Für die Saison 1932 schlossen sich Zirkus Hagenbeck und Zirkus Dominik Althoff zusammen. Löwen und Eisbären brachte Hagenbeck mit, Pferde und Elefanten kamen von Althoff. In jener

Jettas Hundenummer

Zeit boten sie damit ein spektakuläres Tierprogramm. Bei der Zusammenstellung der Wagen achtete Konrad darauf, dass Lindners Gefährt wieder mit dem Kassenwagen verbunden wurde, in dem Jetta wohnte. Konrad genoss es, morgens auf die Zugmaschine zu klettern, wissend, dass er die noch schlafende, schöne Jetta hinter sich herzog. Manchmal reiste der gesamte Zirkus, wenn zwei Auftrittsorte weit voneinander entfernt lagen mit dem Zug. In diesen Nächten kletterte Konrad, sobald der Zug losfuhr, aus seinem Wagen heraus, schlich an Lindners vorbei, erreichte Jettas Kassenwagen und stieg durch ihr Seitenfenster ein. Kurz vor Ende der Reise ging es auf demselben Weg zurück. Adolf Althoff, der um diese nächtlichen Besuche bei fahrendem Zug wusste, erlaubte sich gelegentlich einen Scherz: Beim Verladen, bei dem immer drei Wagen auf einem Waggon Platz fanden, verkeilte er die beiden der Lindners und Jettas so schräg, dass Konrad an der Seite nicht durchkam. Dann wartete die ungeduldige Jetta umsonst und Konrad sann auf Rache!

Die Verliebten planten seit langem zu heiraten, nur der günstige Zeitpunkt, die zukünftigen Schwiegereltern um Jettas Hand zu bitten, ließ auf sich warten. Konrad, kein Zirkuskind, kein Familienmitglied und seine Aufmüpfigkeit – das war eine Sache. Sein Ruf als umschwärmter Liebling der Frauen eine andere. Viele Mädchenherzen schlugen für den gut aussehenden, mutigen, jungen Artisten. Das entging niemandem im Zirkus Althoff, besonders nicht dem Vater der sechs hübschen Töchter. Konrad ließ sich davon nicht schrecken. Er plante beharrlich seine Zukunft mit Jetta. Zunächst ließ er sich einen eigenen Wohnwagen bauen und bestand darauf, dass dieser keine Türe am Heck erhielt, sondern in der Mitte der Längsseite. Zudem konnte bei schönem Wetter eine Veranda angebaut werden. Die eigenwillige Konstruktion des Wagens erregte Aufsehen und viele Neugierige baten um eine Besichtigung. Man betrat über die Veranda das kleine Zuhause und befand sich sofort im Wohnzimmer. Rechts des Eingangs lag die Küche und links der Schlafbereich. Konrad nannte sein Heim „Villa Thur"! Konrad und Jetta kauften bereits im Sommer 1932 in Herford ein Auto, das für sieben Personen Platz bot. Konrad fand, es sei eine sehr günstige Konstellation, dass dieser Autohändler auch eine Fahrschule besaß und handelte aus, dass im Kaufpreis des Autos ein Führerschein für ihn enthalten sein sollte. Der Händler und Fahrlehrer hielt das für nicht erfüllbar, schließlich blieb der Zirkus nur ein paar Tage in der Stadt. Konrad nahm den Ratlosen ein wenig zur Seite und erklärte ihm, dass er beim Zirkus Althoff nun schon seit zwei Jahren alle möglichen Fahrzeuge fuhr und dass er von seinem technisch versierten Bruder Willi, dem Chauffeur, alles über Motoren, Bremssysteme und Kühlanlagen wisse. Konrad erhielt die Bestätigung über 36 absolvierte Fahrstunden, fuhr anschließend mit einem staatlichen Prüfer durch Herford und erhielt nach einer halben Stunde den Führerschein ausgehändigt. Die theoretische Fahrprüfung, die in den Fahrschulen abgenommen wurde, fiel kurzerhand unter den

Tisch. *"Ich bekam den Führerschein, so wie andere eine Steuererklärung machen. Da stimmt ja auch nicht alles!"*

Zirkus Hagenbeck/Althoff erlebte trotz der hohen Arbeitslosenzahl und der zunehmenden Verarmung der Bevölkerung nochmals eine sehr erfolgreiche Saison. Das außergewöhnliche Tierprogramm verlockte die Menschen, von ihrem quälenden Alltag ein paar Stunden Urlaub zu nehmen. Als Konrad das Winterquartier in Bonn erreichte und von dort mit seinem Auto zum Fürstenwall fuhr, hatte er Düsseldorf und seine Familie fast zwei Jahre nicht gesehen. Die Stadt seiner Kindertage existierte nicht mehr. Im Laufe des Jahres 1932 hatte Düsseldorf seine anfängliche Zurückhaltung der NSDAP gegenüber aufgegeben. Die Sturmabteilung (SA) der NSDAP galt in der Stadt lediglich als rüpelhaft und gewalttätig. Ihre permanenten Übergriffe auf Juden, Sozialdemokraten und Kommunisten stießen in der Düsseldorfer Bevölkerung auf Ablehnung. Die zahlreichen Straßenschlachten zwischen der SA und den Kommunisten beängstigten die Bürger. Aber ausgerechnet der Düsseldorfer Industrieadel reichte der NSDAP die Hand, um die Partei salonfähig zu machen.

Am 27. Januar tagte der renommierte Industrieclub und unüblicherweise sollte ein Politiker, der Sozialdemokrat Max Cohen-Reuss, dort sprechen. Das verärgerte den Großindustriellen Fritz Thyssen so sehr, dass er die übrigen Mitglieder überzeugte, ein Gegengewicht zu Max Cohen-Reuss einzuladen. Adolf Hitler musste das Düsseldorfer Parkhotel am 27. Januar 1932 in Begleitung des Oberbürgermeisters Robert Lehr, der Industriellen Ernst Poensgen, Karl Haniel, Albert Vögler und Fritz Thyssen durch den Seiteneingang betreten. Der Ballsaal war voll besetzt, als Hitler für seine Partei warb. An diesem Tage unterließ er jegliche antisemitischen Äußerungen. Während vor dem Hotel zahlreiche Sozialdemokraten und Kommunisten antinazistische Flugblätter verteilten, gewann drinnen Adolf Hitler Sympathisanten quer durch Industrie, Handel und Finanzen. Fast sechs Millionen Arbeitslose gab es im Deutschen Reich – in Düsseldorf lag die Quote bei über 40% der erwerbsfähigen Bevölkerung. Aus diesen Reihen rekrutierte die Sturmabteilung mühelos neue Mitglieder. Im Mai 1932 gehörten bereits 6500 Düsseldorfer der NSDAP an.

Die deutsche Wirtschaft stand kurz vor dem Kollaps und Reichspräsident Paul von Hindenburg erließ im Juni 1932 eine Notverordnung, die die Armen noch ärmer machte. Diese Verordnung kürzte massiv die Arbeitslosenunterstützung der Millionen Menschen ohne Beschäftigung. Fast eine Million Menschen erhielt aufgrund dieser Notverordnung überhaupt keine staatliche finanzielle Unterstützung mehr.

Seit den Wahlen Ende Juli galt die NSDAP als stärkste Kraft im deutschen Reichstag. Hermann Göring ließ sich Ende August als Reichstagspräsident vereidigen. Die Lebensmittelpreise stiegen bedrohlich. Hindenburgs Notverordnung erhöhte die Steuern und schränkte die Rentenleistungen massiv ein. Das betraf auch die Familie Thur im Fürstenwall. Die Stadt veränderte ihr Gesicht, weil die Menschen alle freien Flächen zum Anbau von Gemüse nutzten. Entlang des Rheinufers angelten die Düsseldorfer, um mit den gefangenen Fischen die mageren Speisezettel ihrer Familien zu verbessern.

Was „Männemann" berichtete, ließ Konrad in die sich auftuenden Abgründe blicken. Dreimal schon hatte die SA seinen Freund verprügelt. Einmal zerrten sie „Männemann" sogar in ein Auto und fuhren ihn nach Golzheim. Die Golzheimer Heide erfreute sich bei den Nazis großer Beliebtheit, befand sich doch hier die eingefriedete Hinrichtungsstätte von Leo Albert Schlageter, der von einem französischen Militärgericht zum Tode verurteilt worden war. Dort stand seit 1931 ein über 30 Meter hohes, nach Westen gerichtetes Kreuz aus Stein und Stahl zu seinem Gedenken. Mit Ausdauer hatte die Ortsgruppe der NSDAP Schlageter zu ihrem Märtyrer stilisiert. Die Männer stießen den Kommunisten „Männemann" aus dem Auto und forderten ihn auf, nach Hause zu laufen. Das solle ihm für dieses Mal Abreibung genug sein. Sie drohten ihm mit Schlimmerem, sofern er weiterhin bei den Kommunisten aktiv sei. „Männemann", alleine mit den drei zum Teil bewaffneten Nazis, weigerte sich loszugehen. Er blieb stehen und starrte seine Peiniger an, weil er fürchtete, kehre er ihnen erst den Rücken, würden sie auf ihn schießen. Die Nazis brüllten ihn an und als er stur auf der Stelle stehen blieb, stiegen sie aus und schlugen zu dritt auf ihn ein. Erst als das Auto in sicherer Entfernung war, rappelte „Männemann" sich hoch und humpelte nach Hause.

Tief in seinem Inneren spürte der unpolitische Konrad, dass es Zeit wurde, Deutschland zu verlassen. Selbst die fröhlichen Zirkusgeschichten heiterten die Familie im Fürstenwall nicht mehr auf. Die „Gebrüder Lindner" waren während des letzten Winterquartiers in Königsberg gelegentlich in Kabaretts und Varietés aufgetreten. August Linder hatte während der Auftritte im Hamburger „New China" sein Herz für die Varietébühne entdeckt. Wann immer sie die Zirkuswelt verließen, spürten sie die gefährliche Anspannung in den Städten. Die Gewaltbereitschaft lag wie ein aufdringlicher Geruch in der Luft.

Um Deutschland verlassen zu können, mussten die „Gebrüder Lindner" ins Varieté. Seinen Freund und Kollegen brauchte Konrad nicht mehr zu überzeugen, er nahm im Winterquartier 1932/33 Kontakt zu Agenten auf.

Judith erhielt in diesem Winter keine Kettchen, Ringe und Armbänder mehr von ihrem Bruder Konrad, es gab jetzt schließlich Jetta. Er erzählte seiner Familie von seiner Herzdame und, dass sie im Dezember zu heiraten beabsichtigten. Das freute Vater und Geschwister gleichermaßen und sie versprachen, zur Hochzeit nach Bonn zu kommen. Im November fasste Konrad sich endlich ein Herz und hielt um Jettas Hand an. Seiner Meinung nach war es das Klügste, erst mit Jettas Mutter alleine zu sprechen. Konrad legte Adele Althoff die Heiratspläne auseinander und erklärte ihr, dass er die Frage, ob er Jetta immer gut sein wolle, aus tiefsten Herzen mit „Ja" beantworten könne. Mutter Althoff, die in Konrad eher den gutaussehenden und professionellen Artisten sah als den Herzensbrecher, gab ihm die Erlaubnis und vorschnell den Segen des abwesenden Dominik Althoff. Konrad vollführte einen Luftsprung, als er den Wagen der Schwiegereltern in spe verließ. Er eilte zu Jetta und sofort begannen die fieberhaften Hochzeitsvorbereitungen. Als Dominik Althoff ein paar Stunden später zurückkam, grollte er seiner Frau und Tochter Jetta ein paar Tage. Er konnte ihnen diesen Coup nur schwer verzeihen. Am 20. Dezember 1932 gaben sich Henriette „Jetta" Althoff und Konrad Thur das Jawort. Obwohl nur knapp die Hälfte des Zirkus Althoff anwesend sein konnte, sind auf dem Hochzeitsfoto 32 Gäste zu sehen. Der Zirkus feierte „im kleinen Kreis"! Den glatten Silberring, den Jetta ihm aus Russland mitgebracht hatte, ließ Mut-

Hochzeit Jetta und Konrad am 20. Dezember 1932

ter Althoff in einen Siegelring umarbeiten, neben die Initialen KT wurde ein Stein aus Jettas Mädchenring eingesetzt und diesen Ring trägt Konrad bis heute. Die kurze Hochzeitsreise ging ins winterliche Paris, und Jetta sorgte dafür, dass Konrad Eiffelturm, Louvre und die Champs-Elysees kennen lernte. Als sie zurückkamen, war die jüngere Schwester Netti bereits ins Kassenhäuschen gezogen und Jetta siedelte um in die „Villa Thur".

Die Heirat brachte Konrad nicht von seinem Entschluss ab, den Zirkus zu verlassen. Dementsprechend handelte er auch. Varietéartisten pflegen – von den Requisiten abgesehen – stets mit kleinem Gepäck zu reisen. Ein Klavier oder Hunde gehörten definitiv nicht dazu. Jetta musste sich von ihrem Instrument verabschieden. Die Hundenummer war Konrad aus vielerlei Gründen ein Dorn im Auge. Die hysterischen Windhunde, die wie Kleinkinder schrien, sobald sie etwas erschreckte, und die gelehrigen Pudel für die Kinderstubennummer kosteten viel Zeit, Jettas Zeit. *„Meine Frau sollte angeben, nicht arbeiten!"* und *„Ich wollte auch nicht mit einem Metzgerwagen reisen!"*

In den Monaten zuvor hatten Konrad, Jetta, August und Sabine oft die Köpfe zusammengesteckt und gemeinsam die Entscheidung getroffen, dem Zirkus den Rücken zu kehren. Kontakte zu Varietéagenten bestanden bereits und diese planten, sich die „Gebrüder Lindner" anzusehen, sobald der Zirkus Althoff wieder auf Tour sei. Nun galt es aber auch, Dominik und Adele Althoff darüber zu informieren, dass sie zwei Töchter, zwei Schwiegersöhne, und damit zwei Fahrer, zwei Arbeiter, eine Kassenfrau und fünf Nummern Ende der Saison 1933 verlieren würden sowie die Restauration neu besetzen müssten.

Eine Erschütterung ging durch Deutschland und ebenso durch den Zirkus Althoff als am 30. Januar 1933 Reichspräsident Paul von Hindenburg Adolf Hitler zum Reichskanzler ernannte. War es auch der nächste Schritt auf dem Weg, den Deutschland seit Jahren verfolgte, erschien es den Artisten jetzt, als sei Nazideutschland plötzlich und unvermittelt über Nacht in ihr Leben getreten. Hitlers Anhänger organisierten Fackelzüge durch alle großen Städte und ließen keinen Zweifel mehr daran, was sie von Juden, Kommunisten, Sozialdemokraten und Zigeunern hielten. Trotzdem hofften

„Villa Thur"

und dachten die meisten von ihnen, die Nazis könnten und würden ihnen nicht wirklich etwas tun. Im Hinterhof vom Fürstenwall Nr. 26 hisste Schmiede-Willi die Hakenkreuzfahne. Sein eigener Bruder Richard und „Männemann" mussten sich mehr denn je vor Willi Kluse in Acht nehmen. In allen großen Städten Deutschlands veranstalteten die nationalsozialistischen Parteiorganisationen Großkundgebungen. Aus Gassen und Straßen hallte der Marschschritt der Nationalsozialisten, deklarierten die Marschierenden das neue Zeitalter, das Dritte Reich! Konrad verspürte ein Frösteln, wann immer er seine Heimatstadt besuchte. Die unverhohlene Feindschaft unter seinen Freunden aus Kindertagen machte ihn traurig und ratlos. Düsseldorf schmückte sich mit der Hakenkreuzfahne und erlaubte der SA und SS, überall Folterkeller zu errichten. Selbst die Prachtmeile Königsallee erhielt im Tresorraum der „Mitteldeutschen Bank" ihre Folterkammer. Weitere befanden sich im „Schlageterheim" an der Haroldstraße, im „Schlegelkeller" an der Bismarckstraße, in der Reuterkaserne, im Polizeipräsidium. Seit den ersten Februartagen nutzten SA und SS diese Orte exzessiv, um mit unliebsamen Personen, vornehmlich Kommunisten und Sozialdemokraten, abzurechnen. Mitglieder der KPD litten in diesen Februartagen am meisten unter den grausamen Methoden und widerwärtigen Demütigungen der Nazis. Das gefährliche Gespenst Misstrauen ging um, säte Zwietracht und Argwohn. Die am 12. März 1933 gewählte Stadtverordnetenversammlung beschloss einstimmig, Adolf Hitler und Hermann Göring zu Ehrenbürgern zu ernennen. Untergruppen der NSDAP überfluteten Düsseldorf: die deutsche Arbeiterfront, der NSD-Studentenbund, der Reichsbund der deutschen Beamten, der Bund nationalsozialistischer deutscher Juristen, die Reichsmusikkammer. Eine schier endlose Liste, zu der sich die verschiedenen Organisationen der Gestapo gesellten. Die Saat des Misstrauens ging sehr schnell auf. Die Gestapo konnte sich über das ausgeprägte Mitteilungsbedürfnis der Düsseldorfer Bürger freuen: Geschäftskonkurrenz, Eifersucht, alte Feindschaften, wütende Nachbarn, Liebesaffären, Familienstreitigkeiten nutzten die Menschen, um ihre persönlichen Feinde bei der Gestapo zu diffamieren. *„Mancher hat sogar seinen eigenen Bruder schwarz gemacht!"* Bald reichten die Gefängniszellen nicht mehr aus, die Gefangenen wurden in die seit März 1933 bestehenden Konzentrationslager Oranienburg oder Dachau verschleppt. Die traurige Düsseldorfer Bilanz, dass 72% aller Anzeigen bei der Gestapo von Mitbürgern ausgingen, lässt erahnen, mit welcher Hemmungslosigkeit denunziert und verleugnet wurde – hier wie im ganzen Deutschen Reich!

Im März 1933 mussten alle Artisten des Zirkus Althoff ihre Pässe prüfen, und wenn nötig neu beantragen. Im Besitz eines Reisepasses zu sein, war zu dieser Zeit nicht üblich. Noch einmal nutzte Konrad die alte Bekanntschaft mit dem freundlichen Polizeikommissar von gegenüber und bekam problemlos einen neuen Pass. Das Netz der Nationalsozialisten zog sich stetig zu, Pässe stellten die Behörden nur noch für ein Jahr aus.

Im April 1933 starteten in Düsseldorf die Vorbereitungen für ein großes Fest. Den 10. Todestag von Leo Albert Schlageter nutzten die Nationalsozialisten als willkommenen Anlass für eine große Kundgebung in Düsseldorf. Das Schlageterkreuz in der Golzheimer Heide und die Einfriedung seiner Hinrichtungsstätte ließ die NSDAP wieder herrichten und zum Wallfahrtsort deklarieren. Schon einen Monat vor der von Joseph Goebbels inszenierten Propagandaaktion „Wider den undeutschen Geist" verbrannten am 11. April Mitglieder evangelischer Jugendgruppen und des Handlungsgehilfenverbandes auf dem Vorplatz des Planetariums „Schund- und Schmutzliteratur".

Konrad kehrte Düsseldorf Ende April den Rücken, froh, Deutschland für eine Weile zu entkommen. Es ging in dieser Saison nach Holland. Am 2. Mai verbrannte die SA in Düsseldorf Zeitschriften, Bücher, Flugblätter und Fahnen der Gewerkschaften, als Zirkus Althoff auf dem Weg nach Holland in Zülpich, Düren und Aachen gastierte. Fast 3500 Hilfspolizisten aus der SA und SS umstellten am 5. Mai das Arbeiterviertel bei Gerresheim. Das Glashüttenviertel galt als Keimzelle für Putschpläne und Hochburg der Kommunisten in Düsseldorf. Die Nazis prügelten sich unter dem Vorwand Waffen zu suchen durch zahllose Wohnungen, demolierten Einrichtungen und verhafteten unter fadenscheinigen Gründen über 200 Personen, die sie erbarmungslos folterten. Am 26. Mai 1933, Schlageters Todestag, war ganz Düsseldorf auf den Beinen. Eine präzise ausgearbeitete Veranstaltungsagenda führte die Bürger durch den Tag. Die Nationalsozialisten verlasen pathetische Gedichte und Lobeshymnen, ein Verband gab die Errichtung des Schlageterhains an der gesprengten Eisenbahnbrücke in Kalkum bekannt, ein Verein stellte eine Bronzebüste Schlageters zur Verfügung, das Landgericht Mühlenstraße teilte mit, dass zu seinen Ehren die Türe des Sitzungssaales, durch die der zum Tode Verurteilte gegangen war, zugemauert und mit den angeblichen Worten Schlageters verziert wurde: „Wenn wir zunächst auch wenige nur sind, wie werden es schaffen!" Die Bäcker Düsseldorfs versorgten die Pilger unentgeltlich mit Brot, andere Lebensmittelbetriebe gaben kostenlos Käse, Getränke und Rauchwaren aus. Schauspieler führten nur für diesen Tag geschriebene Stücke auf, die Pferderennbahn rühmte sich mit dem „Schlageter Gedenkrennen" und nach einem spektakulären Feuerwerk konnten alle Angereisten in von Großunternehmern zur Verfügung gestellten Fabrikhallen übernachten. Die nationalsozialistische Propagandaveranstaltung erreichte ihren Höhepunkt, als am nächsten Morgen Vizekanzler von Papen, Ministerpräsident Göring,

Staatssekretär Grauert und die Stadtprominenz durch ein Spalier von rund 172 000 Mädchen und Jungen fuhren.

Auch in Aachen verbrannten am 10. Mai 1933 lachende Jungen und Mädchen, Männer und Frauen begeistert Bücher aller Art. Die Althoff-Artisten konnten nicht glauben, was da geschah und auch nicht warum. Rauch stand über der Stadt und scheinbar feierten die Menschen diese Feuer. In der ausländischen Presse fanden sich Kommentare wie: „Hitler's War on Culture", die das Befremden der Nachbarstaaten ausdrückten. In Aachen hatten Konrad und August Lindner ihren ersten Varietévertrag unterzeichnet: Es sollte Anfang des Jahres, im Januar, nach England gehen. Höchste Zeit, Vater und Mutter Althoff zu informieren. In Holland setzten sie sich an einem Abend im Juni, nach einer erfolgreichen Vorstellung, zusammen: Jetta und Konrad, Sabine und August, Adele und Dominik. Die Eltern Althoff hörten nicht gerne, dass sie gleich zwei Töchter verlieren sollten, und so hervorragende Artisten wie August und Konrad. Dominik Althoff zeigte Unverständnis und ahnte doch, warum sie gehen wollten. Auch er selbst bewarb sich intensiv um Auslandsgastspiele, und wann immer sein Auge über seine Mannschaft glitt, fragte er sich, wie lange die Truppe noch in dieser Zusammenstellung in Deutschland würde auftreten können. Dass Konrad kein Zirkusartist sein wollte, hatten die Althoffs längst begriffen. Ahnend was geplant war, hatten die verschiedenen Althoff-Geschwister die Agenten jedes Mal unter einem Vorwand aus ihrer Loge geholt, bevor die „Gebrüder Lindner" auftraten. Konrad und August trickten sie eines Tages aus, indem sie mit Hilfe eines kleinen Trinkgeldes zwei Nummern früher auftraten als geplant. Dass Konrad den meisten Artisten bezüglich Können, Talent und Fähigkeit überlegen war, sorgte im Zirkus Althoff gelegentlich für Missstimmung. Als sich im Juli 1933 herausstellte, dass Jetta ein Kind erwartet, sollte sie nicht mehr in der ungarischen Reiternummer auftreten. Konrad untersagte es geradezu und sprang selbst ein! Er hatte nie reiten gelernt, geschweige denn freihändig auf einem Pferd zu stehen, sagte sich aber, wenn er aus dem Stand auf ein Reck springen kann, dann wohl auch auf ein Pferd. Freihändig auf dem Rücken des galoppierenden Pferdes zu stehen, gelang ihm nicht, stellte er sich jedoch auf die Schultern eines Untermannes, der den Galoppsprung abfing, blieb Konrad problemlos oben. In dieser Nummer war sein Untermann Harry Williams. Dem Nörgeln Althoffs, dass jetzt nicht mehr genügend Frauen in der Nummer aufträten, machte Konrad ein Ende, indem er in Frauenkleidung mitritt. Ideen schienen dem Düsseldorfer Jungen nie auszugehen.

Im holländischen Enschede stoppte die Polizei Jetta Thur und forderte sie auf, ihre Papiere zu zeigen. Sie besaß den Führerschein schon seit 1928 und hatte gelernt, Papiere nie aus der Hand zu geben. Jetta nahm Pass und Führerschein aus der Tasche und hielt sie dem deutsch sprechenden Polizisten hin. Als dieser ihr die Papiere abnehmen wollte, zog sie die Hand zurück. Diese Dokumente seien Privateigentum und sie würde sie nicht herausgeben. Auch das Argument, dass die Papiere auf diese Weise nicht zu prüfen seien, wies Jetta mit einem Schulterzucken zurück. Der schon leicht verärgerte Polizist griff in den Wagen und versuchte der Papiere habhaft zu werden. Jetta schob Führerschein und Pass blitzschnell in ihre Bluse. Das hielt den Beamten nicht davon ab, auch an dieser pikanten Stelle nach den Papieren zu greifen. Als er allerdings in Jettas Bluse fassen wollte und sie seine Hände nicht mehr abwehren konnte, biss sie dem dreisten Polizisten beherzt in die Hand. Dieser schnellte erschrocken zurück, stieß sich dabei noch den Kopf und schäumte vor Wut. Mit seinem Kollegen öffnete er die Wagentüre, zog die eingeschüchterte Jetta aus dem Auto und beschlagnahmte es. Sie gaben ihr die Adresse, wo sie den Wagen nach Zahlung einer Strafe von 300 Gulden und Vorlegen ihrer Papiere abholen könnte. Die Polizisten fuhren mit Jettas Auto, einem Mercedes, der die Schaltung noch außen hatte und dessen Scheibenwischer wie Blinker von Hand zu bestätigen waren, davon und ließen die empörte Frau ungerührt zurück. Weinend, beladen mit ihren Einkäufen und viel zu spät kam sie im Zirkus an und erzählte Konrad die Geschichte. Er war entsetzt über die hohe Strafe, gleichzeitig aber auch sehr stolz auf seine mutige Frau und tröstete sie liebevoll. Am nächsten Morgen stand Jetta wie immer früh auf, um die Hunde auszuführen. Sie glitt auf den vom Morgentau feuchten Stufen ihres Wohnwagens aus und fiel so unglücklich, dass sie sich die linke Schulter verletzte. Als gegen neun Uhr der Zirkus erwachte, meldeten sie sich ab und begaben sich zum Arzt. Nachdem dieser festgestellt hatte, dass nichs gebrochen oder ernstlich verletzt sei, kam Konrad eine Idee und er bat um ein Attest. Der freundliche Arzt erledigte das bereitwillig und sehr ausführlich. Mit diesem Attest bewaffnet, stürmte eine halbe Stunde später ein völlig aufgebrachter Ehemann, seine verstörte Frau im Schlepptau, in die holländische Polizeistation, wedelte mit einem Papier herum und verlangte lautstark den obersten Chef zu sprechen: Er wolle Anzeige gegen die Polizisten erstatten, die gestern seine Frau schwer verletzten, als sie das Auto beschlagnahmten. Ein ungläubiges Staunen schlich sich auf das Gesicht des Beamten, umso mehr, als Konrad ihm das Attest des holländischen Arztes unter die Nase hielt. Ein Wort gab das andere, ein Tumult entstand, Jetta weinte, Konrad zeigte sich erbost und der Polizist beschimpfte sie. Die laute Diskussion lockte andere Polizisten an und letztlich auch den Chef aus seinem Büro. Dieser studierte aufmerksam das Attest, blickte von einem zum anderen und versuchte herauszufinden, wer das Märchen und wer die Wahrheit erzählte. Nach weiteren Anschuldigungen und wütenden Worten entschied er, dass alle sich entschuldigen müssen und dass, wenn Konrad auf eine Anzeige verzichte, sie auch auf die ihrige nicht bestünden. Konrad spielte noch kurz den entrüsteten Ehemann, reichte dann dem Polizisten die Hand und ließ sich den Abholschein aushändigen.

Im August 1933 interessierte sich ein Holländer für Jettas Hundenummer, die aus insgesamt sieben Tieren bestand. Er begriff schnell, dass Konrad die Hunde gerne verkaufen würde, denn er verhandelte nur halbherzig. Dass „Prinzess Jeanette" mit ihren Hunden auf allen Zirkusplakaten und Werbezetteln stand, störte Konrad nicht. Am nächsten Tag, kurz nach der Matinee, kam der Holländer mit einem Anhänger zurück, zahlte lediglich 50 Gulden und nahm die Hunde mit. Endlich, dachte Konrad, hat das Kläffen, Bellen und hysterische Schreien ein Ende. Keine Futterberge mehr, die verarbeitet werden müssen, kein Gassi gehen mehr in den frühen Morgenstunden. Jetta trennte sich nur sehr schwer von ihren Hunden, die sie zum Teil seit vielen Jahren dressierte. Andererseits gab es unter ihren Geschwistern niemanden, der die Hunde hätte übernehmen können. Sie glaubte die Tiere gut versorgt und sie und Konrad würden dem Zirkus ohnehin bald den Rücken kehren.

Zwerg Max sah die Hunde im Anhänger des fremden Mannes verschwinden und vom Platz fahren. Er rannte auf seinen kurzen Beinen los und erzählte es dem Pferdepfleger, der dem Bärendompteur und innerhalb weniger Minuten wussten es alle: „Prinzess Jeanettes" Hunde waren weg. Als erstes rauschte das aufgebrachte „Kommandoweib", Jettas älteste Schwester Carola, heran, schnappte wütend nach Luft, ruderte wild mit den Armen und beschimpfte Konrad, der ihr ohnehin mit seiner Aufmüpfigkeit ein stetes Ärgernis war. Ihr Schwager nahm wortlos seinen Hut und ließ sie stehen, schreiende, laute Menschen blieben ihm zeitlebens unerträglich. Dominik Althoff zeigte sich verständnisvoller, zumal seine älteste Tochter Carola das Brüllen und Toben schon erledigt hatte. Als versierter Zirkusdirektor stellte er das Programm ein wenig um. Die meisten seiner Artisten beherrschten drei und mehr Nummern, so dass die entstandene Lücke problemlos gefüllt werden konnte. Es ärgerte ihn allerdings, dass „Prinzess Jeanette" auf den Plakaten stand, aber daran ließ sich nun nichts mehr ändern.

Zirkus Althoff erreichte Mitte Oktober 1933 das Winterquartier, diesmal in Aachen. Die nächste Saison sollte sie nach Belgien führen. Die „Gebrüder Lindner" verließen am Tag der Ankunft den Zirkus. Am späten Abend hängte Konrad ihre Wohnwagen hintereinander, fuhr langsam Richtung Düsseldorf und stellte sie auf einem kleinen Grundstück unter. Tief in der Nacht erreichten sie den Fürstenwall. Am nächsten Morgen, nachdem die Familie ihren Sohn und Bruder begrüßt hatte, erzählten sie Konrad und Jetta, wie sie das Jahr 1933 in Düsseldorf erlebt hatten.

Seit dem 14. Juli 1933 gab es nur noch eine legale Partei in Deutschland, die NSDAP. Nur zu Hause und unter sich, äußerten die Thurs noch ehrlich ihre Meinung und wahren Gedanken. Sie rieten Konrad, seine Jugendfreunde zu meiden und wenn er sie traf, sich auf keine Diskussionen einzulassen. Als Konrad durch seine Stadt schlenderte, entdeckte er die Plakate: „Deutsche wehrt Euch! Kauft nicht bei Juden!" „Deutsche, kauft nur bei Deutschen!" Marschierenden ging er sorgsam aus dem Weg, in seinem Inneren spürte er den neuen dumpfen Herzschlag Deutschlands, der wie der Gleichschritt tausender Militärstiefel klang. In der Hauptstadt Berlin entzogen die Nationalsozialisten bereits im April Max Reinhardt die künstlerische Leitung des Deutschen Theaters. Begründung: seine jüdische Abstammung. Im September 1933 verabschiedete die NS-Regierung das Reichskulturkammergesetz, das das kulturelle Leben Deutschlands neu gliederte und Juden ausschloss. Die Leitung der Reichstheaterkammer (RTK) lag in Joseph Goebbels Händen. Verbände wie die Internationale Artistenloge (IAL) wurden entweder vereinnahmt, aufgelöst oder verboten. Schauspieler, Musiker, Maler, Artisten, Regisseure, Zirkusdirektoren, alle mussten sie Mitglieder der RTK sein, um arbeiten zu dürfen. Direktoren, Intendanten machten sich strafbar, wenn sie Künstler engagierten, die nicht über eine Mitgliedschaft in der RTK verfügten. Einen Ausweis erhielt nur, wer seine arische Abstammung zweifelsfrei nachweisen konnte. Auch Konrad und August tauschten ihre IAL-Ausweise gegen den RTK-Ausweis. Noch schien das Ganze eine Farce, denn die Kontrollen im Varieté und Zirkus blieben in den kommenden Monaten selten. Bis ein Kontrolleur sich den ungefähren Durchblick verschaffen konnte, wer im Zirkus lebte und arbeitete, wer davon als Artist und wer als Arbeiter, rollte der Zirkus schon wieder sein Zelt zusammen, um weiterzureisen. Im Varieté ließen sich die Nachprüfungen zwar einfacher durchführen, aber auch hier blieben Artisten oft nur ein Wochenende, manchmal nur einen Abend.

Die „2 Lindners" – gefährlich aber lustig

Konrad und August in ihren Matrosenanzügen

**„1934 ging es für Sie das erste Mal nach England!
Wie haben Sie sich da gefühlt?"**
„Wie soll ich mich denn gefühlt haben?"
**„Na ja, Köln war schließlich nur ein anderer Dialekt,
aber England war ja nun eine ganz andere Sprache!"**
*„Wieso? Ich wollte mich doch nicht unterhalten!
Ich bin zum Arbeiten dahin."*

6. Die Nacht des unbekannten Artisten

Doch bevor es nach England ging, lud das „Apollotheater" die „Gebrüder Lindner" ein, in der „Nacht des unbekannten Artisten" aufzutreten. Diese jährlich stattfindende Gala gab unentdeckten Artisten die Chance, ihr Können auf der Bühne eines großen Hauses zu präsentieren. Viele Künstler setzten ihre Hoffnung darauf, in solch einer Gala entdeckt zu werden. Ein wenig Mut gehörte allerdings auch dazu, denn vor der Bühne saß ein gnadenloses Auditorium, das die dargebotenen Leistungen wahlweise verschmähte, lobte oder mit großem Applaus anerkannte. Wer hier brillierte, konnte sich Engagements der großen Varietés Deutschlands und oft sogar Europas gewiss sein. Die aufgeregten Artisten spähten durch die Bühnenlinse, um zu entdecken, welche Agenten sich im Publikum befanden, jeder neu Entdeckte erhöhte die Spannung, besonders wenn er von einem „Haus" kam. Große Varietés wie das „Hansatheater" oder der „Wintergarten" verfügten über hauseigene Agenten, die zu solchen Veranstaltungen anreisten. Die zahlreichen Kinovarietés, viele Kabaretts, auch die zahllosen Kaschemmen und Nachtlokale entsandten ihre Leute. Je nachdem, für welches Etablissement die Vermittler Artisten suchten, mischten sie sich unter das Publikum auf den preiswerten Stehplätzen im Rang oder saßen im Parkett, um hier oder dort die Stimmung zu erspüren. Ins „Apollo" strömten an diesem Abend mondäne Frauen, aufregend gekleidet in der Begleitung wohlsituierter Herren, Parteigänger, Cliquen der SA und SS, Stadtprominenz, Bauern, Arbeiter und Handwerker verteilten sich auf die drei Ränge.

Die Veranstaltung organisierte in diesem Jahr die seit November 1933 aktive nationalsozialistische Organisation „Kraft durch Freude" (KdF). Ziel der KdF war es, Erholungs- und Unterhaltungsprogramme anzubieten, die für die Arbeiterschaft bezahlbar sein sollten. Eine Veranstaltung wie die „Nacht des unbekannten Artisten" bot sich dafür geradezu an. Die KdF orientierte sich an dem italienischen Vorbild „Dopolavoro", wie die deutsche Nachahmung der von Faschisten organisierten Freizeitgestaltung zunächst auch hieß: „Nach der Arbeit". Um den Ursprung zu vertuschen, nannte sie sich bald nach ihrer Gründung „Kraft durch Freude".

Die „Gebrüder Lindner" nahmen die Chance, die diese Einladung bot, gerne wahr. Auch für August erfüllte sich jetzt der Traum, auf der Bühne eines berühmten Varietés, eines „Hauses", zu stehen. Die beiden beobachteten die Nummern hinter dem Vorhang und diskutierten leise, ob sie besser oder schlechter sein würden. Konrad lauschte gespannt auf die Reaktionen des Publikums und überlegte, wie viel Komik und wie viel Können heute für diese Menschen die richtige Mischung sein würde, um sie zu begeistern. Dann war es soweit: Der Vorhang öffnete sich für sie und der Bühnenmeister kündigte die „Gebrüder Lindner" an. Jetzt galt es ein Publikum zu faszinieren, das sich seiner Richterrolle bewusst war und sich entsprechend streng verhielt. Den „2 Lindners" gelang es, die Menschen von dieser Rolle abzulenken, indem sie deren gesamte Aufmerksamkeit beanspruchten.

Die versierten Varietébesucher hatten sicher schon viele Perchakte gesehen, aber nie zuvor in der Art und Weise, wie August und Konrad ihn vorführten. Hand in Hand kamen die beiden auf die Bühne geschlendert und Konrad suchte nach einer hübschen Frau im Publikum; hatte er eine gefunden, blieb er stehen und tat so, als wolle er mit ihr näher in Kontakt treten. August zog ihn ungehalten weiter. Ihre neuen Kostüme, die Matrosenanzüge mit den quergestreiften Hemden, ließen sie eher wie Clowns denn wie Akrobaten aussehen. Während August die lange Bambusstange schulterte und sich einen Orientierungspunkt für die Balance suchte, warf Konrad der Dame in der ersten Reihe eine Kusshand zu. Erneut musste August ihn ermahnen und forderte ihn auf, sich jetzt auf den Weg nach oben zu begeben. Kon-

„Gebrüder Lindner"

rad zwinkerte noch einmal dem Publikum zu und kletterte ein wenig tollpatschig auf Augusts Schultern. Mal blieb er mit dem Fuß zwischen Augusts Beinen hängen, mal verfing er sich in dessen Achselhöhle, mal legte er sich auf seine Schulter, hob dessen Hemd und klatschte seinem Partner auf den nackten Bauch. Das Publikum lachte verhalten und irritiert, der Bühnenmeister hatte einen gewagten Perchakt angekündigt, aber keine Clownerie. August, beide Hände an der Perchstange, versuchte Konrads Unsinn zu beenden, indem er die Schulter verdrehte oder leicht nach vorne kippte. Der Meister der Balance ließ sich natürlich nicht abwimmeln. Schließlich ging Konrad im Affengang die Stange hoch, allerdings nicht, ohne weiter mit der Auserkorenen im Publikum zu flirten. Hatte er die sechs bis sieben Meter zurückgelegt, balancierte August ihn aus, nahm seine Hände von der auf seiner Schulter stehenden Perchstange und verschränkte sie vor der Brust. Konrad zeigte die tollkühnsten Kunststücke und verzauberte das lachende Publikum. Er ging am oberen Ende der Stange in den Handstand, dann in den Kopfstand und mit beklemmender Langsamkeit drehte der sich um das obere Ende. Schreie ertönten aus dem Parkett als August die Perchstange von seiner Schulter nahm, den Kopf in den Nacken legte, die Stange auf seine Stirn stellte, ausbalancierte und wieder die Hände vor seiner Brust verschränkte. Das alles geschah, während Konrad oben im Kopfstand ausharrte. Das Publikum hielt die Luft an und atmete erleichtert auf, als August die Stange wieder auf seine Schulter stellte. Konrad wusste längst, wer die Menschen zum Lachen bringt, kennt auch den Weg in ihre Herzen. Deshalb versäumte er nie, die Anspannung der Zuschauer zu lösen und in Lachen zu verwandeln. Tosender Applaus begleitete die glücklichen „Gebrüder Lindner" bei ihrem Abgang. Ihr gewagter Schritt, den Zirkus zu verlassen, zahlte sich schon an diesem Abend aus. Die „Nacht des unbekannten Artisten" verschaffte ihnen die Anerkennung für ihre Leistung, die sie verdienten und benötigten. Ihr Agent schloss viele Verträge für sie ab, für Kinovarietés, Kabaretts und Volkstheater in Deutschland und weitere für England. „2 Lindners, gefährlich – aber lustig!" hieß es fortan in den Varietézeitungen und Programmen.

Nach dem Weihnachtsfest 1933, im engsten Kreis der Familie, plante Konrad die Englandreise. Ihr Agent händigte ihm die notwendigen Unterlagen, die Arbeitserlaubnis der englischen Artistenloge, die Wegbeschreibung nach Canterbury und die Zimmerreservierung aus. Außerdem legte er Konrad nahe, da er mit dem Auto fahre, Mitglied im 1903 in Stuttgart gegründeten ADAC zu werden, der ihn mit einer Streckenkarte versorgen würde und einem so genannten Triptick. Dieses benötige er für die Ein- und Ausreise mit dem Auto, der Zoll stempele es ab, um sicher zu sein, dass er seinen Wagen nicht in England verkaufe. Anfang Januar machten sich die „Gebrüder Lindner" mit kleinem Gepäck auf die Reise. Die mittlerweile hochschwangere Jetta blieb im Fürstenwall bei Familie Thur. Ihre Schwester, Sabine Lindner, wohnte in der Nähe, da ihre Töchter ein paar Monate die Schule besuchen sollten, was ohnehin sehr selten möglich war. Der erste Teil der Strecke führte die „Gebrüder Lindner" durch Belgien, bis sie am frühen Abend im quirligen Ostende ankamen, wo sie sich für die Fähre einreihten. Während der nächtlichen Überfahrt standen August und Konrad bis spät in den Abend an Deck, blickten auf das Meer hinaus, rauchten Zigarren oder Pfeife und versuchten sich zu erinnern, was ihnen andere Artisten über England erzählt hatten, was sie probieren oder besser meiden sollten. Immer genügend Pennys in der Tasche, war ein anderer Rat, aber sie konnten sich nicht mehr erinnern warum? Ein Clown hatte sie gewarnt, dass das Bier oft schal aussehe, weil die Engländer es ohne Schaumkrone servieren. Dass das Essen nicht sehr schmackhaft sei, interessierte Konrad nicht. War er doch mit: „Es wird gegessen, was auf den Tisch kommt!" aufgewachsen. Diese Erziehungsregel hatte sich für seine Art zu leben bereits bestens bewährt.

Am nächsten Morgen erreichten sie Dover und als sie die Fähre verließen, tastete Konrad sich vorsichtig durch den ungewohnten Linksverkehr. In Canterbury angekommen, half ihnen ein Bobby den Weg zum Kinovarieté zu finden, wo sie die erste Woche auftreten sollten. Ihr englischer Agent stellte sich vor und erklärte ihnen das System. In dieses Kinovarieté in Canterbury kamen Agenten aus ganz England, um Artisten einzukaufen. Tatsächlich glich das Haus einem Ameisenhaufen der Nationalitäten, Franzosen, Spanier, Türken, Belgier, Ungarn, alle kamen zunächst nach hier, bevor sie sich über das Land verteilten. Die Agenten mussten darauf achten, dass die einzelnen Engagements sinnvoll hintereinander lagen, und die Reisezeit mit einkalkuliert wurde. Freie Tage gab es für die Artisten nicht. In dieser erfolgreichen ersten Woche engagierten verschiedene Varietés in London die „Gebrüder Lindner" jeweils für drei Tage. Länger als sechs Wochen durften die ausländischen Artisten sich nicht in England aufhalten, dann mussten sie für mindestens einen Monat ausreisen. Konrad verlor sofort sein Herz an die Stadt. London – ähnlich wie Düsseldorf aus einzelnen Dörfern zusammen gesetzt – war 1933 ein Paradies für Artisten und Künstler: Jeder - Distrikt verfügte über eigene Kinovarietés, Kabaretts, große Varietés, Theater- und Musicalbühnen. Als sie ihre Pension bezogen, unweit des ersten Varietés, wurde ihnen schlagartig klar, was es mit den Pennys auf sich hatte. Weder die Gasheizung im Zimmer, noch die

Dusche funktionierten, wenn sie sie nicht ausreichend mit Pennys fütterten. Die in den Wänden krabbelnden Mäuse ließen sie in den ersten Nächten kaum schlafen. Dann gewöhnten sie sich an, kurz vor dem Schlafengehen in die Mitte des Raumes reichlich Brot zu legen. Konrad und August sahen vom Bett aus den aus ihren Löchern kommenden Nagern beim üppigen Nachtmahl zu und legten sich gleichzeitig mit den satten Mäusen schlafen.

Vor ihrem ersten Auftritt fühlten sie sich nun doch ein wenig unsicher. Würde auch den Engländern gefallen, was die Deutschen mochten? Würde ihre Darbietung beim Publikum ankommen? Die „Gebrüder Lindner" betraten Hand in Hand die Bühne, Konrad zwinkerte, machte seine Späße, kletterte auf den Perch und zeigte, was sie konnten. Schon während ihrer Vorführung hörten sie hier und da einen Pfiff, der sie verunsicherte. Am Ende ihrer Nummer, als sie sich verbeugten, begann ein derartiges Pfeifkonzert, dass sie schnellstens hinter dem Vorhang verschwanden. Lauter und lauter wurde das wüste Pfeifen. Der Bühnenmeister kam aufgeregt auf sie zu und versuchte, Konrad und August wieder vor den Vorhang zu schieben. Die beiden schüttelten die Köpfe und sträubten sich bis zuletzt. Sie versuchten mit Handzeichen dem Bühnenmeister zu erklären, dass sie wohl kaum zum Auspfeifen hinausgehen wollten und fürchteten sogar, dass Blumentöpfe geflogen kämen, sobald sie sich zeigen würden. Konrad rettete sich über den Abend, indem er sich immer wieder sagte, dass jedes Publikum anders ist, und dass vielleicht schon morgen die Zuschauer Spaß haben könnten an den „Gebrüdern Lindner". In der Nachmittagsshow am kommenden Tag begann das Pfeifen schon lange bevor sie ihre Vorführung beendeten und als abends wieder dasselbe passierte, entschlossen sie sich, doch noch einmal auf die Bühne zu gehen und lernten, dass Engländer nicht „auspfeifen", sondern ihre Anerkennung damit ausdrücken. Große Erleichterung. Es waren wunderbare Tage für die beiden Männer, die sich fast wortlos verstanden, mochten und vor allem wertschätzten. Sie genossen, dass sie trotz des Winters arbeiten konnten, Geld verdienten und nicht im Winterquartier Zirkuszelt und Zirkuswagen restaurieren mussten. In ihrer Freizeit liefen sie stundenlang durch das kalte, nebelige London. Gelegentlich setzten sie sich auf das obere Deck eines Busses, hüllten sich tief in ihre warmen Mäntel und blieben bis zur Endstation sitzen, um dann mit dem gleichen Bus wieder zurück zum Ausgangspunkt zu fahren. Auf diese Weise lernten sie früher oder später alle Sehenswürdigkeiten Londons kennen: Towerbridge, Piccadilly Circus, Buckingham Palace und schlenderten lässig über die Kings Road. Sie schickten seinem Vater eine Postkarte, allerdings nicht in den Fürstenwall, da Konrad wusste, wie stolz sein alter Herr auf die Reisen des Juniors war, schrieb er, ohne Kenntnis der genauen Adresse an „Hubert Thur, in der ersten Gaststätte hinter Mannesmann Richtung Altstadt". In der Stammkneipe seines Vaters kam die Karte tatsächlich an.

In den Matineen der Kinovarietés saßen oft Mütter mit ihren Kindern. Aus dem dämmerigen Raum kam ein säuerlicher Geruch, verursacht durch die mitgebrachten Speisen wie Fish and Chips, und die Windeln der Kinder, von denen manche noch so klein waren, dass die Frauen sie während der Vorführung stillten. Die Show in einem Kinovarieté startete mit einer Wochenschau oder einem kleinen Film, z.B. Mickymaus, die sich seit 1928 auf der Leinwand bewegte. Dann folgten ein oder zwei Varieténummern und anschließend ein großer Film. Diese Abfolge wiederholte sich in der Nachmittags- und Abendvorstellung. In den Kinovarietés dauerten ihre Engagements selten länger als drei Tage, in den Kabaretts oder größeren Varietés spielten sie oft eine ganze Woche.

Vor Ablauf der sechs Arbeitswochen kauften sie für die Lieben daheim Geschenke und als die „Gebrüder Lindner" Anfang März in Düsseldorf ankamen, erwartete sie schon ein zufriedener Agent, der während ihrer Abwesenheit Engagements für Frankfurt, Berlin und Hamburg, aber auch für Holland und Belgien vereinbart hatte. Die Pässe mussten verlängert werden. Selbst der freundliche Kommissar aus dem Fürstenwall fragte sie nun eindringlich nach ihrem Ariernachweis und ihrer Mitgliedschaft in der Reichstheaterkammer. Die Kontrollen wurden spürbar schärfer. Das Hitler-Regime schätzte keine Reisenden, die möglicherweise seiner Propaganda entgegenlaufende Informationen aus dem Ausland mitbrachten. Andererseits bedeuteten die reisenden Artisten Geld für Deutschland.

Die nächsten Engagements waren in Belgien. Sie fuhren mit Konrads Wagen dorthin, traten in vielen kleinen Showtheatern in Brüssel auf und arbeiteten danach ein paar Wochen in Holland. In der Grachtenstadt Amsterdam spielten sie gerne, obwohl die Niederlande für Konrad oft ein Unglück bereithielten. So auch dieses Mal, als sie auf dem Rückweg nach Deutschland gerade die Grenze hinter sich gelassen hatten, verfuhr Konrad sich im Nebel und stand plötzlich erneut an der Grenze. Der irritierte Grenzbeamte hielt sie an und fragte, wohin sie denn wollten. Wahrheitsgemäß antwortete Konrad: nach Düsseldorf. Sie hießen ihn rechts heranfahren, blickten ernst und prüfend Konrad an, der ein Lachen mühsam unterdrückte. Die Pässe wurden ein weiteres Mal und sehr genau geprüft. Die nervösen Zöllner untersuchten zunächst penibel den Innen-, Koffer- und Motorraum des Autos. Die Koffer und Requisitenkiste mussten die „Gebrüder Lindner" öffnen und vollständig auspacken. Als die mittlerweile ärgerlichen Grenzbeamten dort auch nichts finden konnten, ließen sie zur Sicherheit auch noch die Luft aus allen vier Reifen. Konrad und sein Partner begriffen langsam, dass die Beamten sie verdächtigten, Rauschgifthändler zu sein. Ärgerlich pumpten sie ihre Autoreifen wieder auf und erst als sie losfahren wollten, sagte ihnen der Zöllner, dass Düsseldorf in der entgegengesetzten Richtung liege. Jetzt begriffen sie das Misstrauen der Beamten.

Im Juni des Jahres 1934 entzündeten die Nationalsozialisten im gesamten deutschen Reich Sonnenwendfeuer und feierten die kürzeste Nacht des Jahres. Die Lagerfeueratmosphäre sollte die vermeintliche Pfadfindermentalität der verschiedenen Naziorganisationen unterstreichen. Konrad sah die Feuer auf den öffentlichen Plätzen, in den Parks brennen und viele Düsseldorfer johlend daran teilnehmen. Die als nationalsozialistische Propagandaaktion angelegten Sonnenwendfeiern sollten langfristig das christliche Weihnachtsfest ersetzen. Am Ende desselben Monats ließ Hitler den Leiter der SA Ernst Röhm und die gesamte SA-Führung festnehmen und ermorden. Adolf Hitler zeigte dem deutschen Volk, wie gefährlich es war, Opfer einer Denunzierung zu werden; jeder Einzelne im Deutschen Reich verfügte über diese „Waffe" und wurde zugleich von ihr bedroht. Der Führer ließ zahlreiche Konservative und oppositionelle Nationalsozialisten verhaften, die nicht zur SA-Führung gehörten und meuchelte alle mit derselben Begründung: Putschabsichten! So unter anderem den ehemaligen Reichskanzler Kurt von

Schleicher, den populären Gregor Strasser, E. J. Jung und G. von Kahr. Mindestens 200 Menschen tötete Adolf Hitler für ihre Teilnahme an diesem angeblichen Putschversuch und legalisierte am 3. Juli 1934 sein Vorgehen nachträglich als „Staatsnotwehr".

Wann immer Konrad die Uniformierten marschieren, die Menschen den Jahrestag der Bücherverbrennung feiern sah, verspürte er den Wunsch, seiner Heimat, in der Hitler seine Macht mehr und mehr missbrauchte, den Rücken zu kehren.

Arbeiteten die „Gebrüder Lindner" in Düsseldorf, blieb Konrad im Fürstenwall und verbrachte seine freie Zeit mit Jetta und seiner im März geborenen Tochter Jeanette. Er traf in diesen Tagen kaum alte Freunde. Man ging sich besser aus dem Weg, da man nicht mehr wusste, wem zu trauen sei. Denunziationen gehörten zur Tagesordnung und oft sah man ein Plakat an einer Hauswand, dass der Hausbesitzer noch an Juden vermiete, oder eine verschmierte Bäckereifensterscheibe, weil der Bäckermeister noch ungesäuertes Brot für Juden buk. August Lindners Ausweise prüften die Beamten regelmäßig sehr genau, da August in den Augen der Nazis verdächtig aussah.

Durch ihre Reisen lernten sie Menschen aller Länder kennen und knüpften Kontakte und Freundschaften. Manche dieser Freunde standen in Deutschland bereits auf der Straße, da sie keine Mitglieder der Reichstheaterkammer sein konnten. Auch der Jude Frank, artistischer Direktor im „Apollo", verließ 1934 Stadt und Land, um nach Belgien zu emigrieren und in Brüssel ein Kinovarieté zu eröffnen. Manche Nummern zerbrachen, weil ein Partner Jude war und nicht mehr auftreten durfte. Das trübte die Freude der „Gebrüder Lindner" während der erfolgreichen Monate, in denen sie im „Wintergarten" in Berlin und im „Hansatheater" in Hamburg gefeiert wurden.

Die „Gebrüder Lindner" waren mittlerweile so berühmt, dass sie keine undankbaren Anfangsnummern mehr akzeptierten mussten, um engagiert zu werden. Konrad kaufte eine Art tragbare Küche, die in einem Schrankkoffer Platz fand. Diese kleine Küche verfügte über zwei Primuskocher, ein kleines Gewürzregal, vier Teller, Tassen, Bestecke sowie Trinkbecher. Damit waren sie unabhängig von der Ausstattung der Pensionen, denn Jetta und Baby Jeanette reisten jetzt mit. Das große Auto bot bequem Platz für ihr Gepäck, und das Gepäcknetz diente der kleinen Jeanette als Hängematte zum Schlafen. Jetta, mit der Devise „Vertrauen ist gut, Kontrolle ist besser" aufgewachsen, nahm Konrads Finanzen aus Augusts Händen. Sie ließ sich fortan Gagen und Ausgaben genau vorrechnen und bewahrte Belege sorgsam auf. Konrad und August, die im Winter 1928 einen Vertrag miteinander abschließen wollten, und jetzt 1934 schon sechs Jahre ohne schriftliches Abkommen miteinander arbeiteten, hatten stets „kippe" (halbe-halbe) gemacht. Konrad vertraute seinem Partner, kümmerte sich ohnehin nicht gerne ums Geld und hielt es mit der Devise *„Gut, wenn Geld übrig war, wenn nicht, dann eben nicht"*. Dem machte Jetta ein Ende, indem sie ihren Konrad nicht mehr alleine reisen ließ und das Geld, das er gerne für neue Hemden und Krawatten ausgab, sparte. Er dankte ihr das liebevoll mit vielen kleinen Geschenken. Jetta und Konrad beherrschten die Kunst, mit wenigen Handgriffen und ein paar Kleinigkeiten aus jeder Gaststube und Pension, in der sie länger als zwei Tage blieben, ein Zuhause zu zaubern. Die Artisten reisten zwar mit kleinem Gepäck, zwei Anzüge, zwei Kostüme, wenig Wäsche, aber es gab immer Platz für eine Tischdecke, eine kleine Vase für Blumen und ein paar Nippessachen.

Im Winter 1934/35 arbeiteten sie im „Medrano", einem Zirkus in Paris mit festem Bau, in dessen Garderoben gelegentlich die Ratten über die Deckenbalken huschten und den Artisten neugierig beim Schminken zusahen. Dennoch, es kam einer Auszeichnung gleich, wenn man eine Einladung von dort erhielt. Das „Medrano", ein Schmelztiegel europäischer Artisten, war zum einen beliebt, weil es mehr die Stimmung eines Kabaretts hatte, und galt zum anderen auch als hervorragende Informationsbörse: Welche Varietés empfehlenswert, welche besser zu meiden waren, welche Agenten gute Verträge aushandelten, welche Pensionen Mäuse oder gar Wanzen neben den zahlenden Gästen beherbergten; hier erfuhren sie auch, dass der deutsche Zirkus Paula Busch den in Bedrängnis geratenen deutsch-jüdischen Zirkus Strassburger weit unter Preis gekauft und die Strassburgers nach Holland, Belgien und Dänemark emigriert waren.

Für den Moment hatten es die „Gebrüder Lindner" geschafft, ihr Name stand für Qualität. Ihr Markenzeichen, die Perchnummer komisch vorzuführen, versuchten manche Artisten zu kopieren, einige gingen soweit, dass sie einen ähnlichen Namen wählten wie „Gebrüder Linder", um auf diese Weise Engagements zu ergattern. Zumeist klärte sich das schnell auf. Der hohen Erwartungshaltung im Publikum konnten die Nachahmer kaum gerecht werden. *„Das Publikum sieht, ob einer mit Liebe arbeitet!"* Und Konrad und August arbeiteten mit Liebe, verfeinerten kontinuierlich ihren Auftritt. Sie führten die gleiche Nummer immer wieder anders auf. Konrads spontane Einfälle schienen unerschöpflich, mal kletterte er vom Perch auf die Vorhangstange und zeigte dort ein paar seiner Kunststücke, mal drehte er aus dem Kronleuchter eine Glühbirne heraus, die er bei der nächsten Aufführung wieder hineinschraubte. August begriff sofort, wenn seinem kleinen Obermann wieder mal eine neue Idee kam. Er wusste genau, dass erst Konrads komische Einlagen ihre Perchnummer so erfolgreich machten. Je nachdem, wer im Publikum saß, konnte es passieren, dass ihn der Bühnenmeister bat, die Nummer etwas abzuwandeln. In London z.B. bei Anwesenheit der Queen wurde er gebeten, beim Hochklettern nicht Augusts Hemd hochzuheben und auf seinen nackten Bauch zu klatschen. Dabei wären diese freundlichen Ermahnungen eines besorgten Varietébesitzers nicht notwendig gewesen. Konrad informierte sich immer, wer in einer Show zu Gast war und besaß zudem ein überaus sensibles Gespür für das Publikum. Der erste Applaus, wenn sie die Bühne betraten, ließ ihn die Stimmung im Parkett erahnen, das erste zögerliche Lachen erzählte ihm, womit er das Publikum amüsieren konnte. Die ersten staunenden Ausrufe ließen ihn wissen, ob die Zuschauer schon ganz im Bann der „Gebrüder Lindner" waren. Außerdem ließ Konrad sich nie verleiten, wegen einem Ehrengast mehr zu zeigen, als üblich. *„Ich zeige immer nur, was ich kann, nie mehr, auch nicht der Queen zuliebe!"*

Sie kauften englische Zeitungen um zu sehen, ob etwas über sie geschrieben stand, und Jetta las ihnen vor. Zwangsläufig erfuhren sie dadurch auch, dass Adolf Hitler massiv aufrüstete, sich nicht an die im Versailler Vertrag festgelegten Rüstungsbeschränkungen hielt und dass England, aber auch Frankreich und Italien dieses mit großer Besorgnis zur Kenntnis nahmen.

Als die „Gebrüder Lindner" mit Jetta und Jeanette im Dezember 1935 nach Düsseldorf zurück kamen, war schon nicht mehr klar, ob sie weiterhin frei würden reisen können. Die Heimkehr mutete wie der Besuch in einem Gefängnis an, von dem sie nicht wussten, ob sich die hinter ihnen geschlossene Türe auch wieder öffnen ließe. Adolf Hitler schottete sein Reich ab. „Nigger-Jazz" und andere ausländische Unterhaltungsmusik durften im Radio nicht mehr gespielt werden, die Nationalsozialisten kontrollierten bereits den gesamten deutschen Rundfunk.

Seit dem 15. September 1935 besaß die Hakenkreuzfahne den Status der Reichs- und Nationalflagge. Die grausamen „Rassegesetze" degradierten Juden zu Bürgern zweiter Klasse und machten die Menschen zu wehrlosen Opfern gegen die Übergriffe des Pöbels. Arier waren fortan Reichsbürger, alle Nichtarier nur Staatsangehörige ohne Rechte. Das „Blutschutzgesetz" gab den anzeigeeifrigen deutschen Bürgern eine weitere hässliche Möglichkeit zu Verleugnungen und Denunziationen: Rassenschande! Eine Flut von „Rassenschandeprozessen" überschwemmte die Gerichte, die längst keine mehr waren und füllte die Zeitungen.

Als Konrad im Fürstenwall ankam, fand er eine aufgeregte Judith vor, die ihn sehnsüchtig erwartete. Sein Schwager Schäng war selbst Opfer einer Denunziation geworden. Konrads Wohnwagen stand immer noch auf dem Grundstück des Schwagers, wo Schäng ihn winterfest machen wollte. Jetzt saß Schäng im Gefängnis, da die Nazis im Wohnwagen eine Büchse mit Geld aus einer Winterspendensammlung gefunden hatten. Ein Freund Schängs hatte sich, so vermuteten die Thurs, den Schlüssel des Wohnwagens angeeignet, das unterschlagene Geld dort versteckt und anschließend den Schlüssel wieder in Schängs Wohnung gebracht. Ob die Nazis das Geld suchten oder ob der Freund Schäng vorsätzlich anschwärzen wollte, blieb unklar. Konrads Schwager beteuerte seine Unschuld, aber die Nazis vermuteten ihn als den Besitzer des Wagens und vertraten den Standpunkt, als solcher habe er zu haften. Das stellte sich am Ende als Glück heraus. Konrad erschien mit einem Anwalt vor Gericht und wies sich als Eigentümer des Wohnwagens aus. Jetzt sollte Konrad für das unterschlagene Geld haften. Aber er konnte belegen, dass er sich im November, zum Zeitpunkt der Winterspendensammlung, nicht in Düsseldorf, sondern in England aufgehalten hatte. Erfreulicherweise genügte diese Aussage, um Schäng aus dem Gefängnis zu holen.

Solche Ereignisse und die allgemein gedrückte Stimmung in Deutschland ließen in Konrad die Angst vor dem eigenen Land wachsen. Die Thurs und Lindners planten, über ein Auslandsengagement für längere Zeit aus Deutschland fortzukommen. Sie wussten, dass sie nur äußerst behutsam fragen konnten und signalisierten vage ihren Agenten, dass sie jederzeit Auslandsengagements bevorzugen würden. Die Arbeit im Ausland garantierte, dass sie ständig im Besitz eines gültigen Passes waren und stets einen guten Grund angeben konnten, um bei den Nazibehörden eine Passverlängerung zu beantragen.

Artisten, die keine Auslands-Arbeitsverträge vorzuweisen hatten, erhielten wie viele Bürger keine Reisepässe mehr. Für die Nazis waren diese Engagements eine Medaille mit zwei Seiten: Einerseits wollten sie möglichst wenige Deutsche in die Lage versetzen, sich im Ausland umzuhören, andererseits kassierten sie gerne das von den Artisten verdiente Geld. Für die Dauer des Aufenthaltes in anderen Ländern billigte ihnen das Deutsche Reich einen gewissen Tagessatz zu, und wenn die Künstler mehr als diesen Satz ausgaben, mussten sie dafür Belege vorweisen. Der Rest der Gage wurde vom Staat eingefordert. Artisten schmuggelten ihr hart verdientes Geld zurück nach Deutschland, wann immer sie „falsche Quittungen" vorlegen konnten. An den Grenzen wurde ihr Gepäck genauestens untersucht, und die Grenzbeamten fragten mit aufdringlichem Blick, warum und wieso und wohin sie denn wollten. Konrad und August lächelten dann freundlich und erklärten den Uniformierten, dass sie Artisten seien. Als nächstes öffneten sie ihren Koffer, dessen Deckelinnenseite mit vielen Fotos beklebt war. Zumeist siegte die Neugier der Grenzpolizei und die Beamten ließen sich genau erklären, wo die einzelnen Aufnahmen herstammten, England, Frankreich, Belgien, Budapest und bewunderten das Können der „Gebrüder Lindner", das die Bilder eindrucksvoll dokumentierten. Für die einfachen Beamten war es etwas Besonderes, die großartigen Akrobaten kennen zu lernen. Genügte dieses erste Ablenkungsmanöver nicht, führten Konrad und August eine kurze Hand-auf-Hand Nummer vor. Spätestens in diesem Augenblick vergaßen die Zöllner die genaue Kontrolle der Koffer. Diese kleinen Tricks ermöglichten Konrad und August, in ihren als Requisitengepäck deklarierten Koffern bisweilen Geld, manchmal Varietéausstattungen und Zeitungen zu schmuggeln. Nicht alle Requisiten benötigten sie für ihre Auftritte, sondern brachten sie Freunden mit und Zeitungen durften überhaupt nicht nach Deutschland eingeführt werden, denn niemand sollte lesen, wie gut es den Menschen in den Nachbarländern ging. Wenn Hitler die Deutschen glauben machte, die Engländer schmierten sich die Butter mit dem Kamm aufs Brot, so wussten Reisende wie Konrad und August es besser. In Holland, in Belgien, in Frankreich, in vielen europäischen Ländern erhielten sie Angebote für feste Engagements. Aber den Verlauf des Ersten Weltkrieges im Sinn und mit dem mehr intuitiven Gefühl als Wissen, dass Hitler einen Krieg anzetteln würde, befürchtete Konrad, dass diese Länder noch zu nah an Deutschland lägen.

Auch 1936 arbeiteten sie noch in Deutschland, obgleich die Situation immer bedrohlicher wurde. Schon hatten die Nationalsozialisten den künstlerischen Berufsstand von Juden, Zigeunern und anderen unliebsamen Personen „befreit". Die „Gebrüder Lindner" jedoch waren in der Heimat aus zwei Gründen sehr gefragt: wegen der hohen Qualität ihrer Darstellung und weil kaum noch gute Artisten auftraten. Artisten aus dem Ausland blieben aus und viele deutsche Nummern waren wegen jüdischer Partner verboten. Adolf Hitler besuchte regelmäßig den „Wintergarten" in Berlin und bemerkte nicht, wie arm und reduziert sich die Varietéprogramme mittlerweile ausnahmen.

Konrad und August freuten sich auf ihre Sommertour 1936 durch Skandinavien. Zuvor jedoch führte sie noch ein Engagement ins „Hansatheater" in Hamburg und in den „Kristallpalast" in Konrads Heimatstadt. Nach den erfolgreichen Auftritten kehrten die „Gebrüder Lindner" Ende April leichten Herzens Deutschland für einige Monate den Rücken.

Konrad verließ Düsseldorf, wo mittlerweile nicht mehr nur SS und SA durch die Straßen marschierten, eilig. Denn das Militär besetzte am 7. März 1936 das durch den Versailler Vertrag entmilitarisierte Rheinland mit 30 000 Soldaten.

Skandinavien gefiel ihnen außerordentlich. Die Offenheit, mit der die Dänen und Schweden den reisenden „Gebrüdern Lindner" begegneten, bezauberte Konrad sofort. Ihr erstes Ziel, Kopenhagen, erreichten sie nach zwei Tagen Autofahrt. Sie traten zwei Wochen im „Tivoli" auf und wohnten bei einer dänischen Familie. Gegen Ende der ersten Woche verabschiedeten sich die Gastgeber in den Urlaub und Konrad wollte ihnen das Geld für die Miete zahlen. Sie lehnten das ausdrücklich ab und baten ihn, die Miete für die zwei Wochen an seinem Abreisetag in ein kleines Behältnis über dem Herd zu legen. Soviel Vertrauen in einen unbekannten Menschen, den man vielleicht nie wieder sehen würde, fand Konrad höchst erstaunlich und verwunderlich. Es passte zu seiner Beobachtung, dass es in diesem Land nur selten eine verschlossene Türe gab. Diebstahl schien in Dänemark und Schweden eine Todsünde zu sein.

Nach der beklemmenden Stimmung im Deutschen Reich war die friedliche Freundlichkeit der Menschen hier eine wahre Erholung für Konrad, Jetta und August. Nach dem Kopenhagen-Engagement ging es über Land in kleinere „Tivolis", die lediglich samstags und sonntags öffneten. Obwohl sie nur am Wochenende pro Tag zwei Vorstellungen gaben, erhielten sie eine ganze Wochengage. Diese kleinen Tivolis waren in Skandinavien weit verbreitet. Ein typisches Tivoli lag meist in einem hübschen Park, der die Gäste zum Spazieren einlud. Der jeweiligen Größe entsprechend, gab es eine runde Tanzfläche mit Orchester, ein oder zwei Restaurants und eine Bühne, auf der die „Gebrüder Lindner" ihren Galgen, der August zur Orientierung der Balance diente, aufbauten und auftraten. Zwischen den Engagements, wenn sie zum nächsten Städtchen reisten, das sein eigenes Tivoli veranstaltete, konnten sie tun und lassen, was sie wollten. Konrad entdeckte seine Liebe zum Angeln und frönte dieser Vorliebe ausgiebig. Jetta nutzte diese Gelegenheit sich die schönen Städte anzusehen. In diesem von Seen und Flüssen durchsetzten Landstrich Europas war das nächste Wasser nie weit. Entdeckten sie eine schöne Ecke, bauten sie ihr kleines Zelt auf und blieben manchmal zwei oder drei Tage. Wo immer sie hinkamen, die Menschen waren freundlich, offen und hilfsbereit und boten den Anglern sogar ihre Boote an. Konrad liebte das Vertrauen dieser Menschen und ließ sich davon berühren. Obwohl das Land so wunderschön, seine Bewohner so offen und frei waren, schlugen sie auch hier ein Angebot zu bleiben aus: *„Zu nah an Deutschland, dachten wir!"*

Im Spätsommer 1936 ging es zu einem Auftritt nach Berlin. Die Stadt war in diesen Tagen in Aufregung wegen der olympischen Spiele, die in der deutschen Hauptstadt veranstaltet wurden. Hitler nutzte sie als riesige Propagandaveranstaltung, um den rund 150 000 Gästen aus der ganzen Welt das politisch geeinte und wirtschaftlich erstarkte Deutschland zu präsentieren. Die dort angetretenen deutschen Sportler waren im Vorfeld in jeder erdenklichen Weise unterstützt worden, da Hitler so viele Medaillen wie möglich für seine Propagandazwecke benötigte. Mit diesen Spielen galt es, die „Überlegenheit der arischen Rasse" zu beweisen. Adolf Hitler eröffnete die Spiele am 1. August 1936 im voll besetzten Olympiastadion. Mancher nahm es mit Befremden zur Kenntnis, die 100 000 Zuschauer jedoch spendeten tosenden Beifall, als der Deutsche Meister im Gewichtheben, Rudolf Ismayr, den olympischen Eid sprach und dabei die Hakenkreuzfahne – statt wie vorgeschrieben die olympische Flagge – ergriff. Als die teilnehmenden Mannschaften an der Ehrenloge vorbeizogen, beobachteten die Zuschauer genau, ob die Sportler die olympische Grußgeste, die offene Hand nach unten zur Seite oder den faschistischen Gruß, die erhobene und nach vorne gestreckte rechte Hand, benutzten. Frenetischen Beifall ernteten Österreich, Italien, Bulgarien und Frankreich für den Hitlergruß ihrer Sportler. Die Regisseurin Leni Riefenstahl, in Deutschland bereits bekannt durch ihren Propagandafilm über den Nürnberger Reichsparteitag, „Triumph des Willens", filmte auch dieses Mal für Hitler einen zweiteiligen Dokumentarfilm über die olympischen Spiele: „Fest der Schönheit" und „Fest der Völker". Der Auftritt im Berliner „Wintergarten" sollte der letzte in Nazideutschland gewesen sein.

Nun ging es nach Budapest, wo sie im Zirkus Fenje auftreten sollten. Wieder händigte ihnen ein Agent die Adressen, Anfahrtsbeschreibung sowie Arbeitserlaubnis aus und vom ADAC erhielten sie die Route. Jetta und ihre Mutter leisteten sich einen kleinen Luxus: Sie fuhren mit dem Zug nach Wien und von dort mit dem Schiff über die Donau nach Budapest. In dem Siebensitzer reisten neben Konrad und August auf den vorderen Sitzen, im Fond Augusts Frau, ihre beiden Kinder und Jeanette schlief im Gepäcknetz. Der Wagen verfügte über eine Trennscheibe zwischen Fahrerkabine und Rückbank, so dass sie sich über ein kleines Telefon unterhielten. Über die Trennscheibe müssen die Mitfahrer im hinteren Teil des Wagens sehr froh gewesen sein, denn: *„Auf dem langen Weg nach Budapest haben wir eine ganze Kiste Zigarren geraucht, 25 Stück. Wir sind die Nacht durchgefahren".* Der Weg durch die Nacht führte sie an der polnischen Grenze entlang, an Prag vorbei von der Tschechei in die Slowakei nach Ungarn. Nachdem sie fast 24 Stunden durchgefahren waren, erreichten sie am nächsten Mittag Budapest. Die Donau, die gemächlich auf einer Breite von fast 800 Metern durch die Stadt fließt, teilt die zwei Stadtteile in das auf sanften Hügeln liegende Buda und das im Flachland ans Wasser gedrängte Pest. Von der zauberhaften Schönheit dieser Stadt ließ Konrad sich einfangen, gab es doch auch hier viele Ähnlichkeiten mit seinem geliebten Düsseldorf, es herrschte ein reger Schiffsverkehr. Über die Brücken wechselte er von Buda nach Pest, wie in seiner Heimatstadt von der Altstadt nach Oberkassel. Jetta, von Kindesbeinen an daran gewöhnt zu reisen und zu entdecken, nutzte hier jede freie Minute, um die Sehenswürdigkeiten, wie Fischerbastei, das am Donauufer thronende Parlament oder die Oper zu besichtigen. Die Männer blieben gerne mit den Kindern zurück, während die Frauen durch die Stadt streiften. Auf der in der Donau gelegenen Margariteninsel, zwischen Buda und Pest, lauschten sie den schaurig-schönen Klängen der ungarischen Zigeunermusik, während Konrad, August und die Kinder die Vormittage oft im Schwimmbad verbrachten. Daran gewöhnt, dass sie im Ausland die Sprache um sich herum kaum verstanden, ließen sie an einem Tag fast eine Deutsche ertrinken, weil sie, am Schwimmbadrand sitzend, vollkommen perplex waren, als da jemand in deutscher Sprache „Hilfe" rief. August und Konrad retteten die hilflose Nichtschwimmerin, die sich in zu tiefes Wasser gewagt hatte.

Nach vier Wochen Budapest, die übliche Zeit für Engagements in einem Zirkus mit festem Bau, ging es zurück nach Deutschland. Bevor die „Gebrüder Lindner" mit Jetta und Jeanette nach England weiterfuhren, machten sie Station in Frankfurt, wo der Zirkus Althoff sich für das Winterquartier rüstete und Sabine mit den Kindern ein paar Tage blieb, um von dort nach Düsseldorf weiterzureisen.

Über Belgien führte ihr Weg sie nach England, wo sie im November und Dezember quer durch kleine Showtheater in Liverpool, Manchester und Birmingham tourten. Den Abschluss bildete ein Auftritt in London. Als die „Gebrüder Lindner" im Oktober nach Paris wollten, musste Konrad zuvor seinen Pass verlängern und suchte das deutsche Konsulat in London auf. Der Konsul teilte ihm mit, dass er nicht mehr befugt sei, Pässe zu verlängern und dass Konrad nach Deutschland müsse, um eine gültige Verlängerung zu erhalten. Als er einsah, dass alles Reden tatsächlich nichts nütze, machte er sich schweren Herzens auf den Weg: Erst nach Düsseldorf, wo ihm der Kommissar aus dem Fürstenwall half, zügig seinen Pass zu erhalten, und dann nach Berlin, um ein Triptick zu erhalten, während Jetta und August bereits nach Paris reisten. In Berlin fuhr er geradewegs in den Mussolinitross hinein: Der Duce folgte am 25. Oktober 1937 einer Einladung Hitlers in die deutsche Hauptstadt. Konrad musste einen großen Bogen um die Straße „Unter den Linden" fahren, wo die Linden allerdings abgesägt waren, um Fahnen Platz zu machen.

Mit großer Erleichterung verließ er Berlin und reiste nach Paris, wo 1937 der Zirkus Dominik Althoff gastierte. Auch im Jahr darauf mieden sie Deutschland. Anfang des Jahres besuchte sie in London eine aufgebrachte Adele Althoff, ihr Mann hatte sie betrogen. Diese Schandtat beendete Dominik Althoffs Zirkusaktivitäten, er übergab das Unternehmen seinen Kindern Franz und Carola. Diese Maßnahme sollte verhindern, dass der Zirkus Dominik Althoff der Scheidung zum Opfer fiel und dadurch zerschlagen würde. Außerdem erhielten Dominik und die enttäuschte Adele Althoff ihren Kindern die Arbeitsplätze, nur der jüngere Sohn Adolf hatte Pläne für einen eigenen Zirkus. Dominik Althoff eröffnete in Düren mit seiner neuen Liebe ein Kolonialwarengeschäft. Jetta verzichtete, schweren Herzens auf ihren Anteil an dem vorgezogenen Erbe. Auf einer Auszahlung zu bestehen, hätte bedeutet, dass ihre Geschwister Teile des Zirkus veräußern müssten. Für Jetta war es jedoch nicht nur ein ideeller Verlust. Sie und Konrad hofften, Europa zu verlassen und woanders Fuss zu fassen. Auch dafür hätten sie das Geld gebrauchen können. Tatsächlich wünschten sie nichts sehnlicher, als das gefährdete Europa zu verlassen, denn es bestand die berechtigte Sorge, dass Hitler, der im März in Österreich und am 1. Oktober in das Sudetenland einmarschiert war, bald einen Krieg anzetteln würde.

Die Chancen standen nicht schlecht: Sie verfügten über vielfältige Kontakte und bei einem Auftritt in einem Londoner Varieté im Oktober 1938 passierte es endlich: Ein Agent suchte für Afrika und Australien Artisten. Konrad, Jetta und August bemühten sich, ihre Aufregung zu verbergen, aber der Agent kannte schließlich die Situation und wusste, die Artisten, die Deutschland unbedingt verlassen wollten, hatten zumeist einen guten Grund. *„Wir wollten nur weg!"* und deshalb akzeptierten die in Europa bekannten und gefeierten „Gebrüder Lindner" eine mickerige Mindestgage. Südafrika war ihnen lieber als Australien und so unterzeichneten sie einen Jahresvertrag für den Zirkus Boswell. Sie sollten sich Ende November in Johannesburg einfinden.

August telegrafierte seiner Frau Sabine, sie solle die Kinder aus der Schule nehmen und so schnell wie möglich nach England kommen, ihr Schiff nach Kapstadt würde Dover am 6. November verlassen. Während der nächsten beiden Wochen herrschte permanente Aufregung, die deutschen Behörden weigerten sich, Sabine und ihren Töchtern Pässe auszustellen. August, der noch über gültige Papiere verfügte, wagte es und reiste mit dem Afrikavertrag nach Deutschland, um den Hitlerbehörden den Passantrag glaubhaft zu begründen. Konrad, dessen Pass in wenigen Tagen wieder ablief, startete nochmals einen Versuch bei der deutschen Botschaft in London – vergebens, Schmeicheln, Bitten und Jammern nutzten nichts. Im Gegenteil, die Reaktion des Botschaftsbeamten ließ eine Aushändigung der gewünschten Papiere überhaupt sehr fragwürdig erscheinen.

Konrad entschied sich für einen gewagten Schritt. Ihm blieben nur wenige Tage bis zur Abreise. Er wollte noch einmal in sein geliebtes Skandinavien in der Hoffnung, dass die deutsche Botschaft in Stockholm mutiger und hilfsbereiter sein würde. Jetta blieb alleine in London zurück und traf die notwendigen Reisevorbereitungen. Konrad fuhr über Leicester, Sheffield, Leeds nach New Castle, von dort mit der Fähre nach Oslo und weiter mit dem Auto nach Stockholm. Todmüde erreichte er die Botschaft und brachte sein Anliegen vor. Der Beamte fragte ihn nicht, warum er den weiten Weg nach Stockholm gekommen sei oder warum sein Kollege in London den Pass nicht verlängere. Man verstand, verlängerte unbefugt den Pass sogar um zwei Jahre und wünschte Konrad, der sich trotz seiner Müdigkeit sofort auf den Rückweg machte, viel Glück.

Am 2. November 1938 trafen sie alle glücklich in London zusammen: Jetta und Konrad, Sabine, August und die Kinder. Die Erleichterung war groß. Jetta verfügte über alle notwendigen Unterlagen, die Arbeitsgenehmigung für Afrika, die Tickets, die Wegbeschreibung und die Adresse des afrikanischen Zirkus Boswell, der sie Ende November erwartete. Jetzt galt es allerdings noch, das Auto loszuwerden, da sie in Südafrika nur Buschland und kaum Straßen vermuteten. Mit seinem nach deutschen Gesetzen ungültigen Pass fuhr Konrad mit der Fähre nach Ostende und brachte sein Auto ins belgische Niemandsland, ließ es an einer zuvor mit seinem Bruder Willi abgestimmten Stelle stehen, versteckte den Schlüssel im Autoreifen, lief zu Fuß zurück in die nächste Stadt, nahm den Zug nach Ostende und wieder die Fähre nach Dover, wo alle ihn sehnsüchtig erwarteten. Auch nach Afrika reisten sie lediglich mit leichtem Gepäck.

„Wie war das, nach Afrika zu reisen?"

„Och, das war ja unsere Arbeit, Unterwegssein, Reisen, andere Länder. Wir waren ja alle zusammen! Unsere einzige Sorge war, gibt es genug Plätze, Theater, wo wir arbeiten können!"

Als es durch die Zollabfertigung ging, wurde allen noch einmal mulmig, ob die englischen Behörden möglicherweise Konrads Pass nicht anerkennen würden? Das Schiff nach Afrika war voller Flüchtlinge, viele deutsche Juden reisten mit den „Gebrüdern Lindner". 1938 verließen 46 000 Juden Hitlerdeutschland.

Die Seereise von England nach Afrika dauerte etwa drei Wochen. Sie befanden sich auf hoher See, als am 7. November 1938 der Botschaftsrat Ernst von Rath in Paris von dem polnischen Juden Herschel Grynszpan erschossen wurde. Zwar schickte Adolf Hitler noch seinen Leibarzt Karl Brandt und den Medizinprofessor Georg Magnus in das Pariser Krankenhaus, in dem Rath schwer verwundet lag, aber sie konnten ihm nicht mehr helfen. Am 8. November wurde Rath noch zum Botschaftssekretär Erster Klasse befördert, einen Tag später erlag er seinen Verletzungen. Der Reichsminister für Volksaufklärung und Propaganda, Joseph Goebbels, nutzte dieses Unglück, um die „Reichspogromnacht" propagandistisch vorzubereiten. Lakonisch erklärte er am Abend des 9. November in München, Reichskanzler Adolf Hitler sei der Auffassung, „spontanen Demonstrationen gegen Juden" nicht entgegenzutreten. Wenige Stunden später brannten die ersten Synagogen. In dieser Nacht zerstörten die Nazis und ihre Anhänger 267 Synagogen in Deutschland. Nicht weit vom Fürstenwall entfernt brannte in der Nacht des 9. November 1938 das jüdische Gotteshaus an der Kasernenstraße und die Synagoge der Ostjuden in der Kreuzstraße. Die Horden, mit ihrem Anführer Dr. Dr. Otto, kommissarischer Oberbürgermeister, demolierten unter anderem ein Modehaus an der Königsallee. „Rache für Paris" war der Schlachtruf, der die ganze Nacht durch Deutschland hallte und das entfesselte Grauen durch die Straßen jagte. Als die marodierenden Horden in Düsseldorf das Zuhause des Rabbiners Max Eschelbacher erreichten, zerstörten sie zunächst seine Wohnung und demütigten den Mann, indem sie ihn zwangen, auf der Straße zu predigen. Bis zum 11. November hatten die Nazis ihr grausames Ziel erreicht, alle jüdischen Geschäfte und beinahe alle jüdischen Wohnungen waren zerstört. Viele Juden nahm die Gestapo in „Schutzhaft" und deportierte sie größtenteils in das KZ Dachau, fünf Düsseldorfer Juden starben in der „Reichspogromnacht". Der Botschaftsangehörige von Rath stammte zwar aus dem Rheinland, aber keineswegs aus Düsseldorf und war zumindest kein Freund der Nazis. Das störte die Propagandamaschinerie jedoch nicht. Wie schon Leo Albert Schlageter wurde jetzt Ernst von Rath zum Volksheld stilisiert. An einem grauen Morgen kam der Sarg mit Ernst von Raths sterblichen Überresten im mit schwarzen Stoffen verhüllten Düsseldorfer Bahnhof an. In Schwarz gekleidete, vermeintlich trauernde Menschen flankierten die Straßen: Graf-Adolf-Straße, Königsallee, Elberfelderstraße, Hindenburgwall (heute Heinrich-Heine-Allee), Rheinallee. Von Rath erhielt sein bizarres letztes Geleit von tausenden Nationalsozialisten. Adolf Hitler höchstpersönlich vollzog den Totenakt auf dem Nordfriedhof und „beglückwünschte" Düsseldorf, das jetzt neben der Schlageter Gedenkstätte auch über ein „Blutzeugengrab" verfüge.

Konrad, August und ihre Althofffrauen

„Südafrika!"
„Ja, wat willse wissen?"
„Na ja, Köln war ein anderer Dialekt, England ein neues
Land, Afrika ein neuer Kontinent!"
„Und?"
„Wie war das z. B. in Kapstadt anzukommen
und all die Schwarzen am Pier zu sehen?"
„Och Kind, Schwarze kannte ich doch schon aus dem Zirkus!"

7. Südafrika

Als das Schiff endlich den Hafen von Dover verließ, hielten die meisten Passagiere, unwichtig was sie gerade taten, einen Moment inne, um das Gefühl der Erleichterung, des Entkommenseins zu empfinden. Die Varietéartisten „Gebrüder Lindner" standen an der Reling während ihre Frauen die kleinen Kabinen ein wenig wohnlich gestalteten. Einerseits war Südafrika einfach nur ein weiteres, neues Land, in das sie reisten um zu Arbeiten, andererseits fühlten sie ein wenig Unbehagen, was sie wohl erwarten würde. Es kam Konrad und August entgegen, dass es sich dieses Mal wieder um einen Zirkus – und damit um einen Jahresvertrag handelte, denn in Südafrika gab es keine Saison und kein Winterquartier. Das Einkommen war für ein Jahr gesichert. Als das Schiff den Atlantik erreichte, verteilte Jetta an ihre Familie Löschpapierstreifen, die sie sich mit Spucke hinter das Ohr klebten: Das sollte den Schwindel austricksen und damit einer eventuell durch das Schlingern des Schiffes verursachten Übelkeit zuvorkommen. Jetta kannte diesen Trick vom Karussellfahren und nahm an, dass es auch gegen Seekrankheit helfe, und es half oder sie waren einfach alle seetüchtig. Jetzt galt es, viel Zeit totzuschlagen, denn trainieren konnten sie auf dem schwankenden Schiff nicht.

Die seltsame Stimmung an Bord spürten alle Reisenden. Kaum einer war unter ihnen, der nach Afrika fuhr, weil er das Land kennen lernen wollte. Ein großer unbekannter Kontinent, eine ungewisse Zukunft lag vor ihnen, die aber in ihrer Unbestimmtheit immer noch besser schien als Deutschland. Die Mitreisenden hatten es wie Konrad irgendwie geschafft, noch an gültige oder gut gefälschte Pässe zu kommen. Die Gespräche untereinander blieben während der gesamten Reise spärlich, denn sie alle führten Misstrauen mit im Gepäck. Die Unruhe und hässlichen Entwicklungen in ihrer Heimat steckten jedem einzelnen noch in den Knochen. Je weiter sich das Schiff jedoch von Europa entfernte, desto fröhlicher und entspannter wurde die Stimmung. Die Trauer darüber, Freunde, Familienmitglieder, aber auch Eigentum zurückgelassen zu haben, wich der Dankbarkeit entkommen zu sein.

Konrad und Jetta Thur mit ihrer Tochter Jeanette, August und Sabine Lindner mit den Töchtern Deli (Adele) und Rola (Carola) fuhren in ein Land, das seit 1910 von der „Südafrikanischen Union" regiert wurde, deren Premierminister und späterer Justizminister seit 1919 Jan Christiaan Smuts hieß. Im Ersten Weltkrieg hatte Deutschland die meisten seiner Kolonien verloren und deshalb unterstand Deutsch-Südwestafrika der „Südafrikanischen Union". Südafrika, das bis ca. 1886 ein Agrarland war, hatte seine Wirtschaftsstruktur durch die Entdeckung von Gold und Diamanten geändert und entwickelte sich seit 1933 zu einem Industriestaat. Gegen die Folgen der Weltwirtschaftskrise nach dem Ersten Weltkrieg kämpfte Südafrika auch 1938 noch. In dieser Zeit entstand eine Bevölkerungsschicht, die den Namen „Poor Whites" erhielt und deren Zahl auf rund 300 000 geschätzt wurde. Das war etwa jeder fünfte bis sechste bei einem weißen Bevölkerungsanteil von 1,8 bis 2 Millionen. Hier wie auch in Deutschland zeigte sich diese verarmte Bevölkerungsschicht sehr anfällig für antisemitische Parolen. In Südafrika kämpften die „Poor Whites" zudem fanatisch um die Wahrung ihrer Privilegien gegenüber den Schwarzen. 1938 gewann die „United Party" unter Justizminister Smuts und Premierminister J.B.M. Hertzog noch einmal deutlich die weißen Wahlen. Die beiden führenden Männer dieser Partei waren indes bereits zerstritten, die kriegstreibende „Außenpolitik" Hitlers beurteilten sie sehr verschieden und ebenso unterschiedlich war ihre Auffassung für den Fall eines Krieges. Hertzog drängte auf unbedingte Neutralität, Smuts auf eine Unterstützung Großbritanniens.

Das erste Ziel der reisenden Artisten hieß Kapstadt, wo sie Ende November bei milden, frühlingshaften Temperaturen ankamen. Konrad und Jetta überwältigte das Bild, das sich ihnen bot. Das tiefe Blau des Meeres, aus dem sich der Tafelberg mit Kapstadt zu seinen Füßen erdfarben erhebt, raubte ihnen einen Moment lang den Atem. Sie erlebten staunend das Naturschauspiel, als die Wolken sich wie eine Tischdecke über den Tafelberg schoben und an ihm herunter glitten. Neugierig blickten sie auf das Treiben im Hafen, sahen die in ihre bunten Trachten gekleideten Rikschafahrer, Kofferträger, winkende Menschen, die einen Angehörigen unter den Ankommenden erkannten.

Sie folgten dem Strom durch den Zoll und die Passabfertigung. Ihr Gepäck wurde genauestens inspiziert und hier fragte die „Gebrüder Lindner" niemand nach den Fotos auf der Kofferinnenseite. Mit kritischem Blick prüften die Beamten die Pässe, die Visa und die Arbeitsgenehmigungen. Nach über zwanzig Tagen auf See wartete jetzt noch eine Bahnreise von mindestens 30 Stunden auf beide Familien.

Die Polizei dirigierte sie zu dem Zug, der die „Gebrüder Lindner" mit ihren Familien nach Johannesburg bringen sollte. Auf dem Weg dorthin begriff Konrad, dass sie alle völlig falsch gelegen hatten mit der Annahme, es gebe nur Buschland. Sein erster Eindruck sagte ihm, dass es hier viele gute Straßen für sein Auto gegeben hätte, das nun im belgischen Niemandsland stand.

Völlig übermüdet und emotional erschöpft erreichten sie nach über vier Wochen Reisezeit Johannesburg und entdeckten noch am Bahnhof ihren neuen Arbeitsplatz, den Zirkus Boswell. Der Agent in England hatte ihnen gesagt, dass sie den Zirkus wahrscheinlich auf den Abstellgleisen des Bahnhofs finden würden und so war es auch. Sie hielten an und blickten auf die Szene, die sich ihnen bot. Konrad kratzte sich am Kopf und versuchte, ein paar aufmunternde Worte gegen die Schweigsamkeit seiner Mitreisenden zu finden, aber es gelang ihm nicht. Im Stillen hoffte er, es seien vielleicht doch nur die Pferdestallungen, die dort vor ihnen standen, und der Rest würde noch kommen.

Aber der Zirkus Boswell war vollständig. Auch alle vier Boswellbrüder waren anwesend, von denen einer jetzt die deutschen Artisten bemerkte und heranwinkte. Die Gebrüder Boswell führten den Einmastzirkus auf eigenwillige Weise gemeinsam und verwiesen bei jeder Anfrage oder bei Problemen gerne auf den jeweils anderen. Das bekamen die Thurs und Lindners auch sofort zu spüren. Walter Boswells heimliche Leidenschaft waren Pferderennen und genau da wollte er gerade hin, als er sie herbeiwinkte. Sie stellten sich ihm vor, fragten nach ihren Wohnwagen und bevor sie zu Ende gesprochen hatten, wimmelte Walter Boswell sie bereits wieder ab, zeigte mit eiliger Geste hinter sich und verschwand zum Pferderennen. Karl Fischer, ein Dompteur aus England, nahm stattdessen die Artisten in Empfang und ihnen jede Illusion.

In Afrika reiste ein Zirkus mit dem Zug und die Mitarbeiter wohnten im Abteil. Drei Salonwagen, erklärte Karl Fischer, hatte Zirkus Boswell für diese Saison von der Afrikanischen Bahn gemietet und in jedem von ihnen befanden sich mehrere Abteile, von denen Thurs und Lindners je eines zugeteilt wurde. Ernüchtert folgten sie ihm und ließen sich zeigen, dass am Anfang jedes Abteilwagens ein immenser Wasserbehälter stand, der jetzt nur lauwarmes Wasser bereithielt, aber sobald sie losführen, durch den Fahrtwind gekühlt würde. Ebenfalls am Anfang des Abteilwagens standen auch Primusherde zum Kochen. Karl Fischer erklärte ihnen, dass auf dem Dach ein kleiner Wassertank stehe, der für die Spülung der gemeinsamen Toilette genutzt würde und wies eindringlich darauf hin, vor dem Toilettengang zu prüfen, ob der Tank ausreichend Wasser enthalte, wenn nicht, müssten sie Wasser nach oben pumpen, vorher bitte! Als er die Lindners und Thurs zurück zu ihrem Abteil und neuem Zuhause begleitete, ließ er Sabine und Jetta noch wissen, dass das Aufhängen von Gardinen an den Zugfenstern per Hausordnung untersagt sei und dass die Waggons einmal im Monat zwecks Reinigung gewechselt würden. Das geschehe, um sicherzustellen, dass sich die Population der Kakerlaken, Ameisen, Mäuse und manchmal Ratten im Rahmen halte.

Als Karl Fischer sie endlich entließ, unterdrückten die Frauen mühsam die Tränen. Die beengten Verhältnisse waren einfach erbärmlich. Am späten Nachmittag lernten sie Jimmy Boswell kennen, dessen Elefanten Karl Fischer in der kommenden Saison vorführen sollte. Die deutschen Artisten Gretel und Bubi Meier stellten sich vor. Die zähe Jetta, weitaus weniger empfindlich als ihre Schwester, ließ sich von Gretel die Währung erklären, die Geschäfte zeigen und sorgte erst einmal für ein ordentliches Abendessen. Von klein auf an Unbill und widrige Lebensumstände gewöhnt, wusste sie, dass die Welt mit einer ordentlichen Mahlzeit im Bauch, nach einer heißen Tasse Kaffee und ein paar Stunden Schlaf ganz anders aussehen würde. Wer in einem Zirkuswohnwagen schlafen konnte, der von einem Trecker gezogen wurde, der könnte es bestimmt auch in einem Zugabteil. Und so war es auch. Am nächsten Morgen sahen sie sich den Bahnhof und die Umgebung ein wenig genauer an und stellten fest, dass das noch recht junge Johannesburg bereits eine große Stadt war. Nach viel versprechenden Goldfunden 1886 am Witwatersrand gründeten Bevollmächtigte der Transvaalregierung die Stadt, die neun Jahre später, 1895, bereits 100 000 Einwohner zählte.

Konrad und August probten am nächsten Tag ihren Perchakt und mit den Frauen eine kleine Luftnummer, denn sie hatten per Vertrag zwei Darbietungen für das Programm des Boswellzirkus zugesagt. In den nächsten Tagen vor der Abreise trafen sie die restlichen Artisten, die aus aller Herren Länder anreisten. Gretel und Bubi Meier, die sie schon kannten, führten mit ihren Ponys eine Jockeynummer vor und Gretel zeigte auch Kunststücke mit einem Esel. Die Calettis kamen aus Ungarn: der riesige Hugo und seine fast winzig zu nennende Frau, die in der Clownnummer der Calettis Xylophon spielte, indem sie darauf einen Spitzentanz vollführte. Weitere Clowns waren Jimmy Queen und seine Frau aus England, sie führten die klassischen Entrees vor. Selbst eine kleine Kapelle reiste mit dem Zirkus Boswell. Dann gab es noch den Clown „Bimbo", der seinen Arm an einen Löwen verloren hatte. Er lenkte das Publikum während der Umbauarbeiten mit einer Reprise (kleine Clownerien zwischen den Nummern) ab. Wie Konrad später lernte, war das, gemessen am damaligen afrikanischen Standard, ein gutes Programm. Neu, und bis zum Schluss fremd, blieb ihnen die Art, wie man hier mit den schwarzen Mitarbeitern umging.

Wie Konrad es im Althoffzirkus kennen gelernt hatte, legte auch der Zirkus Boswell seine Route vorzeitig fest. Mit einer Vorlaufzeit von mindestens einem Monat sollten alle Hauptpostämter der Städte, in denen sie Station zu machen planten, informiert sein. Das gewährleistete, dass die Menschen auf den umliegenden Farmen, die mindestens einmal pro Monat zur Post kamen, Werbezettel mit der Ankunftszeit und dem genauen Standort des Zirkus in ihren Postfächern fanden. Ihre erste Tour durch Südafrika führte die „Gebrüder Lindner" und ihre Familien von Johannesburg quer durch das Gebiet Transvaal. In einer großen Stadt bauten die

Boswells zwei Masten auf, wovon einer mitten in der Manege stand, der zweite auf dem Vorplatz des Zirkus. In Europa war es nur bei sehr kleinen Einmastzirkussen üblich, einen Mast in der Mitte der Manege zu platzieren. Der Grund wurde bald offensichtlich: Die Artisten benötigten den Mast in ihrem Rücken zur Orientierung und als Stütze. Erstaunt beobachteten die Thurs und Lindners, dass es separate Kassen für Weiße, Schwarze und Inder gab. Auch im Zelt waren die Gruppen räumlich getrennt. Die Menschen erfreuten sich an den Akrobaten und Clownerien und über die Tiere, die sie sonst nur aus großer Entfernung in freier Wildbahn sahen und zumeist jagten. Besonders die Löwen und Elefanten interessierten die Besucher. Karl Fischer erntete stets großen Applaus für seine Darbietung mit den Dickhäutern. Nach der Aufführung gab es allerdings regelmäßig Diskussionen zwischen ihm und Jimmy Boswell. Nie zuvor hatte Jimmy Boswell seine Elefanten so schnell rennen sehen und fürchtete, sie könnten bald einen Herzschlag erleiden. Deshalb ließ er sich keine Aufführung entgehen und die anderen Artisten überlegten, wer nun dem Herzanfall näher war, die rennenden Elefanten oder der aufgebrachte Jimmy Boswell.

Von Johannesburg aus ging es in die nächste große Stadt Pretoria, wo sie fast einen Monat gastierten. Dann führte ihr Weg sie nach Nordosten, an Messina vorbei nach Pietersburg. Die zwei Familien aus Deutschland benötigten einige Zeit, bis sie sich an die doch sehr beengten Verhältnisse in ihren Abteilen gewöhnten. Den Großteil ihrer Ersparnisse hatten sie für die Schiffspassage ausgeben müssen und so galt es jetzt hauszuhalten. Aus leeren Konservendosen fertigten sie einen großen Teil ihres Koch- und Essgeschirrs. Das Kochen in den fahrenden Zügen – bei Reisezeiten über 48 Stunden unvermeidbar – erforderte allerdings große Geschicklichkeit. *„Wer einmal in einem fahrenden Zug versucht hat einen Toast zu schmieren, weiß wovon hier die Rede ist"*. Das ständige Abbremsen und Beschleunigen des Zuges, das durch die Gleise verursachte Ruckeln und die Schräglage der Waggons zwangen Jetta, ihre Töpfe während der Fahrt nicht eine Sekunde aus den Augen zu lassen und jedes Mal beherzt zuzugreifen, wenn eine Bremsung den Topf vom Herd zu bugsieren drohte. Konrad baute eine gewagte Konstruktion zur Kühlung verderblicher Speisen. Während ihrer Zeit „auf dem Abstellgleis" wurde ihr Zug gelegentlich umrangiert. Das konnte jederzeit geschehen, bei Tag oder bei Nacht und selten warnte sie jemand vor. Es passierte Jetta nur einmal, dass der Tisch fertig gedeckt und auch die Suppe bereits aufgetragen war, als ihr Abteilwagen unvermittelt einen kräftigen Stoß erhielt und das gesamte Essen auf dem Boden lag. Fast gleichzeitig mit ihrer Schwester nebenan riss sie wütend das Zugfenster auf und drohte dem ungehobelten Zugführer mit der geschlossenen Faust. Von da an, versicherte sie sich stets, ob nicht gerade eine Lok zum Umrangieren auf dem Weg zu ihrem Waggon war. Damit war aber nicht sicher gestellt, dass so ein Malheur nicht während der Mahlzeit drohte.

Die Fahrten durch die zauberhaften Landschaften Südafrikas ließ sie manche Härte vergessen. Die Gegend veränderte sich, je weiter sie Richtung Osttransvaal kamen. Flache Hochebenen wechselten mit der schroffen Bergwelt der Drakensberge.

In den großen Städten auf ihrer Tour blieben sie oft vier oder fünf Tage, wofür ein Zweimastzelt errichtet wurde. Ansonsten begnügten sie sich mit einem Einmastbau, der immerhin 500 Personen fasste.

„An der Art, wie jemand die Peitsche führt, kann ich sehen, ob es sich um einen Bauern oder einen Artisten bzw. Dompteur handelt!"
Die Boswells, von einer englischen Kirmesfamilie abstammend, waren in den Augen der deutschen Artisten Bauern. Neben Städten und kleinen Dörfern, machten sie manchmal an Orten Halt, die lediglich aus einem Bahnhof bestanden und so großartige Namen wie „Berlin" führten. Als sie zum ersten Mal an solch einem Bahnhof hielten, blickten die deutschen Artisten sich fragend an, zuckten ratlos mit den Schultern, was sie denn hier wohl wollten, wo es nicht einmal ein Gebäude gab, sondern nur weites und menschenleeres Land. Doch die Boswell-Brüder verstanden ihr Geschäft, kannten die Postämter und die dazu gehörenden Gebiete und Bahnhöfe. Außer den deutschen Artisten wunderte sich niemand über den einsamen Lagerplatz. Am frühen Nachmittag entdeckte Konrad eine Staubwolke am Horizont, die mit jeder Minute dichter wurde und näher kam. Es waren Wagen von überall her. Sie kamen mit Mann und Maus. Auf den Ochsenwagen hinter der Familie saßen die schwarzen Farmarbeiter, für die auch hier ein Teil des Zirkuszeltes

„reserviert" oder abgesperrt war. Bizarr stand das ausverkaufte Zirkuszelt, von Leiterwagen und schnaubenden Ochsen umringt, mitten im afrikanischen Niemandsland. Ein gutes Geschäft für den Zirkus und für die Farmer die einzige Unterhaltung.

Nach seiner bewegten Vergangenheit mit den „Pascas" zu Varieté- und Arenazeiten, der Zeit im Zirkus Althoff und den Reisen quer durch Europa gewöhnte sich der jetzt dreißigjährige Konrad auch recht bald an den Zirkusalltag in Südafrika. Er genoss die endlosen Zugfahrten, verbesserte kontinuierlich Ausstattung und Requisiten, lernte von Jetta ein wenig Englisch, um sich nicht mehr für jede Aufführung den Text in die Hände schreiben zu müssen und sammelte die Briefmarken aller Post, die ihn aus Europa erreichte. Diese Leidenschaft ließ ihn sein ganzes Leben nicht mehr los.

Diese wenigen Nachrichten bestätigten ihre schlimmsten Befürchtungen. Zwar trafen aus Deutschland nur „harmlose" unverdächtige Nachrichten privater Natur ein, wie etwa die Geburt eines Kindes oder dass am 15. Mai in Düsseldorf die „Reichsmusiktage" beginnen würden. Befreundete Artisten jedoch, die in anderen europäischen Ländern gastierten, schickten Briefe, die über die schrecklichen Ereignisse keinen Zweifel zuließen. So erfuhren sie, dass der britische Premierminister Chamberlain am 17. März das Ende der Beschwichtigungspolitik gegenüber dem Deutschen Reich verkündete, nachdem am 15. März 1939 Adolf Hitler in die Tschechoslowakei einmarschiert war und am 16. März die Länder Böhmen und Mähren unter das „Protektorat des Großdeutschen Reiches" gestellt hatte. Die Lage spitzte sich weiter zu, als am 31. März Großbritannien Polen Hilfe für den Fall eines deutschen Angriffes zusagte.

Die „Gebrüder Lindner" und ihre Familien sorgten sich um ihre Lieben daheim, denn es schien nur eine Frage der Zeit zu sein, bis in Europa der Krieg ausbrechen würde. Sie selbst hatten keine Sorgen – die Tour lief gut, sie kamen an beim afrikanischen Publikum und die Brüder Boswell signalisierten Interesse an einer Vertragsverlängerung. Das hieß: ein weiteres Jahr mit festem Einkommen außerhalb Europas. Danach würde man weitersehen.

Die Artisten des Zirkus Boswell kamen aus Deutschland, Österreich, England, Frankreich, Ungarn und so war auch jeder auf seine

Weise betroffen, als am 1. September 1939 in Europa der Zweite Weltkrieg ausbrach. Auf Hitlers Befehl marschierte am 31. August bei Einbruch der Dunkelheit eine in polnische Uniformen gekleidete SS in Polen ein und überfiel den deutschen Sender Gleiwitz im Westen Oberschlesiens. In derselben Nacht holte Hitler zum angeblichen „Gegenangriff" aus. Am 3. September erklärten Frankreich und England Hitlerdeutschland den Krieg.

In Südafrika stellte Premierminister Hertzog im Parlament einen Antrag auf die Neutralität seines Landes. Diesen Antrag lehnten die Regierungsbeteiligten mit 80 gegen 67 Stimmen ab. Hertzog trat zurück und Justizminister Smuts wurde sein Nachfolger. Bereits am 6. September 1939 erklärte die Südafrikanische Union Deutschland den Krieg – um Großbritannien zu unterstützen.

Konrad Thur befand sich quasi auf britischem Boden, als der Vertrag im November mit dem Zirkus Boswell auslief. Aus gutem Grund hatten sie Nazideutschland vor fast einem Jahr den Rücken gekehrt, jetzt wollten und konnten sie nicht ins Kriegsdeutschland zurück. Boswell witterte Morgenluft. Die Lage in Europa nutzend, hatten sie viele ihrer Artisten für eine Mindestgage eingekauft. Seit Monaten rechneten auch sie mit dem Ausbruch des Krieges und signalisierten Interesse an einer weiteren Zusammenarbeit, zögerten eine Vertragsunterzeichnung jedoch hinaus. Jetzt, zwei Monate vor Ablauf der Verträge, machten sie ihnen ein Angebot: Die erstklassigen europäischen Artisten sollten ein weiteres Jahr auftreten – allerdings zur Hälfte der Mindestgage.

Die Artisten befanden sich in einer ausweglosen Lage: Sie hatten den neuen Jahresvertrag als sicher vorausgesetzt, schließlich gab es auch für den Zirkus Boswell keine neuen Artisten, die Grenzen waren geschlossen. Die halbe Gage aber konnte beide Familien nicht ernähren, zwei Männer, zwei Frauen, drei Kinder. Konrad Thur diskutierte mit seiner Frau und mit seinem Kollegen August. Ihnen allen widerstrebte es, sich so unter Preis verkaufen zu müssen. Das widersprach ganz und gar ihren Grundsätzen. Dann wollten sie lieber Straßen kehren! Sie beratschlagten und fragten sich: Was wäre das Schlimmste, was ihnen passieren konnte? Eingesperrt zu werden, oder ausgeliefert. Schon nach wenigen Tagen erreichte sie die Nachricht, dass in Südafrika lebende Deutsche interniert worden seien. Der Zirkus befand sich auf dem Rückweg nach Johannesburg, als sich die Situation zwischen den Boswells und den deutschen Artisten zuspitzte. Die Fronten waren klar, keiner gab nach, der Schwächere musste gehen. Exakt an dem Tag, an dem der Vertrag endete, mussten sie den Zug verlassen. Hugo Caletti und seine Frau blieben, Gretel und Bubi Meier, der einarmige „Bimbo" und die Queens ebenso. So standen die Thurs und die Lindners nun auf dem Bahnsteig von Pafurt. Dass sie sich fast auf der Ostseite des Krüger Nationalparks befanden und der Weg nach Johannesburg noch weit war, interessierte die geldgierigen Boswells nicht. Die Artisten saßen mitten in Afrika auf der Straße. Sie schnürten ihr Gepäck und machten sich auf den Weg nach Johannesburg. Das schien ihnen der beste Platz, um neue Arbeit zu finden. Zwei Tage dauerte es, bis sie ihr Ziel erreichten, fragten sich beharrlich durch und mieteten schließlich noch am selben Tag gemeinsam eine kleine Wohnung. Die kommenden Tage bastelten die mit Geld sehr knapp ausgestatteten Artisten aus Kisten und Primuskochern einen Herd, stopften mit Stroh Matratzen aus und erbaten bei einer Zeitung um die Ecke leere Papierrollen, um daraus Tisch und Stühle zu konstruieren. Während sie noch ganz damit beschäftigt waren, aus dem Wenigen ein Zuhause zu gestalten, wurden Konrad Thur und August Lindner von Zivilbeamten verhaftet. Alles verlief in durchaus freundlicher Atmosphäre, denn die Beamten hatten die „Gebrüder Lindner" schon im Zirkus erlebt und sich köstlich amüsiert. Konrad und August standen gewissermaßen unter dem Schutz ihrer Kunst. Den benötigten sie auch, denn den verärgerten Boswells genügte es nicht, sie hartherzig auf die Straße zu setzen. Ihre Rache verfolgte die „Gebrüder Lindner" weiter, denn sie gaben bei der Polizei an, die Familien Thur und Lindner stünden nicht mehr bei ihnen unter Vertrag und behaupteten obendrein, dass sie nicht mehr hätten arbeiten wollen. Konrad und August wurden in das Lager Leukop unweit der Hauptstadt Pretoria gebracht, in dem sich bereits 700 Deutsche befanden. Als Konrad und August dort ankamen, standen die bereits Inhaftierten am Gitter und sangen laut: „Alle Vögel sind schon da". Die Frauen und Kinder durften zu Hause bleiben und wurden von der südafrikanischen Regierung finanziell unterstützt.

Wieder ein neuer Alltag, Lageralltag. Bedingt durch das enge Zusammenleben der unterschiedlichsten Menschen war die Stimmung oftmals angespannt. Es gab eine deutsche Schiffsmannschaft, die bei Kriegsbeginn im Hafen von Kapstadt lag und sofort als Zivilgefangene interniert wurde. Sie hatten ihre eigene Küche mitgebracht, kochten für sich selbst, verkauften aber auch an Mitinsassen deutsche Gerichte wie z. B. Reibekuchen. Interniert waren Geschäftsführer deutscher Unternehmen genauso wie deutsche Farmer. Hier befanden sich fanatische Nazis, die Hitlerdeutschland allerdings nur aus Zeitungen und Erzählungen kannten und solche, die wie Konrad Thur, dem Land aus gutem Grund den Rücken gekehrt hatten. Die „Lagernazis" fragten Konrad häufig, ob August Lindner Jude sei? Die dunklen Augen und Haare schienen ihnen sehr verdächtig. Konrad spielte mit diesen Fragestellern und antwortete jedes Mal: Ich weiß es nicht so genau! Die länglichen Baracken beherbergten bis zu vierzig Männer. Jeweils zwei Etagenbetten standen sich gegenüber. August und Konrad trafen in ihrer Baracke auf zwei deutsche Artisten vom Zirkus Pagel und verstanden sich mit ihnen auf Anhieb. Die vier Artisten trennten für sich mit Stoffbahnen eine kleine Kabine ab, die wenigstens ein bisschen Privatsphäre schaffte.

Die Südafrikanische Union hatte schon am 2. April 1937 eine Verordnung erlassen, die besonders in der ehemals Deutschen Kolonie Südwest, aber auch in Südafrika selbst jede deutschnationalsozialistische Betätigung untersagte. Trotzdem nahm es die Lagerleitung hin, dass die Nazis aus Lehm eine Hitlerbüste bauten, eine Hitlerjugend aufstellten, Umzüge im Lager veranstalteten und Versammlungen abhielten. Die Teilnahme an diesen wöchentlichen Kundgebungen deklarierten sie für obligatorisch und bedrohten diejenigen, die nicht erschienen. Half das nichts, besuchten sie nachts diese Häftlinge. Das Lager war ein grausames Abbild Nazideutschlands. Selbst den Hitlergruß forderten die „Lagernazis" allen Insassen ab. Der Respekt dieser Feiglinge vor dem sehr kräftigen August Lindner beschützte auch Konrad und die anderen beiden Artisten. Manchen, dem kein August zum Schutz diente, verprügelten sie erbarmungslos. Zu dritt kamen sie zu „Besuch". Einer warf dem Opfer die Decke über den Kopf, die anderen beiden schlugen wild auf das Knäuel unter der Decke ein. Augusts Drohung, „reinkommen könnt ihr ja, aber glaubt nicht, dass ihr wieder rauskommt", sprach sich schnell herum und sie blieben verschont. *„Wir sagten ihnen: Wir sind Artisten, lasst uns in Ruhe! Wir haben gegen keinen Menschen was!"*

Wieder gewannen die „Gebrüder Lindner" die Herzen der Menschen. Samstags führten sie regelmäßig ein paar ihrer Kunststücke vor, denn wenige Tage nach ihrer Einlieferung hatte Jetta ihnen ihre Requisiten gebracht. Ihr artistisches Können schützte sie. Wer die Menschen zum Lachen bringt, erzeugt selten Groll. Ging den beiden Inhaftierten der Tabak aus, schlenderte Konrad seine kleine Pfeife sichtbar in der Hand haltend durch das Lager, fragte dann den einen oder anderen Raucher, ob er sich wohl seine Pfeife stopfen könne. Sagten sie ja, holte er blitzschnell aus seiner Jackentasche die große Pfeife heraus. Die meisten konnten darüber lachen, nur wenige waren verärgert und wollten nicht eingestehen, hereingefallen zu sein.

Die südafrikanische Regierung behandelte die Gefangenen freundlich und versorgte sie gut. Da alle Berufe vertreten waren, Schneider, Koch, Bankier, lernten sie alle ein wenig voneinander, denn die Langeweile war groß. Ließ es sich vermeiden, ging Konrad nicht an den Zaun. Das half ihm zu ignorieren, dass sie eingesperrt waren. Er vertrieb sich die Zeit damit, in der so genannten „Freizeitzone" des Lagers Kakteen zu züchten, die Jetta ihm ins Lager brachte. Diese „Freizeitzone" mussten alle Insassen um 18 Uhr verlassen. *„Manche haben immer was zu klagen! Aber wir wussten, gegen das, was in Deutschland los war, lebten wir im Paradies".* Konrad hegte keinen Groll gegen die südafrikanische Regierung, denn ihre Lage hatte schließlich Hitler verursacht, viele tausend Kilometer entfernt von diesem Flecken afrikanischer Erde. Während ihrer samstäglichen Versammlungen trugen die Lagernazis die neuesten Nachrichten vor. Sie glichen sich sehr oft, denn 1940 siegte Hitler noch, in Polen, in Frankreich, in Belgien, in Holland, in Luxemburg. Konrad schmerzte es besonders, als er erfuhr, dass Hitler im April das neutrale Dänemark und Norwegen angriff. Von zwei Mitinsassen, denen es nach wochenlangem Tüfteln gelungen war, einen Sender zu bauen, erfuhren sie im September, dass Großbritannien

Hitler erfolgreich trotzte. Durch den Sender erfuhren fast alle Insassen, wie beschönigt und einseitig die Nachrichten der Lagernazis waren. Das gab Murren und Aufruhr und führte bald zu einem Tumult. Die Nazis im Lager beschimpften die südafrikanischen Soldaten ohnehin gerne und bewarfen die Patrouillen auf der anderen Seite des Zaunes mit Dreck und Unrat. Aus den Schwefelköpfen von Streichhölzern bastelten sie kleine Bomben, um die Südafrikaner zu schikanieren. Sie platzierten diese Minibomben in den Esscontainern, damit sie alles beschmutzten. Als eines Tages eine Schlägerei unter den Insassen ausbrach, durchsuchte die Lagerverwaltung alle Baracken, um den verbotenen Sender zu finden. Jeder einzelne Lagerinsasse musste vor seine Baracke treten und wurde abgecheckt. Die Männer klatschten bei jedem, den die Soldaten gehen lassen mussten, weil sie nichts fanden. Draußen im Lagerhof lagen ein paar Bälle, unter anderem auch ein Medizinball, den die schon gefilzten Insassen sich gegenseitig zuzukickten: Der im Ball versteckte Sender wurde nie gefunden. Die Post, die sie damals noch spärlich aus Deutschland erhielten, kam bei Jetta in Johannesburg stets geöffnet an. Auch die Nazis im Lager kontrollierten die Post. Wann immer sich ein Mitgefangener auf den Weg zum Briefkasten machte, der hinter dem Tor in Armeslänge angebracht war, versuchten die Lagernazis dieser Briefe habhaft zu werden. Sie errichteten im Lager ein Büro und verlangten, dass Briefe dort durch die Zensur sollten. Konrad, August und ihre Mitinsassen gingen deshalb nur gemeinsam zum Briefkasten. Nur einmal wagte einer, sie zu stoppen. August, groß und stark, war Furcht einflößend, den kleinen Konrad unterschätzten viele, bis er einmal sehr eilig an den Baracken entlang ging. Wie immer lungerten die Männer gelangweilt auf den Veranden, vor der heißen Sonne nur unzureichend durch die Wellblechvordächer geschützt. Witze über den kleinen Konrad, besonders wenn er ohne August des Weges kam, waren keine Seltenheit. Konrad überhörte das zumeist gutmütig. An diesem Tag allerdings wollte ein hoch gewachsener, kräftiger Farmer aus Südwest komisch sein und stellte dem eiligen Konrad geschickt ein Bein, als dieser vorbeikam. Eine Lachsalve ergoss sich über den im Staub liegenden kleinen Artisten. Konrad sprang den Farmer blitzschnell an, schlang seine Beine um den Oberköper und presste sie so lange zusammen, bis dem guten Mann die Luft ausging. Als der Farmer taumelte, sprang er ab, bevor der Riese wie ein gefällter Baum im Dreck landete. Konrad rieb sich den Staub von den Knien, grüßte freundlich und ging seines Weges.

Nach einigen Monaten war die Situation im Lager dermaßen angespannt, dass die südafrikanische Regierung sich entschloss, einen Teil der Insassen, darunter die Artisten, in das Lager Paviansport zu verlegen. Die Frauen durften sie auch hier eine Stunde pro Woche besuchen. Jetta Thur, mit Behördengängen vertraut, ließ keinen Tag ungenutzt vorübergehen. Sie putzte Klinken und schüttelte unermüdlich Hände, ließ keine Gelegenheit aus, ihr Anliegen, die Männer aus dem Lager zu holen, an allen möglichen Stellen vorzubringen. Ihre Beharrlichkeit brachte Erfolg. Auf ihren Gängen durch die südafrikanischen Behörden begegnete Jetta Thur einem englischen Anwalt, der ihr genau zuhörte, den Artisten gewogen war und sie gut gebrauchen konnte. Dieser Anwalt hatte wenige Monate zuvor seine Eltern begraben müssen und die elterliche Farm in Balfour, 100 km von Johannesburg entfernt, war ohne Aufsicht. Der Anwalt machte eine Eingabe an die Regierung und garantierte für die „Gebrüder Lindner" – sie konnten das Lager verlassen.

Für Konrad bedeutete es sehr viel, wieder bei seiner Familie zu sein. Unverzüglich machten sie sich auf den Weg nach Balfour. Als sie die kleine Stadt erreichten, meldeten sie sich zunächst, wie gefordert, bei der örtlichen Polizei. Einmal wöchentlich, erklärte ihnen der freundliche Beamte, hätten sich beide Männer zu melden. Als sie an der Farm ankamen, die ihnen als „klein" beschrieben worden war, staunten sie über die großen Ländereien, die dazu gehörten. Mittendrin stand etwas verloren ein einfaches Farmhaus, das für die nächste Zeit ihr Zuhause sein sollte. Das eingespielte Team Thur und Lindner teilte sich die Arbeit routiniert auf, innerhalb weniger Tage organisierten sie ihren neuen Alltag und richteten sich wohnlich ein. Die drei farbigen Familien, die ebenfalls auf der Farm lebten, beäugten die neuen „Vorsteher" vorsichtig, lächelten über deren Emsigkeit und leisteten im gewohnten Tempo ihre Arbeit. Nachdem Küche und Wohnräume hergerichtet waren, pflanzte Konrad mit Jetta Gemüse an und baute einen Hühnerstall.

Der englische Anwalt hatte die Artisten gebeten, die Aufsicht auf der Farm zu übernehmen. Konrad, der von sich selbst sagt, dass er nicht das Zeug zum Direktor hat, spielte sich auch hier nicht als solcher auf. Gewohnt, mit Menschen aller Nationen und Religionen in Zirkus und Varieté zu arbeiten, entwickelte sich auch auf der Farm ein von gegenseitigem Respekt geprägtes Miteinander. Die Farbigen bemerkten gar nicht, dass Konrad und August sie beaufsichtigten, wohl aber, dass den Artisten das Stillsitzen und der Müßiggang nicht im Blut lagen. Glücklicherweise hatte der Anwalt ihnen freie Hand gegeben, was immer sie auf der Farm zu tun gedachten. Die erste Idee, die Konrad in den Sinn kam, Mais anzubauen, setzten sie auch sofort um und besorgten sich in Balfour einen Pflug. Die schwarzen Arbeiter sahen belustigt zu, wie Konrad und August die Ochsen, die sonst nur den Leiterwagen zogen, vor den Pflug spannten. Doch nach einigen Anlaufschwierigkeiten pflügte Konrad vergnügt die ersten Felder um.

Einerseits verbrachten sie sorglose Tage und Wochen, erlebten den südafrikanischen Winter und Frühling, trotzten Sandstürmen und lernten, Land zu bewirtschaften. Andererseits plagten sie in stillen Stunden die Sorgen um die Familien in Deutschland. Im Verlauf des Jahres 1941 weitete sich der Krieg zunächst auf ganz Europa aus und erfasste nach dem Überraschungsangriff der Japaner auf Pearl Harbor am 7. Dezember 1941 die ganze Welt. Tags darauf erklärte Hitler den USA formal den Krieg. Weltkrieg! Es schien, als hätten sich die Artisten aus Deutschland einen der wenigen Flecken Erde ausgesucht, die vom Zweiten Weltkrieg verschont bleiben sollten. Denn selbst im Norden Afrikas kämpften deutsche Soldaten an der Seite Italiens um Abessinien (Äthiopien). Aufgrund der deutschfreundlichen Stimmung unter den Buren verzichtete die südafrikanische Regierung auf ein Einberufungsgesetz. Die Streitkräfte rekrutierten zwar Freiwillige, aber ihr Einsatz blieb auf Nordafrika beschränkt.

Während in Amsterdam die Bevölkerung in den Streik trat, um gegen die antijüdischen Terrorakte deutscher Besatzer zu demonstrieren, begannen in Auschwitz die ersten Ermordungen jüdischer Menschen mit Zyklon-B-Gas. Mit der so genannten „Wannsee-Konferenz" am 20. Januar 1942 setzte das Deutsche Reich den grausamen

Holocaust in Gang. Die Welt war im Krieg, vernichtete sich selbst. Die sich bekämpfenden Länder schickten sich wahlweise Bomben, Soldaten, Panzer, Kriegserklärungen oder die Angebote eines Separationsfriedens zu, während zugleich in Amerika eine Gruppe emigrierter Wissenschaftler unter der Leitung des Italieners Enrico Fermi die von Menschenhand auszulösende nukleare Kettenreaktion entwickelten in der Hoffnung, den Wettlauf gegen die Physiker in Nazideutschland zu gewinnen.

Durch die BBC erfuhren auch die Artisten, dass Hitlers Blatt sich wendete, und hörten besorgt von der massiven Bombardierung Kölns am 30. Mai 1942. Waren vielleicht Franz und Carola Althoff dort im Winterquartier oder der kleinste Bruder Adolf? Konrad sorgte sich um seine Familie im Fürstenwall, denn sie lebten gefährlich nahe am Hafengebiet. Das Gefühl der Ohnmacht, nichts tun zu können und an keinem Tag sicher zu sein, wer von den Freunden in Deutschland und Europa noch lebte, bekämpften sie durch Arbeit. Als Konrads Maisanpflanzungen schon im zweiten Jahr Erträge hervorbrachten, kaufte ihm der Anwalt zunächst einen Traktor und dann auch eine Raupe; ihn amüsierte die Kreativität der deutschen Künstler und er unterstützte sie gerne. Um diese Geräte fahren zu dürfen, machte Konrad zum zweiten Mal in seinem Leben einen Führerschein. Er lehrte die schwarzen Farmarbeiter mit dem Pflug umzugehen und August Lindner kümmerte sich verstärkt um die Milchwirtschaft. Über ein Jahr nach ihrer Ankunft hatte sich die Farm zu einem florierenden Unternehmen entwickelt. Die Menschen in Balfour tuschelten über die Menschen dort, über ihre Erträge und ihre Erfolge.

Auftritte als Artisten waren ihnen in dieser Zeit untersagt, aber proben konnten sie auf der Farm. August und Konrad trainierten ihren Perchakt und stellten mit Augusts Töchtern oder ihren beiden Althoff-Frauen auch neue Nummern zusammen. Sie zweifelten keinen Moment daran, dass sie eines Tages wieder als Artisten arbeiten würden. Ihre Mitbewohner sahen ihnen gerne und oft staunend zu und manche der Hand-auf-Hand Tricks versuchten sie nachzuahmen. Vielleicht deshalb, vielleicht aber auch, weil sie die Farbigen als gleichwertige Menschen respektierten, erfuhren sie viel Sympathie. Konrad Thur fühlte sich glücklich hier, zwar manchmal gefangen, aber nie eingesperrt in der unglaublichen Weite Südafrikas und vor allem war die Familie beieinander. Die seltenen Begegnungen mit den unangenehmen Seiten des Landes – mit großen Spinnen, Kakerlaken oder Mäusen – hielten sich in Grenzen und trafen, wie schon während der Boswellzeit im Zug, meist die empfindliche Sabine Lindner.

Mit einem gewissen Gleichmut wurde Konrad südafrikanischer Farmer, pflügte, säte, verkaufte den Überschuss und der Besitzer investierte dieses Geld wieder in die Farm. Das gegenseitige Vertrauen war so groß, dass Konrad 1942 den Auftrag erhielt, sechs italienische Kriegsgefangene in Pretoria abzuholen und auf die Farm zu bringen. Dass Konrad selbst den Status eines Zivilgefangenen führte, übersahen alle geflissentlich. Bevor er nach Pretoria fuhr, richteten sie das Pförtnerhaus für die Italiener her. Diese Kriegsgefangenen erweiterten die handwerklichen Fertigkeiten, die der Farm zugute kamen. Durch die Italiener wurde die bunte Mischung Menschen auf der Farm noch vielfältiger und die Erträge noch größer. Eines Tages kam Konrad die Idee, man könne doch den Bach, der über das Grundstück lief, nutzen, um die Felder einfacher zu bewässern. Dank der technischen Ausstattung schütteten sie rund um eine Mulde, durch die der Bach lief, Dämme auf. Auf der letzten Seite der Mulde, dort wo der Bach weiter floss, verlegten sie ein Rohr, verschlossen es am Ende und beobachteten, wie sich vor ihren Augen und den wieder einmal ungläubigen Gesichtern der Farmarbeiter ein See von beachtlicher Größe bildete. Aus dem Überlauf des Sees wurden fortan die Bewässerungsanlagen der Felder gespeist und durch das Rohr ließ sich der Wasserstand ausgezeichnet regulieren. Auch die nächste Idee, dass ein Windrad hilfreich sei, um das Wasser besser in die Anlagen zu pumpen, setzten sie schnell um. Ein Anruf in Johannesburg und wenige Tage später lieferte ein Lkw auf der Farm ein Windrad ab. Als das Gerät endlich zusammengebaut und austariert war, konnte Konrad nicht widerstehen: Er kletterte auf die Spitze des Windrads und ging in den einarmigen Handstand. Verglichen mit den Verhältnissen in Deutschland im Jahre 1942 lebten sie wie im Paradies. Mit atemberaubenden Sonnenaufgängen startete ihr Tag, gefolgt von einem Blick über die endlosen Weiten des Landes und einem stummem Gebet; ein freundliches Nicken,

Konrad beim Training

wenn die Farmarbeiter mit dem ersten Ochsengespann vorüber kamen und Richtung Felder zogen, um zu pflügen; das Blöken der zusammengepferchten Schafe, die gemolken wurden, bevor sie mit ihrem Hirten nach draußen konnten; das Bimmeln der Kuhglocken und kurze Zeit später, der kleine Eselskarren, der die Milchkannen zur Straße brachte. Konrad lernte Stroh zu bündeln und aus ungleichen Steinen eine Mauer zu bauen, er lernte mit einem Gewehr umzugehen und Hunde abzurichten, Kühe zusammen zu treiben und Schafe zu scheren und von den Schwarzen lernte er den Umgang mit wilden Tieren. Am Abend, müde von der harten körperlichen Arbeit, genossen sie das Spektakel der untergehenden Sonne und dankten Gott noch einmal, dass sie hier leben durften, unter diesem wunderbar hohen Himmel, der voller Sterne und nicht voller Bomben abwerfender feindlicher Flugzeuge war.

In ihrem fünften Afrika-Jahr, 1943, waren sie in Balfour Stadtgespräch: Man sprach von den bemerkenswerten Dingen, die draußen auf der Farm des Anwalts vor sich gingen und erzählte von den artistischen Vorführungen, die mittlerweile die halbe Stadt besuchte, und kommentierte, manche neidisch, manche anerkennend, in welch gedeihliches Unternehmen die deutschen Artisten die Farm verwandelt hatten. Schließlich wurde auch die Polizei aufmerksam. Bei einem ihrer Meldebesuche in der Stadt, fragte sie die Polizei sehr höflich, ob es wohl möglich sei, die Farm einmal zu besuchen? Die „Gebrüder Lindner" sahen keinen Grund, einen Besuch der Polizei abzulehnen. Dafür versuchten die Frauen mal wieder dem allgegenwärtigen Staub Herr zu werden, buken Kuchen und Plätzchen und deckten für das gemeinsame Kaffeetrinken den Tisch auf der schwimmenden Terrasse, die sie vor kurzem gebaut hatten.

Konrad holte den Polizisten und seine Familie am Tor ab und erklärte ihnen schon auf dem Weg zum Farmhaus die Bewässerungsanlage, das Windrad, den Maisanbau und berichtete von den Milchcherträgen. Er empfand Stolz darüber, was sie in den zwei Jahren geschaffen hatten. Konrad kannte sich nicht mit den Auflagen aus, die die Behörden einem Bürgen wie dem englischen Anwalt machten und so wusste er auch nicht, dass auf jeder Farm, auf der Gefangene waren, die Aufsicht durch einen Südafrikaner zu erfolgen hatte. Am Ende der Farmbesichtigung und des gemeinsamen

Kaffeetrinkens, an dem auch die italienischen Kriegsgefangenen dabei waren, fragte der Polizist nach dem Boss der Farm, da er sich von ihm verabschieden und ihm zu der vortrefflichen Organisation des Betriebes gratulieren wollte. Konrad erzählte ihm freimütig, dass der in Johannesburg sei und nur gelegentlich, meist sonntags, zu Besuch käme. Der Polizeibeamte versicherte sich mehrfach, ob er wirklich richtig verstanden habe, und bereute in gewisser Weise, dass er diesen Besuch gemacht und diese Frage gestellt hatte; denn jetzt konnte er nicht mehr zurück. Er rang mit sich, doch seine Dienstbeflissenheit veranlasste ihn, Meldung zu erstatten. Sicher, die Artisten waren bekannt und außerdem sehr geschätzt in Balfour, viele kannten sie schon aus dem Zirkus Boswell. Aber, dass deutsche Zivilgefangene italienische Kriegsgefangene beaufsichtigten und weit und breit kein Südafrikaner die Oberaufsicht führte, das ging dann doch zu weit. Die Behördenmühlen mahlten langsam, aber sie mahlten. Wenige Wochen nach dem Polizeibesuch traf der englische Anwalt mit einem Südafrikaner auf der Farm ein, der nun die Oberaufsicht führen sollte. Bei seinen sporadischen Besuchen hatte er Konrad und August immer wieder trainieren sehen und wusste, dass ihr Beruf nicht Bauer und Farmer war, sondern Artist. So kam er nicht nur auf die Farm, um den südafrikanischen Aufseher vorzustellen, sondern auch um den „Gebrüdern Lindner" und ihren Familien eine Reiseerlaubnis auszuhändigen, denn er wollte nicht, dass die Artisten sich der neuen Aufsicht unterordnen müssen. Sie konnten die Farm verlassen. Einerseits packten sie schweren Herzens einmal mehr ihre wenigen Habseligkeiten und die Requisiten zusammen, andererseits drängte es sie nach zwei Jahren an einem Ort, wieder unterwegs zu sein. Nur die mittlerweile 10-jährige Tochter Jeanette wäre lieber geblieben. Obwohl artistisch ungewöhnlich talentiert, hatte sie Geschmack gefunden an dem „normalen" Leben und ihr Herz für die neue Heimat entdeckt.

Die Artisten erhielten erneut die Auflage, sich regelmäßig, das hieß wöchentlich bei einer Polizeistation zu melden. Trotz des freien Lebens auf der Farm fühlten sie sich erst jetzt wieder richtig frei. Der erste Weg führte sie nach Heidelberg, unweit Johannesburg. Ein Grieche aus Balfour hatte sie an seinen dort lebenden Bruder verwiesen, der ihnen sicher helfen würde.

Inzwischen hatte sich in Deutschland der Widerstand gegen das Regime in mehreren Attentatsversuchen manifestiert, die ihre Organisatoren mit dem Leben bezahlten. Im November 1939 scheiterte der Anschlag des Einzelgängers Georg Elser, 1943 misslang ein weiteres Attentat, diesmal deutscher Offiziere, auf den Führer. Unterdessen mordete Hitler ungehindert weiter. Millionen Juden, aber auch Sinti, Roma und andere Minderheiten ließ Hitler erbarmungslos in die Fabriken des Todes abtransportieren und ermorden. Ein Land im schlimmsten Blutrausch, das selbst den leisesten Widerspruch mit dem Tod vergalt. Auch die Geschwister Scholl bezahlten im Februar ihre mutige Arbeit in der Widerstandsgruppe „Weiße Rose" mit ihrem noch jungen Leben. Als im Juni 1943 alliierte Truppen in Sizilien ihren Fuß auf europäisches Festland setzten, nannte US-Präsident Franklin D. Roosevelt es „den Anfang vom Ende". Der italienische König Viktor Emanuel III. entließ 1943 Benito Mussolini aus seinem Amt, der sofort verhaftet wurde. Von Roosevelt beauftragt, arbeiteten unter der Leitung Robert Oppenheimers mittlerweile hunderte internationale Wissenschaftler an der Entwicklung der Atombombe. Roosevelt hatte ihnen unbegrenzte Geldmittel zur Verfügung gestellt. Sie wurden getrieben von der Furcht, Adolf Hitler könne dieser tödlichsten aller Waffen zuerst habhaft werden.

Erstmals erreichten Konrad konkrete Nachricht aus der Heimatstadt: Der Düsseldorfer Hafen war durch britisches Militär bombardiert worden. Tatsächlich fielen schon seit 1942 regelmäßig Bomben auf Düsseldorf. Minen und Sprengbomben zerstörten Gebäude, deren Trümmer zahllose Menschen unter sich begruben. Als es galt, die Deutschen zu demoralisieren, flogen Brand- und Phosphorbomben, die nicht mehr dazu dienten, den „Schreibtisch des Ruhrgebietes" wirkungsvoll zu zerstören, sondern die Menschen zu verbrennen, zu ersticken.

„Sicher fragten wir uns, wer wohl noch lebt von den Unseren. Aber wir konnten ja nichts tun!"

Der Bruder des Griechen vermittelte ihnen ein kleines Häuschen, das sie für ein Jahr mieteten und bot der attraktiven Jetta an, in seinem Café im Ort auszuhelfen. Die südafrikanische Regierung bedachte die „Zivilgefangenen" zwar mit ein wenig Geld, aber das reichte kaum. Konrad schaute sich in Heidelberg um und entdeckte eine Tätigkeit für seine unruhigen Hände. Es gab eine Lederfabrik, die aus Fellen hauptsächlich Westen und Jacken für die Minenarbeiter produzierte. Anstellen mochten sie Konrad als Zivilgefangenen nicht, aber wenn er zu Hause nähen wolle, sei man im Geschäft. Mit demselben Gleichmut, mit dem er Farmer geworden war, verdingte er sich jetzt als Schneider. Wenige Tage später lieferte die Fabrik ihm eine Nähmaschine nach Hause, dafür mussten sie sich ein Jahr verpflichten. Konrad lernte Lederwesten aus kompletten Fellen zuzuschneiden und zusammenzunähen. Fünf bis sechs holte er morgens an der Fabrik ab; damit war gleichzeitig die Zahl der abzuliefernden Westen festgelegt. Die Reststücke durften sie behalten und zum Eigenbedarf verwenden. Um effektiver zu werden, half Augusts Frau bald mit; sie schnitt die Felle zu, während Konrads starke Hände die Nadel durch die Felle zwangen. Einige Monate später, nachdem sie ihre schneiderischen Fähigkeiten unter Beweis gestellt hatten, kamen bunt gefärbte Felle hinzu, aus denen sie Hand- und Einkaufstaschen fertigten. Wieder einmal war das finanzielle Überleben gesichert. August dagegen unterrichtete die Töchter: Mit manchmal rüden Methoden paukte er ihnen das Einmaleins und anderes Basiswissen ein und übernahm auch den Küchendienst. Mit ihrem Talent, sich den Lebensumständen anzupassen, sich einzufügen in die Gegebenheiten, und die Tage so zu nehmen wie sie waren, konnten sie auch dieser Zeit, in der sie immer noch nicht wieder als Artisten arbeiten durften, etwas Positives abgewinnen. Konrad pflanzte wieder Blumen auf der Veranda und August baute einen Galgen in den kleinen Garten, der einerseits als Balancepunkt diente, andererseits so hoch gebaut war, dass sie daran auch Trapeznummern üben konnten. Den so genannten Trapezstuhl für den Haltenden führten sie in ihren Requisiten mit.

In dieser Zeit versuchten die Brüder Boswell tatsächlich noch einmal ihr Glück bei den „Gebrüdern Lindner". Wegen des Krieges konnten sie keine neuen Artisten aus Europa bekommen und das Publikum forderte nach fast drei Jahren ein neues Zirkusprogramm. Die deutschen Artisten lehnten alle Angebote rundweg ab, die Boswells hatten ihnen zu übel mitgespielt. Aber bald tat sich eine neue Verdienstmöglichkeit auf. Ein Bekannter, der als Fahrer bei den

Gold- und Diamantminen rund um Heidelberg arbeitete, suchte für sich eine Urlaubsvertretung. Sie sollte große Autos fahren können, einen südafrikanischen Führerschein besitzen und zudem vertrauenswürdig sein, wie er im Café in Gegenwart Jettas verlauten ließ. Wenige Tage später hatte Konrad den Fahrerjob bei den Minenbesitzern. Seine Aufgabe war es, die einzelnen Minen mit all dem zu beliefern, was sie gerade brauchten: Bohrer, Schleifmaterial, Schrauben, Kanister, Holz etc. Morgens erhielt Konrad eine Liste des Materials, das die verschiedenen Minen geordert hatten. Er sah sich die Standorte auf der Karte an, sortierte die Lieferungen entsprechend und machte sich auf den Weg. Konrad fuhr sozusagen einen großen Bogen und kam wieder an der Materialhalle an, um die nächste Liste zu erhalten. Ihm schlug leichte Irritation entgegen, als er nach nur zwei Stunden schon die erste Liste abgearbeitet hatte. Er begriff, dass der Job nur zeitfüllend sein würde, wenn er tatsächlich jeden Auftrag einzeln mit Hin- und Rückfahrt ausführte. Effizienz durch kluge Logistik war offensichtlich nicht erwünscht, auch nicht von dem Fahrer, den er vertrat. Das Auf- und Abladen erledigten die schwarzen Mitarbeiter der Mine, sie legten einen Bohrer in den geräumigen Wagen, Konrad fuhr ihn zum Bestimmungsort, kam zurück, ließ sich den nächsten Gegenstand aufladen und fuhr wieder los.

Durch die Arbeit mit den Minenarbeitern lernte Konrad die Tänze der Schwarzen verstehen und liebte es, wenn sonntags die lehmige Erde unter dem rhythmischen Stampfen der vielen schwarzen Füße bebte. Die durch die Tänze dargestellten Tiere erkannte Konrad mit der Zeit und nahm auf seine Weise die Geschichten auf, die dargestellt und erzählt wurden. Wie schon im Zirkus Boswell, wo Schwarze unterschiedlichster Stammeszugehörigkeiten miteinander auskommen mussten, gab es auch bei den Minen oft Streit unter ihnen und Konrad wunderte sich oft, wie schnell sie im Streit ein Messer zur Hand hatten und sich die Bäuche aufschlitzten. Die schwerer Verwundeten hatten in der Regel gleich zweifach verloren: als Arbeitskraft taugten sie nicht mehr und man schickte sie fort, weil sie leicht zu ersetzen waren. Seine Vorgesetzten schätzten nicht nur Konrads zuverlässige Arbeit, er war schnell und sehr beliebt, deshalb wollten sie ihn gerne behalten. Doch Konrad Thur hielt und hält sich an Vereinbarungen. Deshalb ging er, die Vertretung war zu

Ende, zudem hatte sie einen für ihn entscheidenden Nachteil: Das frühe Aufstehen! Es war einfach gegen sein Naturell um Punkt acht Uhr antreten zu müssen. Was Konrad nicht angenehm war, versuchte er stets loszuwerden. Er blieb wieder Zuhause und nähte Lederwesten.

1944, als das Rote Kreuz in Heidelberg eine Gala zugunsten Kriegsgeschädigter durchführte, bekamen die „Gebrüder Lindner" nach fast fünf Jahren wieder Gelegenheit, ihr artistisches Können öffentlich unter Beweis zu stellen. Sie traten ohne Gage auf und das Publikum belohnte sie mit tosendem Applaus. Der Bürgermeister des Städtchens war ebenfalls anwesend und nach der Vorstellung ließ er die noch erhitzten Künstler zu sich kommen und fragte sie, was sie denn machten und wo sie wohnten. Konrad und August erklärten ihre Situation und wovon sie lebten. Heidelbergs Bürgermeister war von dem Können der beiden so begeistert, weshalb er höchstpersönlich dafür sorgte, dass die „Gebrüder Lindner" mit ihren Familien in Südafrika wieder uneingeschränkt reisen durften. In Zirkuskreisen hörte man von der erfolgreichen Gala, von den deutschen Artisten und ihrem Können, und bald danach nahm der Zirkus Pagel mit ihnen Kontakt auf. Fast auf der ganzen Welt tobte der Krieg, selbst im Norden Afrikas und für die Zirkusse, die noch touren konnten und Publikum hatten, waren gute Artisten heiß begehrt. Karl Fischer, der ehemalige Elefantendompteur des Zirkus Boswell, stellte die Kontakte her. Endlich konnte Konrad wieder in seinem Herzensberuf arbeiten. Sie gaben die Nähmaschine zurück, die schwangere Jetta arbeitete ohnehin nicht mehr im Café und schlossen sich dem Zirkus Pagel an. Wieder bezogen sie mit ihren wenigen Habseligkeiten ein Abteil eines Salonwagens der südafrikanischen Eisenbahn. Die hervorragend ausgebildeten Thurs und Lindners, Jetta und ihre Schwester, August und Konrad waren ein Geschenk für den Zirkus. Die „Gebrüder Lindner" traten mit dem Perch auf und mit Sabine zeigten sie eine Luftnummer. Die mittlerweile zehn Jahre alte Jeanette trat mit Karl Fischer und seinen Elefanten auf. Der Direktor des Zirkus hatte lange Jahre als Kraftmann und Löwendompteur in Deutschland gearbeitet und in den zwanziger Jahren eine Engländerin in Südafrika geheiratet.

"Das war eine pikante Dame, eine Wumme! Uns wurde geraten, ihr nur abgezähltes Geld in die Hände zu geben, da sie ungern Wechselgeld herausgab". „Vielleicht konnte sie einfach nicht gut rechnen!"

Im Zirkus kursierten Geschichten, die die seit Jahren mit Pagel reisenden Artisten den Neuankömmlingen hinter vorgehaltener Hand erzählten. Wer so eine Frau überlebt, den schaffen die Löwen erst recht nicht und der alte Pagel hatte viele Narben, von denen nur einige von seinen Löwen stammen sollten. Jetzt kämpfte er nicht mehr mit den Löwen und seine Frau überließ er Karl Fischer.

Nachrichten von zu Hause gab es nicht mehr. Die seltenen Tage, an denen sie einer Zeitung habhaft werden konnten, trugen ihnen den Krieg in die Herzen. Eilig blätterten sie sie durch, und als Konrad tatsächlich eine Notiz fand, der Düsseldorfer Hafen sei bombardiert worden, war er doch erschrocken. Die seit Monaten andauernden Bombardierungen machten in Deutschland Millionen Menschen obdachlos. 1944: Im März waren alleine in Berlin 1,5 Millionen ohne Dach über dem Kopf. Am 6. Juni begann die alliierte Invasion in der Normandie bei Caen und am 20. Juli 1944 überlebte Adolf Hitler ein weiteres Attentat. Der „Hauptdrahtzieher" Claus Graf Schenk von Stauffenberg wurde noch am selben Abend erschossen und bei der von Hitler veranlassten Säuberungsaktion mussten 200 Menschen den Anschlag mit dem Leben bezahlen, fast 7000 Regimegegner wurden inhaftiert. Die Alliierten strebten die bedingungslose Kapitulation Hitlerdeutschlands an, „Germany first" hieß die von US-Präsident Roosevelt ausgegebene Maxime.

Im Juli diesen Jahres musste Konrad seine Jetta für ein paar Wochen bei einer befreundeten Familie, die sie aus dem Lager kannten, in Graaff-Reinet zurücklassen. Dort gebar sie am 28. Juli ihre Tochter Sabina, Bieni genannt. Konrad erfuhr von der Geburt durch ein Telegramm: Die Gießkanne ist angekommen. Schon einen Monat später reiste Jetta mit dem Baby Bieni dem Zirkus hinterher.

„Wie würdest du deinen Vater beschreiben?"

„Bescheiden! Vor allem bescheiden. Ich weiß, es klingt unglaubwürdig. Aber ich habe meinen Vater nie schreien hören. Daran musste ich mich erst nach meiner Heirat gewöhnen, das kannte ich einfach nicht. Meine Eltern hatten sicher manchmal Streit, aber das haben wir Kin-

der nie gemerkt. Ich bewundere an meinen Eltern, dass wir nie gespürt haben, wie arm wir manchmal waren!"

Jetta hatte stets, auch während der kürzeren Auslandsaufenthalte in Europa, aber besonders jetzt in Südafrika die Kontakte zu allen Familienangehörigen und Freunden in der Welt gepflegt. Sie schrieb, wenn möglich, jeden Tag: Briefe, Postkarten, Notizen. Als im Zirkus Pagel die Nachricht eintraf, dass der Zweite Weltkrieg in Europa zu Ende sei, überschlugen sich die Neuigkeiten. Am 3. März 1945 hatten amerikanische Truppen die linke Rheinseite erreicht. Das Naziregime lebte noch immer im Wahn des „Endsieges". Die Wehrmacht hatte, als die Amerikaner vorrückten, alle Rheinbrücken gesprengt und die Fähren versenkt, so dass das linksrheinische Düsseldorf noch Widerstand leisten konnte. In der Stadt jagten noch einmal die Nazis durch die Straßen und verübten ihren grausamen Terror, suchten Deserteure und Flüchtlinge, die sie erbarmungslos ermordeten und vernichteten so viele Akten und Unterlagen, wie sie finden konnten. Ein paar mutige Düsseldorfer – Karl August Wiedenhofen, Karl Kleppe, Hermann Weill, Theodor Andresen und Josef Knab – nahmen Kontakt zu den Briten auf und verhandelten bereits mit ihnen über die Übergabe Düsseldorfs. Oberleutnant Jürgens unterstützte sie dabei und setzte den Polizeipräsidenten Korreng fest. Aber der Gauleiter Florian befreite Korreng und ließ die mutigen Männer – Andresen, Weill, Knab, Jürgens und Kleppe – verhaften und im Parkhotel standrechtlich zum Tode verurteilen. In der Berufsschule Färberstraße wurden sie wenige Tage vor Kriegsende hingerichtet, in der Nacht vom 16. auf den 17. April, an dem ein Bataillon der 97. Amerikanischen Infanteriedivision in Düsseldorf einmarschierte. August Wiedenhofen und Aloys Odenthal gelang es trotz der Verhaftungen ihrer Freunde weiterzumachen, zu den Amerikanern vorzudringen und sie zu überzeugen, dass sie die Stadt kampflos einnehmen könnten. Düsseldorf war zur Hälfte zerstört und hatte durch den Krieg viele Menschen verloren. Über 10 000 Düsseldorfer starben auf den Schlachtfeldern, 5 000 im Bombenhagel, 1 500 während der Belagerungszeit. Mehr als 450 Widerstandskämpfer bezahlten ihren Mut mit dem Leben. Von den über 14 Millionen Zwangsarbeitern, die das Deutsche Reich während der Kriegsjahre zwangsrekrutierte, starben einige Tausend in Düsseldorf.

Von den 5 053 Juden, die 1933 noch in der Stadt ansässig waren, erlebten nur 57 das Kriegsende in Düsseldorf, 1 500 waren geflohen, alle anderen hatten die Nazischergen ermordet. Am 28. April 1945 nahm Adolf Hitler sich das Leben, am 7. Mai 1945 unterzeichnete eine deutsche Delegation, bestehend aus Generälen der Luftwaffe, Marine und Heer die bedingungslose Kapitulation des Deutschen Reiches.

Alle möglichen Nachrichten trafen in Südafrika beim Zirkus Pagel ein. Jeder hoffte für sich, dass die Lieben in Deutschland den Krieg überlebt hatten. Die guten wie die schlechten Nachrichten erreichten Jetta zuerst, so auch, als mit einigen Wochen Verspätung im Jahre 1945 der Brief mit dem traurigen Inhalt eintraf, dass Konrads Bruder Peter in Russland erschossen worden war. Weil dieser Brief auch die Not ihrer Familien schilderte, die im zerstörten Düsseldorf und Köln zu überleben versuchten, schickte Jetta Pakete nach Deutschland; sieben Pfund pro Familienmitglied erlaubte die südafrikanische Regierung den ehemaligen Zivilgefangenen.

Augusts Frau Sabine wollte sofort nach Deutschland abreisen. Südafrika mit seinen Spinnen, Schlangen, Kakerlaken machte sie verrückt und jetzt endlich konnte sie dem entfliehen. Sie verließen den Zirkus Pagel und gingen zunächst nach Johannesburg. Hugo Caletti aus Ungarn, den sie vom Zirkus Boswell kannten und der mittlerweile als Agent arbeitete, nahm sich der Artisten an. Aber nicht nur Sabine, auch August Lindner und seine Töchter wollten unbedingt nach Deutschland zurück. Heimweh machte sich breit. Doch das Reisen war 1945 noch sehr schwer. Und Arbeit, das wussten sie alle, würden sie in Deutschland auch nicht finden können. So mietete Konrad ein wunderschönes Haus in Johannesburg, wo seine Frau mit den Kindern bleiben konnte. Schnell blühten auch hier wieder die Blumen in allen Töpfen und auf den Terrassen.

Die „Gebrüder Lindner" gingen diesmal alleine auf Tour. In der Artistenwelt war und ist es nichts Ungewöhnliches, dass sich Partner für einige Monate trennen. Hugo Caletti hatte eine Gruppe von Artisten zusammengestellt, die gemeinsam durch die Kinovarietés der „African Theaters" tourten: Pretoria, Durban, Johannesburg. Diesmal war es anders als in den zwanziger Jahren, die Artisten traten hier nicht in den Pausen, als kleine Nummer zwischen den Filmen auf, sondern bestritten einen kompletten Abend. Zauberer, Clown, Jongleur, Tänzer, Perchnummer: es war wieder ein buntes Programm. Südafrika war zwar von diesem Krieg unberührt geblieben, aber viele, deren Familien in Europa lebten, spürten jetzt die Erleichterung und feierten das Kriegsende. Konrad und August genossen diese Monate. Es war vergleichbar mit ihrer Zeit in den kleinen Varietés in London: Sie wohnten wie damals in Hotels und Pensionen und folgten den Anweisungen der Organisatoren. Die Jahre im Lager, auf der Farm und in Heidelberg waren vergessen. Konrad ließ das Schlechte gerne hinter sich. Ärger über Vergangenes hat er zeitlebens abgeschüttelt, sobald es vorüber war. Passiert ist passiert, vorbei ist vorbei.

Derweil geschahen Ereignisse von weltpolitischer Bedeutung: Japan befand sich immer noch im Krieg mit den USA, als am 6. August 1945 die erste Atombombe Hiroshima zerstörte und unter den japanischen Befehlshabern nur Ratlosigkeit erzeugte. Erst als 3 Tage später die zweite Atombombe Nagasaki zerstörte, kapitulierte Japan.

In Johannesburg traten die „Gebrüder Lindner" zuletzt auf, dann ging es nach Hause, wo sie eine hochschwangere Jetta erwartete. Es gab aber auch andere Neuigkeiten: Die beiden Lindnertöchter, Deli (Adele) und Rola (Carola), hatten „private" Männer kennen gelernt, planten zu heiraten und wollten dem Artistenleben den Rücken kehren. Am 18. Februar 1946 brachte Jetta Johannes Thur zur Welt.

„Wie würdest du deinen Vater beschreiben?"

„Er ist der bescheidenste Mensch, den ich kenne! Und er war immer mein bester Freund. Ich fühlte mich respektiert von ihm. Selbst bei meiner einzigen Tracht Prügel, ich weiß nicht mehr warum, aber es war bestimmt schlimm, was ich gemacht habe, hat er mich aufgefordert mich zu wehren, nimm die Hände hoch und kämpfe, hat er gesagt. Wir haben nie gehört, du bist doof oder so, nicht einmal im Spaß. Er ist mein Vorbild, weil ich einfach toll finde, wenn jemand einen solchen Charakter hat!"

1946 hatte der Agent Hugo Caletti sein Programm für die jährliche Landwirtschaftsmesse, die Rand Show, schon fast fertig. Aber die Messeveranstalter wollten unbedingt noch etwas „Hohes" haben. Konrad kam, wann immer er in der Stadt war, bei Caletti vorbei, der ihm sein Leid klagte. Konrad schmunzelte, er hatte da so eine Idee, versicherte sich aber bei Caletti, ob die Messe gemeinhin gut und verlässlich zahlte. Sein erster Weg führte ihn zu den Röhrenwerken Stuart & Loyd, die damals Wasserrohre herstellten. Er prüfte die Stabilität und Belastbarkeit der Rohre, dann rechnete er: Jedes Rohr war 20 Fuß lang. Konrad schraubte soviele Wasserrohre zusammen, bis er auf 112 Fuß Höhe angekommen war. Denn, ob er auf dem Perch seine Tricks machte, oder an einem hohen Mast, blieb ihm gleich. *„Zwei, zwölf, zwanzig oder hundert Meter über dem Erdboden, es war doch immer der gleiche Trick",* zumindest für Konrad. Den Mast zu erklimmen und daran zu turnen, mit dem Mast gefährlich zu schwingen, das hatte er schon vor zehn Jahren bei den „Pascas" in der Arenazeit gelernt. Konrad und Caletti hatten das Ziel erreicht, die Luftnummer rundete die Show für die Messe gelungen ab. Konrad nutzte die Schwingungen der letzten 10 Fuß, um in der luftigen Höhe mit seinen gewagten Kunststücken dem Publikum ängstliche „Ahs" und „Ohs" zu entlocken. Der selbst gebaute hohe Mast, zu dieser Zeit noch eine Seltenheit in Südafrika, wurde ein voller Erfolg. Auf dieser Messe gab es unter anderem auch eine kleine Kirmes mit Schiffschaukel, Achterbahn und Karussell. Diese gehörte Isi Cohen, den Konrad und seine Familie dort kennen lernte und der ihnen ein guter Freund wurde. Isi lebte schon seit vielen Jahren in Afrika. Seine Eltern hatten eine kleine Kirmes in England, die sie eines Tages nach Südafrika verschifften. Als er das Unternehmen von seinen Eltern übernahm, erweiterte es Isi erfolgreich. Zwölf reisende Geschäfte nannte er sein eigen. Baute er sie alle auf, benötigte er fast drei Wochen dazu. Der kleine freundliche Mann beobachtete, dass Konrad mit seinem hohen Mast die perfekte Mischung aus Schrecken, Staunen und Lachen bei den Menschen hervorrief. Er selbst hielt manches Mal die Luft an, wenn Konrad mit dem Mast allzu temperamentvoll von einer zur anderen Seite schwang und das Knarren der Eisenrohre bedenklich zu hören war. Am Ende der Messe beschloss man, in Kontakt zu bleiben.

1946 erhielten Thurs und Lindners von einem Geschäftsmann aus Boxburg, einem kleinen Ort in der Nähe von Johannesburg, das Angebot, mit ihm einen Freizeitpark zu eröffnen. Zwar bestand das große Bedürfnis nach Deutschland zu gehen, jedoch dort zu arbeiten, schien undenkbar. Selbst wenn in den Europäischen Ländern schon wieder das eine oder andere Varieté geöffnet hatte, kein „Haus" oder „Laden" in England, Frankreich, Belgien, Holland wollte deutsche Artisten haben. In Deutschland konfrontierten die US-Behörden die Bevölkerung mit den Gräueltaten des Hitlerregimes und zwangen die Menschen, sich das anzusehen, was sie all die Jahre nicht hatten sehen wollen. Dokumentarfilme, deren Besuch die Besatzungsbehörden zur Pflicht machten, zeigten die grausame ungeschminkte Wahrheit. Die Siegermächte des Zweiten Weltkrieges hatten ihre ersten Reibungspunkte, und Winston Churchill prägte anlässlich der Verleihung seiner Ehrendoktorwürde im Westminster College im US-Bundesstadt Missouri am 5. März 1946 den Begriff „Eiserner Vorhang in Europa". In Nürnberg wurden nach 273 Verhandlungstagen die Urteile gegen die schlimmsten Nazischergen und Kriegsverbrecher ausgesprochen. Die ausländische Presse, darunter auch die südafrikanische, gab ihrer Genugtuung Ausdruck über die Todesurteile und ihrer Empörung über jeden Freispruch. Was nicht in der südafrikanischen Presse stand, aber in den Briefen: dass in der britischen Zone, zu der auch Düsseldorf gehörte, die Tuberkulose um sich griff. Jetta schickte unermüdlich Pakete nach Hause. Das Angebot des Geschäftsmannes aus Boxburg schien fair und die Idee, hier in Südafrika Wurzeln zu schlagen, missfiel Konrad und Jetta nicht.

Sie verließen das Haus in Johannesburg und kauften in Boxburg ein neues, das über ein wenig Land verfügte und daher eher den Charakter einer kleinen Farm hatte. In einem Dörfchen unweit von Boxburg gab es einen See an dem der Freizeitpark entstehen sollte. Die Idee war, ihn als eine ständige Einrichtung mit wechselnden Attraktionen zu etablieren.

In wenigen Wochen bauten sie rund um den See den Park auf: viele kleine Kirmesbuden, Ess- und Getränkestände sowie eine Bühne. Das Gelände, auf dem der Freizeitpark stand, gehörte einem Gastwirt, der es ihnen zur Verfügung stellte in der Hoffnung, dass in seine Kneipe mehr Besucher kämen. Nach einigen Monaten forderte er plötzlich von den Betreibern, dass nur Bier und Limonaden verkauft werden dürften, die über ihn bezogen wurden. Das erhöhte die Kosten beträchtlich, schmälerte jedoch zunächst nicht den Erfolg. Als der Wirt allerdings Platzgeld forderte, ging der Gewinn des Parks empfindlich zurück. Auch die Besucherzahlen gingen erheblich zurück, als er anfing, Eintrittsgeld zu kassieren. Schon nach einem Jahr war der Freizeitpark bankrott, ebenso wie die „Gebrüder Lindner". Diese Notzeiten haben ihre Kinder nie richtig zu spüren bekommen. Jetta, die selbst als Kind die mageren Zeiten des Zirkus Althoff dank ihrer Eltern nie am eigenen Leib erfahren musste, hatte ein besonderes Geschick, ihre Kinder auch in schlechten Zeiten zu schonen. Sie konnte gut haushalten und besaß mit ihrer Unermüdlichkeit ein grenzenloses Talent zu organisieren. Für unerwartete Gäste hatte sie stets Kaffee und für die Kinder Kuchen in Petto, den sie oftmals in einer Konservendose backen musste. Doch auch in diesen schlechten Zeiten kam unverhofft die Möglichkeit zum Neubeginn.

Als der geschäftstüchtige Isi Cohen von der Pleite des Freizeitparks hörte, lud er die „Gebrüder Lindner" ein, ihn an der Küste in Durban zu besuchen, wo er während des afrikanischen Sommer sein Kirmesgeschäft betrieb. August Lindner machte sich alleine per Anhalter auf den Weg und bewunderte die riesige Kirmes, über die Isi ihn kurz nach seiner Ankunft führte. Der erläuterte August seine Idee, die bereits entstanden war, als er Konrad auf der Landwirtschaftsmesse gesehen hatte. Sie wurden bald handelseinig und August kehrte nach Boxburg zurück.

Als zusätzliche Attraktion und echte Bereicherung seiner Kirmes holte Isi Cohen die deutschen Artisten zu sich. Die Begeisterung war beiderseits und die „Gebrüder Lindner" fanden in Isi Cohen nicht nur einen verlässlichen Partner, sondern auch einen Freund von unschätzbarem Wert. Zunächst reisten Konrad und August mit Perch und dem hohen Mast alleine nach Durban, die Frauen blieben in Boxburg. Der hohe Mast war zu dieser Zeit noch eine Attraktion in Südafrika. Die Kirmesschreier, die rufend und Handzettel verteilend durch die Straßen liefen, konnten jetzt mit der gefährlichen und für die Besucher kostenlose Vorstellung der „Gebrüder Lindner" werben. Mehrmals am Abend traten die „Gebrüder Lindner" auf, Isi Cohen, der zu dieser Zeit die größte Kirmes im Land besaß, entlohnte sie. Zu den zwölf Karussells kamen noch die Los- und Imbissbuden und die Schießstände. Zwischen den Vorstellungen ging Konrad oft mit Isi an den Buden entlang und half ihm beim Geldeinsammeln, denn Isi verfügte über einen guten Sinn fürs Geschäft und spürte genau, wenn er um Geld betrogen wurde. Fehlten in einer Wurfbude viele Preise, überschlug er schnell, was in der Kasse sein musste. Hier lernte Konrad auch kleine Tricks, um den Besuchern ihre Gewinne zu erschweren. Die Dosen, die man mit einem Ball umwerfen sollte, standen auf einem schrägen Balken, der nach vorne geneigt war. Beim Dart gab es einige Tricks den Werfer abzulenken, indem man sich blitzschnell und kurz bewegte, sobald dieser warf. Puppen, die schief auf einem sehr breiten Brett standen, schwankten oft, aber fielen nur selten herunter.

Zu Isi Cohen entwickelte sich sehr bald ein herzliches Verhältnis. Wenn Konrad oder die „Gebrüder Lindner" andere Angebote erhielten, konnten sie diese annehmen. So traten sie zusätzlich in den „African Theaters" auf, als Hugo Caletti dort wieder mal eine Show organisierte. Den Perch nahmen sie mit, aber der Mast blieb bei Isi Cohen und reiste mit der Kirmes. Selbst wenn sie für längere Zeit in anderen Engagements unterwegs waren, Konrad wusste immer, wo die Kirmes gerade stand. Isi sicherte das Leben der „Gebrüder Lindner" ab. Sie konnten jederzeit zu ihm zurück, dort auftreten und damit ihr Geld verdienen.

Isi unterstützte die Familie, wann immer es eine Gelegenheit gab. Konrad fand oft Geld an unerwarteten Stellen: in seiner Jackentasche, im Schuh oder in seinem Hut. Manchmal fuhren die beiden Männer zusammen nach Johannesburg. Konrad war der einzige, der Isis Auto fahren durfte und manchen Anzug erhielt er von ihm, denn sie waren von exakt gleicher Statur. Konrad führte auch eine Neuerung ein: Er verkaufte kleine Postkarten mit ihren Kunststücken darauf. Die Idee entstand, weil Konrad, wie schon damals in Arena und Zirkus nicht mit der Sammelbüchse herumgehen wollte, um zu „betteln". Die Postkarten kamen gut beim Publikum an und Konrad durfte das Geld behalten. Freie Tage gab es, wenn die Kirmes auf- und abgebaut wurde, das braucht viel mehr Zeit als bei einem Zirkus.

In den Jahren 1947 und 1948 blieben die Kinder in Boxburg, während Konrad und August mit Isi Cohen auf Reisen gingen. Augusts Töchter zogen ein „privates" Leben vor: Sie erlernten den Beruf der Sekretärin und ließen das spannende, aber auch anstrengende Artistenleben hinter sich.

In der ersten Zeit nach Kriegsende erwogen Konrad und Jetta oft, in Südafrika zu bleiben. Hier verfügten sie über ein Netzwerk von Kontakten, das ihnen genug Engagements sicherte. „Gebrüder Lindner" oder „Allan Thurano" hatten sich in der Branche einen Namen gemacht, der für hohe Artistenkunst stand. Außerdem fühlten sich Bieni und John, beide in dem Land geboren, hier zu Hause und in Europa gab es zu dieser Zeit für Varietéartisten keine guten Beschäftigungsmöglichkeiten. Im Gegenteil, der Wiederaufbau kam nur schleppend voran, viele Menschen in Deutschland hungerten. Erst die Währungsreform 1948, der Marshallplan und das von US-Präsident Harry S. Truman unterzeichnete Gesetz zur Auslandhilfe sowie das „Petersberger Abkommen" von 1949, das eine Begrenzung der Demontage deutscher Industrieanlagen genehmigte, ermöglichten, dass die deutsche Wirtschaft sich langsam erholte.

Beide Familien entschlossen sich 1949, für eine paar Wochen nach Deutschland zu reisen. In den letzten zwei Jahren bei Isi Cohen hatten sie gut verdient. Carola Althoff, die mittlerweile den Engländer Harry Williams aus dem gleichnamigen Zirkus geheiratet hatte, bat Konrad und August nach England zu kommen und im Zirkus aufzutreten.

In der sicheren Gewissheit, dass einige Monate Abwesenheit ihrem Geschäft nicht schaden werde, entschieden sie sich für das Gastspiel in England. Zwar durften Deutsche nicht nach Belieben verreisen und waren in Europa auch nicht gern gesehene Gäste. Aber: Konrad verfügte ja über einen südafrikanischen Pass und Zirkus Williams firmierte unter englischem Namen.

Auf dem Weg nach England besuchten sie zunächst die Familie im Fürstenwall. Die fünfzehnjährige Jeanette, von allen Jeanny genannt, hatte ihre Heimat mit vier Jahren verlassen; für die kleineren Kinder, die fünfjährige Bieni und den vierjährigen John, war es der erste Aufenthalt in Deutschland. Konrad kam mit seiner Familie in ein zweigeteiltes Land, am 23. Mai 1949 konstituierte sich die „Bundesrepublik Deutschland" aus den drei westlichen Besatzungszonen und am 30. Mai in der sowjetischen Besatzungszone die „Deutsche Demokratische Republik". Die Artisten kamen in eine Stadt, in der ein Großteil der Bevölkerung in Kellern lebte, da viele Häuser in Schutt und Asche lagen. In den Stadtteilen Derendorf,

Friedrichstadt, Zooviertel, Bahnhof, Königsallee und Hafen zeugten die Trümmer vom Ausmaß der Zerstörung. Wie durch ein Wunder war das Haus Fürstenwall Nr. 26 unbeschädigt geblieben, die Familie bis auf den Bruder Peter hatte überlebt und teilten ihr Heim mit einer weiteren Familie, die der Krieg wohnungslos gemacht hatte. Gerührt standen sie voreinander und Konrad wusste, dass er zu Hause angekommen war, als sein Vater ihm nach fast zehn Jahren auf die Schulter klopfte und sagte: „Ach, da bisse ja wieder!" Hubert Thur beugte sich zu den Kindern hinunter, um auch seine Enkel zu begrüßen. Dem kleinen John erschien der Großvater mit dem riesigen Schnauzbart unheimlich und er weigerte sich vehement, den alten Herrn zu begrüßen. Großvater Thur, ein humorvoller Mann, eilte zum Barbier um die Ecke und ließ den Schnauzbart auf eine für Kinderaugen weniger bedrohliche Größe kürzen. Der Friseur weigerte sich zunächst, weil er wusste, wie stolz der alte Thur, der nachts sogar eine Bartbinde trug, auf seinen getrimmten Schnäuzer war. Beim ersten gemeinsamen Abendessen in Judiths Wohnung, wo sie auch schlafen sollten, begannen die Kinder Bieni und John zu tuscheln. Auf die Frage, was es denn zu flüstern gebe, stellte sich heraus, dass sie sich wunderten, dass die Deutschen den Kohl nicht wachsen lassen und ihn bereits als winzige Köpfe verspeisen: Rosenkohl kannten Bieni und John noch nicht.

Für einige Tage besuchten sie Franz Althoff, der in Bonn mit seinem Zirkus im Winterquartier stand. Dann reisten die Familien Thur und Lindner mit ihren südafrikanischen Pässen weiter nach London, wo der englische Zirkus Williams ein vierwöchiges Gastspiel gab. Wegen des englischen Namens und aufgrund von Harry Williams Verbindungen war dieser Zirkus einer der wenigen, der zu dieser Zeit Engagements im Ausland erhielt. Für die kommende Saison 1950 planten Zirkus Williams und der schwedische Zirkus Scott eine gemeinsame Tour durch Skandinavien. Carola freute sich, ihre jüngeren Schwestern wieder zu sehen. Konrad und August probten den Perch und Jetta ritt in einer Pferdenummer mit. Carolas Befehlston donnerte über den Zirkusplatz und erzeugte wie in alten Tagen bei Konrad nur ein Kopfschütteln. Wenige Tage vor der Premiere standen August, Konrad und Carolas Mann Harry am Rand der Manege und schauten den Proben zu. Als die Pferde mit den Streitwagen durch die Manege galoppierten, rief Harry den jungen Leuten zu, sie müssten schon ein bisschen wilder fahren, um das Publikum zu beeindrucken. Die Streitwagenfahrer gaben sich sichtlich Mühe, aber es genügte Harry Williams nicht. Er hieß sie anzuhalten und wollte den jungen Artisten zeigen, wie wagemutig sie einst die Streitwagen durch die Manege gejagt hatten. Harry sprang in den Wagen, die Peitschen knallten und unter lautem Pfeifen und Beifall stob Harry mit seinem Streitwagen durch das Zirkuszelt, als er plötzlich die Balance verlor und mit dem Wagen nach außen kippte. Sein Mitfahrer konnte abspringen, aber Harry schlug unglücklich mit dem Kopf auf die Bande. Da sie außer einer Beule nichts erkennen konnten, gingen die Proben weiter. In der Nacht weckte Carola ihre Schwester Jetta und Konrad. Harry war übel geworden, sie brachten ihn ins Krankenhaus. Kurz nach ihrer Ankunft fiel Harry Williams ins Koma, aus dem er trotz Notoperation nie wieder erwachte und wenig später starb.

Im Zirkusleben musste es immer weitergehen, mochte die Wirklichkeit noch so schrecklich und grausam sein. Wieder war eine Nummer, eigentlich ein ganzer Zirkus vernichtet. Nach dem Gastspiel fuhren die Thurs und Lindners zurück nach Deutschland.

Da Leni Althoff bereits einen Vertrag mit dem Zirkus Scott in Schweden unterzeichnet hatte, bat sie August und Konrad um Hilfe. Familie blieb Familie, also sprangen die Schwager ein. Da dem Zirkus auch eine Luftnummer vertraglich zugesichert war, arbeiteten Jetta und Sabine wieder einmal mit. Die zugesagte Elefantennummer übernahm August, der zwar noch nie Elefanten vorgeführt hatte, es aber jetzt in einem Schnellkurs bei seiner Schwägerin Leni lernte. Den Anfang des Jahres 1950 verbrachten die Thurs und Lindners in Köln im Winterquartier bei Carola Althoff. Gelegentlich fuhr Konrad nach Düsseldorf und besuchte seine Familie. Er freute sich, als er erfuhr, dass „Männemann" und Alvis noch lebten, denn viele andere blieben vermisst oder waren tot. Die alten Freunde trennte die unterschiedliche Erfahrung des Zweiten Weltkrieges. Alvis hatte für Hitler, „Männemann" gegen seine Überzeugung im Krieg gekämpft und Konrad auf seine Weise diese Zeit überstanden.

Ende März reisten sie Richtung Schweden. Sie tourten kreuz und quer durch Schweden, reisten teilweise mit den Zirkuswagen auf dem Zug. Im Zirkus Scott traten Bieni und John das erste Mal mit auf und zeigten ihre biegsamen Kinderkörper. Konrad ältester Bruder Willi und Schwager Schäng nutzten die Gelegenheit und besuchten ihn bei einem Gastspiel des Zirkus in Stockholm.

Die Familien Thur und Lindner hatten den festen Vorsatz, nach der Saison in Schweden wieder nach Südafrika zurück zu kehren. Kurz bevor sie Stockholm Richtung Deutschland verließen, saß die Witwe eines verstorbenen Luftakrobaten im Zirkuszelt und fand Gefallen an Konrads Darbietung. Schon am nächsten Tag bot sie ihm die „Eiffelturmnummer" ihres Mannes an, da ihr Konrad würdig erschien, die ungewöhnliche Nummer zu übernehmen. Sie erläuterte ihm die Funktionsweise des Apparates und worauf er zu achten habe. Konrad, der wusste, wie wichtig es besonders in den großen Städten Südafrikas war, mit einer Neuheit aufwarten zu können, kaufte den verpackten Apparat, vertraute auf die Ehrlichkeit der Witwe und verschiffte die „Eiffelturmnummer" ungesehen nach Südafrika.

Als sie 1951 in Südafrika ankamen, stand an der Staatsspitze seit fast drei Jahren Premierminister Malan, ein ehemaliger Priester der niederländisch reformierten Kirche. Malan war mit dem Ziel in den Wahlkampf gezogen, die strikte Rassentrennung, die „Apartheid" durchzusetzen und langfristig die Vorherrschaft der Weißen zu sichern. Ein Jahr zuvor war ein Gesetz in Kraft getreten, das die Heirat zwischen Weißen und Schwarzen untersagte und bereits sexuelle Beziehungen unter Strafe stellte. Ebenso galt schon seit 1950 das Gesetz des „Group Areas Act", was dazu führte, dass bei Johannesburg Sophiatown aufgelöst wurde, da überwiegend Schwarze dort lebten und per Gesetz nicht leben sollten! Dem „Distrikt Six" in Kapstadt und vielen anderen gewachsenen Wohngebieten ging es genauso. Offiziell dienten diese Maßnahmen der Vermeidung von Konflikten zwischen den Bevölkerungsgruppen.

Im täglichen Leben begegneten die Thurs und Lindners diesen Gesetzen, da plötzlich auf Parkbänken „nur für Weiße" geschrieben stand und Toiletten strikt getrennt sowie die Eingänge zu Geschäften separiert waren.

Im April diesen Jahres gastierte Konrad mit der „Eiffelturmnummer" in Kapstadt auf der jährlich stattfindenden Expo zu Ehren des Stadtgründers Jan van Riebeeck. Die gewagte Konstruktion war eine Hauptattraktion auf der Messe und die Zuschauer glaubten, dass die Rotation durch das kleine Flugzeug erzeugt wurde, in dem die hübsche Jeanny saß.

1951 mussten die mittlerweile siebenjährige Bieni und der sechsjährige John ihre Eltern verlassen, sie kamen in ein Internat, um eine gute Schulausbildung sicherzustellen. Das Mädchen litt jeden Tag unter der Trennung von den Eltern und vermisste schmerzlich das Gefühl von Geborgenheit, das ihr nur die Anwesenheit von Mum und Dad gab. Die Wochen und Tage vergingen für das kleine Mädchen äußerst zäh. John, der bald nur noch Johnjohn genannt wurde, weil er ständig herumhüpfte und überall gleichzeitig war, mochte das Internat und die vielen Lehrer, die er mit seinen Fragen löchern konnte. Bieni hingegen stand sehnsüchtig am Tor, wenn am Wochenende die anderen Kinder abgeholt wurden. Dann tobte Johnjohn drauf los mit dem herrlichen Gefühl, jetzt alle Lehrer in Beschlag nehmen zu können. Er entdeckte auch bald, dass er sich aufgrund seiner artistischen Fähigkeiten viel mehr erlauben durfte, als die anderen Kinder.

Im Nachhinein erwies sich diese Entscheidung als eine der wenigen, von denen Konrad heute sagt: *"Das war eine große Dummheit, die Kinder nicht immer bei sich zu halten. Jeanette musste viel einstecken von ihren gleichaltrigen Cousins und Cousinen, die doch so viel weniger Talent hatten. Aber Bieni und John fühlten sich vielleicht manchmal alleine gelassen."*

In Pretoria, Johannesburg und Windhuk zeigten sie sich als „flying Thuranos" mit der Eiffelturmkonstruktion ebenfalls sehr erfolgreich. Konrad kehrte zu seinem Mast zurück. Die aufwendige Konstruktion des Eiffelturms beanspruchte zuviel Platz und bedurfte zudem eines Zaunes, um Zuschauer fernzuhalten. Dagegen nahmen sich Mast und Perch sehr handlich aus. 1952 arbeiteten die „Gebrüder Lindner" noch gelegentlich für die „African Theaters", meistens jedoch auf der fahrenden Kirmes von Isi Cohen. Im folgenden Jahr bot ihnen der Löwendompteur Al de Raedt an, einen gemeinsamen Zirkus aufzubauen. Konrads hoher Mast diente als Erklärung für das fehlende Zirkuszelt. Sie wurden sich einig und stellten gemeinsam ein Konzept auf. Hier begegnete Konrad zum ersten Mal dem jungen Lui Mitchum, dessen Vater bei Al de Raedt die Geschäfte führte und eine Affendressur vorführte. Jetta und Konrad schlossen den Jungen sofort in ihr Herz und für Johnjohn wurde Lui eine Art großer Bruder. Gretel Meier kam mit ihren Pferden, ebenso zwei Clowns und das Programm des „Zirkus Althoff-de Raedt" stand. Sie ließen es in Englisch, Afrikaans und Deutsch drucken. Bieni und John traten als „jüngste der Althoffgeneration" auf, die „Gebrüder Lindner" als „Europas beste Perchisten", die Thuranos und Jetta, die die Nummer mit dem Bullen (in Wahrheit Konrad im Bullenfell) vorführte. Als sich Al de Raedt jedoch mehr und mehr als herrschsüchtiger Zirkusdirektor gebärdete, packten die deutschen Artisten abermals ihre Habseligkeiten zusammen und zogen ihres Weges. Wieder einmal zu Isi Cohen.

Konrad fiel bald auf, dass August seit einiger Zeit immer länger brauchte, um die Balance der Perchstange zu finden und oft blinzelte. Ihm war auch nicht entgangen, dass Augusts Töchter, die in Windhuk lebten an ihrem Vater zerrten, er möge doch endlich Schluss machen mit seiner Arbeit und der ewigen Reiserei. August Lindners Kinder schienen ganz aus der Art geschlagen, sie verspürten kein Verlangen, in der Welt der Artisten zu leben und wünschten jetzt, dass auch ihr Vater dieser Welt den Rücken kehre. Das nur durchschnittliche Talent der Lindnertöchter hatte in den Jahren des gemeinsamen Reisens oft zu Konflikten geführt, besonders unter den Kindern der verschwägerten Familien. Die talentierte und musikalische Jeanny trat regelmäßig mit auf, wohingegen die Lindnertöchter nur für Füllnummern wie Flicflacs taugten. Allerdings verspürte auch Jeanny den großen Wunsch nach einem „normalen" Leben, dem sie bald nachgeben würde.

August nahm Konrad beiseite und sagte ihm, dass er nicht weiter auftreten wolle. Die tiefe Freundschaft, der große Respekt für den anderen machten den Abschied schwer und beinahe wortlos. Fünfundzwanzig Jahre ihres Lebens hatten sie miteinander geteilt, wunderbar gute und bedrückend schlechte Zeiten gemeinsam durchlebt, sich nicht einmal gestritten, sich aus den Streitigkeiten ihrer verschwisterten Frauen stets klug herausgehalten und sich gegenseitig geholfen, wann immer es nötig war. Sie waren Kollegen, Schwäger, Partner, Freunde. Konrad spürte, dass sie diese Zeit nie wieder würden zurückholen können und wusste auch, dass die Lücke, die August hinterließ, sich kaum würde schließen lassen. Der 44-jährige Konrad sagte dem 54-jährigen August schweren Herzens in Windhuk Lebewohl und reiste mit Isi Cohen weiter.

Das Ehepaar Lindner blieb noch eine Zeit in Südwestafrika, in Windhuk. Da das Geld nicht reichte und sie über keine Rente oder Pension verfügten, nahm August Lindner eine „normale" Arbeit an. Er beaufsichtigte schwarze Arbeiter beim Straßenbau. So fand Konrad seinen Freund noch nach einem Jahr vor, wobei ihm ein Stich durchs Herz fuhr. Es gelang ihm, den Freund zu überzeugen, mit ihm nach Johannesburg zu kommen. Aber auch hier saß August trübsinnig in der Wohnung, seines Lebensnervs beraubt. Seine Frau kochte in einem Hotel, die Mädchen, längst verheiratet, waren mit ihren eigenen Familien beschäftigt.

Ende 1953 ging das Ehepaar Lindner nach Deutschland zurück, zum Schwager Franz Althoff und übernahm hier die Restauration. August arbeitete wieder, doch ihm fehlte „seine" Arbeit. Jeanny, die überzeugt war, ihr Glück eher in einem bürgerlichen Leben als im Artistendasein zu finden, heiratete und zog nach Johannesburg, um fortan dort zu leben.

Damit die ganze Familie, einschließlich Bieni und John wieder zusammen reisen konnte, kaufte Konrad einen alten Schulbus und baute ihn als Wohn- und Reisebus aus. Da sie auch alle Tiere mitnahmen – Hühner, Tauben, Kaninchen – glich der Bus einer „Animalfarm". So begleiteten sie 1954 Isi Cohens Kirmes. Das Leben in den Zügen und auf den Bahnhöfen war auf Dauer zu riskant mit kleinen Kindern. Sie im Abteil einzusperren, war unmöglich und sie auf den Gleisen spielen zu lassen, wo ständig rangiert wurde, war zu gefährlich. Wann immer die Thurs im Zug lebten und dann beim Kaffee saßen, kochten oder nähten und plötzlich der Waggon umrangiert wurde, fuhr ihnen ein Schreck in die Glieder und die erste Frage war stets: Wo sind die Kinder? Besonders John-

John büchste gerne und häufig aus und war nicht ständig zu beaufsichtigen.

Das waren bewegte Zeiten, viele verschiedene Orte und Arbeitgeber. Als 1955 in Durban ein Viermastzelt für die Familie Thur ankam, das Leni Kosmeier ihrer Schwester Jetta als Ausgleich für deren Erbverzicht geschickt hatte, wusste Konrad nicht so recht, was zu tun sei. Er verspürte immer noch nicht den Wunsch, „Herr Zirkusdirektor" zu sein und war zudem sehr zufrieden mit seiner Arbeit bei Isi Cohen, der das Zelt auf seine Trucks laden ließ und mit nach Windhuk nahm. Jetta aber, für die der Name Althoff viel bedeutete, hatte eine Vision von einem südafrikanischen „Zirkus Althoff" und wurde von ihren Geschwistern in Deutschland darin bestärkt. Da Konrad sowohl Artisten als auch Tiere für einen Zirkus fehlten, vermietete er das große Zelt und erhoffte sich dadurch einen Nebenverdienst. Diese Idee schlug fehl, weil der Mieter, Zirkus Tümpel, schon nach wenigen Monaten im Zahlungsrückstand war. Jetta drängte, das schöne Viermastzelt, das erste dieser Art in Südafrika, selbst zu nutzen. Konrad zögerte, er hatte genug Arbeit, war in seiner Seele immer noch Varietéartist. Jetta allerdings einen Wunsch abzuschlagen, fiel ihm schwer. Sie versicherten sich noch einmal, dass aus Deutschland Unterstützung kommen würde: Jettas Schwester Leni wollte Tiere und Artisten schicken. Konrad und Jetta begannen, sich eine eigene Existenz aufzubauen. Während Jetta sich um das Geschäftliche und Organisatorische kümmerte und bereits Artisten für die kommende Saison engagierte, zimmerte Konrad tagelang die fehlende Sitzeinrichtung und die notwendigen Zäune. Aber die zugesagte Hilfe aus Deutschland blieb aus, Jetta und Konrad beschlossen, es alleine zu versuchen. Zunächst benötigten sie Tiere. Familie Thur machte sich auf den Weg Richtung Süden. Als sie nach zwei Tagen bei einer Farm in Keetmanshoop anhielten, war der Farmer so fasziniert von der Artistenfamilie mit ihrem eigentümlichen Bus, dass er sie einlud, ein paar Tage bei ihm zu bleiben. Aus wenigen Tagen wurde eine lange Zeit und sie blieben, ohne ihr ursprüngliches Ziel je zu erreichen. Sie entwickelten ihr Programm, eine Wildwestshow sollte es werden. Während dieser Monate fuhr Konrad auch nach Norden, um mit einem Freund des Farmers für seinen Zirkus Zebras zu fangen. Bei Sonnenaufgang legten sie sich

Das Abteil als Zuhause

an einer Wasserstelle auf die Lauer. Als die Zebras kamen, trieben sie mit dem Auto zwei Tiere von ihrer Herde weg und fingen sie mit dem Seil. Die Läufe der aufgeregten Zebras wurden gefesselt, bevor sie die Tiere auf die Ladefläche hoben. 1000 km waren zu fahren und als Konrad in der Nacht Keetmanshoop erreichte, die Zebras ablud und von ihren Fesseln befreite, war für eines der Stress zu groß gewesen. Zwei Tage später starb es. Eines blieb ihnen und wurde fortan mit dem Esel trainiert. Jetta gewöhnte es behutsam, aber beharrlich an Menschen, an Hände, die Longe, an sich selbst. Zebras, besonders wild gefangene, verfügen über die gleiche Sturheit, die Eseln nachgesagt wird. Mit stoischer Ruhe weigern sie sich zu kapieren.

Bieni und Johnjohn genossen das Leben auf der Farm. Sie konnten hier nach Lust und Laune herumtoben, übten kleine Kunststücke ein, die die Kinder des Dorfes gerne beobachteten. Johnjohn mopste manchmal Tabak oder Kaffee aus den Vorräten seiner Eltern und schlich sich damit im Dunkel der afrikanischen Nacht zu den

Lagerfeuern der schwarzen Farmarbeiter. Der elfjährige Junge fühlte sich von diesen Männern respektiert. Stundenlang konnte er dort ausharren, die Blechdose auf dem Feuer beobachten, aus der der bitterherbe Geruch des frisch gebrühten Kaffees kam und den mit kehliger Stimme geführten Gesprächen lauschen während er von ihren Kindern lernte, Spielzeuge selbst zu bauen. Kurz bevor sie die Farm verließen, erreichte Konrad und Jetta die Nachricht, dass ihr erstes Enkelkind, Resa, in Johannesburg zur Welt gekommen war.

Zurück in Windhuk schlug die bereits von Jetta engagierte Gretel Meier vor, die Familie ihres Bruders nach Südafrika zu holen. Zwar befand Deutschland sich auf dem Weg ins Wirtschaftswunder, doch die Arbeitsmöglichkeiten für Artisten blieben sehr rar. Gretel Meiers Familie kam zudem aus einer Arena, gehörte also eher zu den Zweitklassigen, was Konrad jedoch nicht störte; dafür kannte er die Arena selbst zu gut und wusste, wie fundiert die Ausbildung sein konnte. Laut Gretel sollten sie Perch, Clownentrees und Trapeznummern beherrschen. Die Thurs mussten für die Artisten aus Deutschland eine Kaution beim Staat Südafrika hinterlegen. Konrad sah sich die Leute genau an und sein Gefühl riet ihm dringend: „Hände weg!" Er dachte an die Kaution und besprach sich mit Jetta über die „Trümmertruppe". Doch seine Bedenken wurden überhört. Die Artisten blieben. Sie blieben auch dann noch, als die Wahrheit ans Licht kam: Tatsächlich konnte nur der Vater der Truppe wirklich etwas, nämlich Messerwerfen. Alles andere stellte sich als dilettantischer Versuch heraus; selbst ein gutes Clownentree konnten die Meiers nicht bieten. Jetta blieb dennoch optimistisch, sie war schließlich im Zirkus geboren. Dabei wusste sie längst, wenn ihr „Konni" jemanden nicht mochte, dann war wirklich etwas faul.

1956 mietete Konrad einen Bahnzug für die Artisten und eine Maschine zur Verladung der Wagen, Bänke und des Zeltes. Ihre Tour startete in „Deutsch Südwest", in der Hoffnung, dort schon eine gewisse Bekanntheit des Namens Althoff voraussetzen zu können. In Windhuk gastierte die südafrikanische Variante des Zirkus Althoff erstmals. Dann ging es weiter auf Reisen und schnell machten sie sich einen Namen als „Wildwestzirkus", in dem alle Nummern von Cowboys bestritten wurden. Pferde, Zebra, Kaninchen, ein Affe und ein Bier trinkender Esel reisten mit. Trainiert wurden die Tiere von Jetta und Gretel. Das Orchester bestand aus einer Orgelspielerin und einem Schlagzeuger. Konrad engagierte auch die Sheridanboys, großartige Seilartisten und hervorragende Jongleure. Er mochte sie gerne, auch wenn ihre ständigen Zickereien und Streitereien, die mitunter in Handgreiflichkeiten endeten, oft schwer zu ertragen waren. Die Wildwestshow konnte separat gemietet werden, so dass sie mit den Pferden, wilden Reitern und Messerwerfern auch auf Messen und in Stadien auftraten. Ihre Idee zeigte Erfolg.

Was Konrad nicht ahnte: Das südliche Afrika, ein unendlich großes Land, schien nicht groß genug für einen dritten Zirkus neben Boswell und Zirkus Pagel – inzwischen unter der Leitung von Karl Fischer. Die beiden alt eingesessenen fürchteten die Konkurrenz des neuen. Und weil der junge Wildwestzirkus Althoff über ausgezeichnete Könner verfügte, erschien er ihnen umso bedrohlicher. Außerdem besaß Konrad frische, unverbrauchte Artisten, auch das fehlte den beiden Etablierten. Die versuchte man zunächst für die doppelte Gage abzuwerben. Das war natürlich reizvoll, aber Konrad winkte ab. Er konnte es sich nicht leisten, Artisten zu verlieren und überhaupt: Vertrag war Vertrag! Boswell blieb nicht untätig gegen die gefürchtete Konkurrenz: Auf irgendwelchen Wegen konnte er die Reiseroute des Althoff-Zirkus in Erfahrung bringen und nutzte dies für weitere „Sabotageakte". In vielen kleinen Städten lagen bereits Werbezettel für Boswell aus, wenn die Althoffs dort ankamen. Der Ausfall mehrerer Vorstellungen machte sich im Budget der Althoffs schon bald bemerkbar. Aber der Widrigkeiten war damit noch nicht genug. Auf halbem Weg von Windhuk nach Kapstadt verwüstete ein gewaltiger Sandsturm aus der Kalahari ihr Zelt. Nachdem der erste Schreck verflogen und auch die Tiere beruhigt waren, beschloss man, unter freiem Himmel aufzutreten. Ausgerechnet die Arena-Artisten, die Meiers, weigerten sich jetzt und pochten auf ihren Vertrag, in dem Arbeit unter freiem Himmel ausgeschlossen war. Konrad brüllte nicht, diskutierte nicht und versuchte nicht, sie zu überzeugen. Ihre Borniertheit und Hartherzigkeit sagte ihm, dass alles Reden unnütz sei. Also faltete Konrad am Rand der Kalahari sein Zelt so, dass er nach und nach die Risse nähen konnte. Sieben Tage lang, von Sonnenaufgang bis Sonnenuntergang, saß er neben den Bahngleisen und flickte schweigend das Zelt. Jetta versorgte die Truppe, die Tiere und befreite die Waggons vom Sand. Die deutschen Artisten glaubten sich fast am Ziel, sie liebäugelten insgeheim mit der Aussicht auf einen baldigen Wechsel zu Boswell und der Gagenverbesserung und spekulierten darauf, dass Konrad aufgab. Das tat er nicht! Die Stimmung wurde zunehmend schlechter. Auch die Konflikte unter den schwarzen Arbeitern, die unterschiedlichen Stämmen angehörten, belasteten den Zirkus. Bedrohlicher waren die finanziellen Sorgen: Der Zirkus brauchte 500 Menschen pro Vorstellung, um profitabel zu sein. Der Ausfall auch nur einer Vorstellung bedeutete einen großen Verlust. Als ein vierter Zirkus, der Zirkus Wilke, seine Manege in Südafrika eröffnete, trat weitere harte Konkurrenz auf den Plan. Sie konnten sich nicht aus dem Weg gehen und oft fanden sie die Plätze schon vorsätzlich zerstört vor, wenn Konrad mit seinem Zirkus eintraf. Auch Zirkus Wilke ging mitunter soweit, dass er in einer Stadt sein Kommen mit großer Reklame ankündigte, mit dem einzigen Ziel, Zirkus Althoff von dort fernzuhalten. Als die Thurs diese Vorgehensweise begriffen, war es schon zu spät. Zirkus Wilke hatte etwas ganz Entscheidendes, was der kleine Wildwestzirkus nicht mehr hatte: die notwendigen finanziellen Mittel. Boswell und Pagel verfügten über etwas, das ihnen ebenso fehlte, einen etablierten Namen. Karl Fischer, mittlerweile Direktor des Zirkus Pagel, drohte ihnen sogar. Was gab es an Konrad so Bedrohliches? Sein Können!

So beschlossen die Thurs, es in den wenigen großen Städten Südafrikas zu versuchen, da Port Elisabeth oder Durban ohne weiteres mehr als einen Zirkus verkraften konnten. Geld und Glück waren schon knapp geworden, da passierte ein weiteres Unglück: Ihr Zug stieß mit einem anderen zusammen, wieder gab es massive Schäden am Zirkuszelt. Johnjohn und der junge Lui Mitchum saßen in der nächsten Stadt in einer Gaststätte, wo sie tagelang Werbezettel verteilt hatten und rechneten stündlich mit der Ankunft des Zirkus. Der Kneipenwirt, der von dem Eisenbahnunglück gehört hatte, informierte die beiden Zirkusjungen, damit sie sich aus dem Staub machen konnten, bevor die wütenden Farmer feststellen würden, dass sie vergebens zur Vorstellung angereist waren.

Nun mussten Konrad und Jetta endgültig aufgeben: Die Schäden sprengten das Budget des Wildwestzirkus Althoff, zumal die Zahlungen der Versicherung auf sich warten ließen. Die deutschen Artisten befanden sich endlich am Ziel, sie konnten zu Boswell wechseln. Zu allem Überfluss kam jetzt auch ans Tageslicht, dass der Geschäftsführer des Zirkus in die eigene Tasche gewirtschaftet hatte und Konrad einen Schuldenberg hinterließ. Jetzt waren Notmaßnahmen angesagt, um die fehlenden Geldbeträge aufzubringen, die Sitzeinrichtung, die Tiere, die meisten Requisiten und Kostüme wechselten den Besitzer.

Anfang 1957 erreichte sie die Nachricht vom Tod August Lindners. Konrad fühlte sich wie vor den Kopf gestoßen und dachte zunächst, das sei bestimmt eine Verwechslung, es handele sich bestimmt um seinen eigenen Vater. Aber nein: Hinter der Theke des Zirkus Franz Althoff war sein ehemaliger Partner August im Alter von 59 Jahren durch Herzversagen zusammengebrochen. *„Er ist am gebrochenen Herzen gestorben, dem hatte seine Arbeit gefehlt".*

Konrad reiste mit der ältesten Tochter, Adele, nach Deutschland, beerdigte seinen Schwager, Freund, Kollegen und besuchte auch seine Brüder, Judith und seinen Vater, den er, ohne es zu wissen, zum letzten Mal sehen sollte. Hubert Thur starb im selben Jahr 96-jährig.

Wieder in Südafrika angekommen, beschlossen er und Jetta, es jetzt von neuem und diesmal ohne südafrikanische Geschäftspartner zu versuchen. Das Herz des Varieteéartisten setzte sich dieses Mal durch. Mit einem damals sehr bekannten Komiker, Al Debbo, stellten sie ein Varietéprogramm zusammen und das Zirkuszelt diente nur als Theater. Es gab eine einzige Tiernummer mit einem Schimpansen. Al Debbo übernahm die Organisation und holte die notwendigen Genehmigungen ein. Konrad kam damit seiner wahren Bestimmung wieder näher, Varietéartist zu sein. In Johannesburg startete das Varieté, das sie Zirkus Apollo nannten und verbuchte sofort großen Erfolg. Nach einem Monat jedoch geschah unvermittelt ein Unglück. Kalt war es an diesem Tag, zu kalt, um ein gutes Gefühl für das Trapez zu haben. Am Rand der Manege standen ein paar Artisten, versuchten warm zu werden, rieben sich die Hände. Johnjohn hielt das Seil, an dem sein Vater nach oben kletterte. Konrad drehte sich ein paar Mal um das Trapez, machte Übungen, die er schon seit Jahren vorführte und stürzte plötzlich unter dem Aufschrei des Publikums und der Kollegen tief hinab in die Manege. Glücklicherweise aber federte der Schoß eines am Rand sitzenden Artisten Konrads Sturz ab. Er stand benommen wieder auf, seinen verrenkten und mehrfach gebrochenen Arm stützend. Jetta holte Johnjohn, der sich in den Bus zurückgezogen hatte zurück, der für seinen Vater einsprang und eine andere Nummer vorführte. Dieser erste wirklich gefährliche Sturz in Konrads Artistenleben hätte auch tödlich enden können. Auf vielen Plakaten wurde Konrad angekündigt als der, der mit dem Tod flirtet, jetzt hatte der Tod mit ihm geflirtet. *„Es gab in meinem Leben Rosen- und Nelkentage. Das waren jetzt Nelkentage! "*

Für den Artisten Konrad Thurano war jetzt eine Grenze erreicht, zu viele Missgeschicke hatten sich aneinander gereiht. Anfang 1958 wurde das Zelt in Boxburg endgültig eingemottet, ebenso die Kostüme, die zum Zirkus gehörten. Konrad wollte das Zelt zunächst an einen interessierten Wanderprediger verkaufen, aber eine geborene Althoff gab nicht so schnell ein Althoffzelt her und Konrad gab seinem Jettchen einmal mehr nach. Sein Leben schien in einer Sackgasse angekommen zu sein. Konrads Arm, so versicherten die Ärzte, würde wieder heilen, aber sein Mut, sein Optimismus, sein Glauben auch?

Jetta übernahm mal wieder die Initiative. Sie holte die Kinder aus der Schule und erklärte, dass es für einige Zeit nach Deutschland gehen würde. Jeanny, die 1958 ihre zweite Tochter Dana zur Welt gebracht hatte, zeigte kein Interesse am Boxburger Haus, so dass der einarmige Bimbo das Haus verwalten sollte. Da alle an eine Rückkehr glaubten, reisten sie wieder mit sehr leichtem Gepäck, Isi Cohen schenkte Konrad das notendige Geld für die Flugreise. Mit leeren Händen ging es im Februar 1958 nach Deutschland zurück.

Familie Thurano

Konrad und seine Damen im Zirkus Althoff

„Ich dachte, o.k., dann fangen wir jetzt
eben noch einmal von unten an!"

8. Nelkentage

Auf dem Weg nach Deutschland fragte Konrad sich, ob wohl sein Wohnwagen, die Villa Thur, noch auf Schängs Gelände stand und hoffte, wenigstens sein Auto wieder zu finden. In Düsseldorf war es eisig kalt, als sie auf dem Flughafen landeten und von der Familie Thur herzlich empfangen wurden. Auf die Nachfrage bei Schäng, was denn aus Konrads Auto geworden sei, erfuhren sie, dass die Nazis das Auto im Krieg beschlagnahmt hatten. Für den Gegenwert von 100 Reichsmark hatte Konrads Schwager sich neue Zähne machen lassen. Konrad wusste zunächst nicht, wie es weitergehen sollte. Franz Althoff, der in Frankfurt im Winterquartier stand, bat sie zu kommen und nahm sie auf.

Er stellte den Thurs einen Wohnwagen zur Verfügung und bot ihnen an, die Restauration des Zirkus zu übernehmen, bis Konrads Arm geheilt sei. Nur wenigste Artisten kannten sie noch aus der Vorkriegszeit. Das erste, was Konrad wieder schmunzeln ließ: ein fürchterlich schielender Messerwerfer.

Es berührte ihn eigentümlich, plötzlich in derselben Restauration zu stehen, wie vor wenigen Jahren sein Partner August Lindner. An besonders trüben Tagen stellte Konrad sich die Frage, ob das nun – im Alter von mittlerweile 49 Jahren – gar die Endstation seines Artistenlebens war? Mit Jetta zusammen plante er zwar die baldige Rückkehr nach Afrika, wo sie doch Haus, Zelt und Requisiten zurück gelassen hatten. Doch so richtig überzeugt, den Plan auch realisieren zu können, waren sie beide nicht. Als ihre südafrikanischen Pässe abliefen und sie neue deutsche beantragten, wurden sie passend zu ihrer Lebenssituation erst einmal Staatenlose, in Deutschland nur geduldet. Für einige Wochen blieb Konrad ein gebrochener alter Mann. Er hatte nichts mehr – kein Geld, keine Nummer, keine Visionen. Doch mit der Zeit kehrte sein angeborener Optimismus zurück und sie arrangierten sich mit der neuen Situation.

Sie lebten sich ein im Zirkus Franz Althoff. Konrad und Jetta betrieben die Restauration, Bieni und Johnjohn, beide sehr talentiert, lernten ihre ersten Drahtseilnummern. Vor der eigentlichen Zirkusaufführung schnitt Konrad altes Brot und verpackte es in kleine Plastiktüten, die die Besucher der Tierschau kaufen konnten. Die Besucher, die sich in aller Ruhe die Tiere ansehen wollten, kamen auf ihrem Weg zu den Käfigen durch die Restauration und kauften gerne das Brot für die Fütterung. Einige Frauen der anderen Artisten halfen beim Verkauf und verdienten sich damit zusätzlich ein wenig Geld. Mit Bauchläden gingen sie kurz vor der Vorstellung durch die Zirkusreihen und verkauften Eis und Knabbereien. Während der fünfzehnminütigen Pause boten Konrad und Jetta Würstchen und Getränke an. Nach der ersten Saison machten sie sich keine Illusion mehr über ihre Rückkehr nach Südafrika. Deshalb überlegten sie, Johnjohn und Bieni wieder ins Internat zu schicken, um ihnen eine solide Ausbildung zu sichern. Die Plätze waren bereits reserviert, die Koffer gepackt, da entschieden die Eltern im allerletzten Moment: Die Kinder sollten mit beim Zirkus bleiben. Bieni, die begriffen hatte, dass sie sobald nicht nach Südafrika zurückkehren würden, ließ von da ab nie wieder Dinge zurück, die ihr wichtig waren, nur weil irgendjemand sagte, wir kommen bald wieder! In der Saison beim Schwager Franz Althoff traten Konrads Kinder mit einer Drahtseil- und einer Jongleurnummer auf. Bieni, 14, und John, 12 Jahre alt, waren darauf nicht vorbereitet. Bisher waren alle ihre Versuche Spielerei gewesen und ihr Können noch nicht perfekt. Da es sie selbst nicht störte und das Publikum auch nicht, traten sie auf. „Wenn Daddy sagte, es ist o. k., dann war es auch o. k.!" Konrad erlebte noch einen Rückschlag. Anlässlich eines Arztbesuches erklärte er, dass sein rechtes Bein manchmal taub sei. Der Arzt warnte vor der Möglichkeit eines Raucherbeines. Sofort war mit dem Paffen von Zigarren und Pfeife Schluss. Die Gesundheit des durchtrainierten Artisten Konrad Thur zeigte ihre Zerbrechlichkeit. Es fiel ihm schwer, von lieb gewordenen Gewohnheiten Abschied zu nehmen, aber erst recht von den Mast-, Perch- und Kettennummern. Konrad hatte sein Leben lang alle Nummern, selbst die alt bewährten, stets mit Komik aufgeführt. Das unterschied ihn von anderen Akrobaten. Die Menschen staunen und lachen zu machen, war immer sein Ziel gewesen. Es gelang dem überzeugten Artisten nur kurze Zeit, der Manage fern zu bleiben und hinter der Theke zu träumen, während im Zirkuszelt sich das Publikum von der Kunst der Artisten begeistern ließ. Jetzt begann er, die Nummern seiner Kinder mit kleinen Slapsticks zu „stören": Er stand wie aus Versehen zwischen den Kindern, die nur mühsam an ihm vorbei jonglierten. Oder er baute als scheinbar angetrunkener Manegenarbeiter tölpelhaft die Seilkonstruktion für seine Kinder auf. Konrad verhedderte sich im Seil, das er spannen wollte und immer wieder glitt es ihm aus den Fingern. Schon beim ersten Mal, es war eine spontane Eingebung, tat er das so überzeugend, dass die anderen Arbeiter ihn gewaltsam aus der Manege zerrten. Konrad stand als Clown, der kein Clown sein wollte, in anderen Nummern herum, weil er keine eigene Nummer mehr hatte. „Seine Arbeit" konnte er nicht machen und so war dieser ungeschickte Clown sicher auch ein Symbol dafür, wo er im Leben stand: Ein wenig im Abseits. Konrad kultivierte und perfektionierte den „Störer" und spielte ihn auch dann noch, als er kein Bild mehr für seine Lebenssituation war.

Als sie nach der zweiten Saison wieder ins Winterquartier zogen, konnte Konrad seiner Familie in Düsseldorf neue Geschichten aus dem Zirkus erzählen: Vom Babyelefanten, der in den Graben purzelte. Vom Tanzbären, der plötzlich frei durch die Wagen lief. Man umzingelte das aufgebrachte Tier und gerade als der Dompteur dem Bären einen gezielten kurzen Schlag mit dem Spaten auf den Kopf geben wollte, drehte sich der Bär und der Schlag setzte Adolf Althoff außer Gefecht. Oder als Konrad eines Tages im Restaurantzelt stand und Brot schnitt und plötzlich ein Löwe hinter die Theke marschierte. Konrad reagierte erst nicht, weil er glaubte das seien die Kinder, die sich manchmal ein altes Löwenfell überwarfen, um andere zu erschrecken. Erst als der Dompteur kam, begriff er den Ernst der Lage. Im Fürstenwall wartete wie in alten Zeiten die Post auf Konrad. Darunter fand sich auch ein Brief von Isi Cohen, der ihm mitteilte, dass er das Althoffzelt in Durban gesehen hätte. Seine Nachforschungen hatten ergeben, dass der einarmige Bimbo das Zelt an den Wanderprediger vermietet hatte, an den Konrad es ursprünglich verkaufen wollte. Von der Miete sahen die Thurs nie einen Pfennig und eines Tages blieb das Zelt unauffindbar. Jetta schmerzte das ein wenig. Jedoch sie hatte längst von ihrem „Konni" gelernt, dass es leichter war, Ärgernisse, an denen nichts zu ändern war, hinter sich zu lassen, abzuschütteln.

Es waren die Jahre des Wirtschaftswunders, die deutsche Wirtschaft erholte sich zusehends, die Arbeitslosenzahlen sanken und die Spuren des Krieges verschwanden nach und nach. Düsseldorf hatte sich schon 1953 mit der Großen Rationalisierungsausstellung „Alle sollen besser leben" wieder einen Namen in Europa gemacht. Banken, Versicherungen und viele Unternehmen kehrten Berlin aufgrund der unsicheren politischen Situation den Rücken und suchten sich neue Standorte. Davon profitierte die Stadt am Rhein, sie wurde für viele ausländische Firmen Hauptstandort in Europa, auch für die Japaner.

Nicht vom wachsenden materiellen Wohlstand in Deutschland profitierte die Varietészene. Der „Wintergarten" in Berlin, 1944 ausgebombt, blieb geschlossen. Als erstes Variéte nach Kriegsende eröffnete die Artistin Marion Spadoni den „Friedrichstadtpalast" in Ostberlin. Im August 1945 hatten die westlichen Besatzungsmächte dem im Krieg zerstörten Hamburger „Hansatheater" die Erlaubnis erteilt, wieder zu spielen. Das „Apollo" in Düsseldorf war wieder aufgebaut worden und zeigte neben Varietéaufführungen auch Kinofilme. Marika Rökk, Josephine Baker, Caterina Valente gaben sich die Klinke in die Hand, auch in die Hände der Thuranos. Aber selbst Größen wie Charlie Rivel oder Jazzmusiker Louis Armstrong konnten mit ihren Erfolgen den Untergang des Hauses nicht aufhalten. An einem Abend im März 1959, als Konrad im nahe gelegenen „Weindorf" auftrat, kam ihm die Vergangenheit in den Sinn: 35 Jahre war es jetzt her, dass er mit den „Pascas" dort aufgetreten war. Wenige Tage später schloss das „Apollo" seine Türen, nach der letzten Aufführung des Filmes „Das Land des Lächelns".

Das Können und Talent seiner Kinder erfüllte Konrad mit Stolz: Bieni beherrschte auf dem Seil bereits einen Spitzentanz und Johnjohn sprang kühn über einen Feuerreifen. Noch im Winterquartier bei Franz Althoff entwarf er für die Kinder eine Trapeznummer, die jedoch eher für die Bühne als für den Zirkus geeignet war und bei der er sich selbst als „Haltemann" für Bieni und Johnjohn betätigte. Da konzipierte wieder das Herz des Varietéartisten.

Für sich selbst entwickelte Konrad eine Stuhlnummer. Jetta und Konrad hofften auf baldige neue Engagements, denn jetzt konnten sie schon vier Nummern anbieten.

Im April 1959 sprach sie ein Agent an, der Artisten für einen kleinen Zirkus in Belgien suchte. Das Comic Spirou (der komische Kobold) stellte diesen kleinen, speziell für Kinder gedachten Zirkus zusammen. Mit dem Erwerb des Comics erhielten die Kinder gleichzeitig eine Eintrittskarte. Ein dicker, melancholischer italienischer Zirkusdirektor führte sie mit dem Spirouzirkus meist durch kleine Orte, manchmal aber auch durch große Städte wie Brüssel, Antwerpen oder Gent. Nachdem sie schon einige Wochen unterwegs waren, stolperte Konrads Leben noch einmal. Wie gewohnt baute er mit Bienis Hilfe die Stühle langsam übereinander, balancierte und machte wie immer einen Handstand auf dem letzten, schräg stehenden Stuhl und sprang ab. Konrad landete in Sägespänen und brach sich, geräuschvoll, das Schienbein. Die kommenden Tage mussten Bieni und Johnjohn alleine bestreiten. Noch am selben Abend übten sie schnell etwas Neues ein, eine kleine Stepptanznummer, um die entstandene Lücke zu schließen. Ihre Jonglage und die Kunststücke auf dem Drahtseil führten Bieni und Johnjohn ohne die Clownerien ihres Vaters alleine auf. Nachdem er halbwegs wiederhergestellt und vor allem schmerzfrei war, trat Konrad wieder vor sein Lieblingspublikum, die Kinder. Seine Stuhlnummer präsentierte er ohnehin komisch, deshalb fiel es dem Publikum gar nicht auf, dass der Gips echt war. So zogen sie durch Belgien und wunderten sich stets über die mangelhafte Organisation: Voranmeldungen fehlten, der Zirkusplatz war nicht reserviert, kein Vortrupp hatte das Kommen des Zirkus angekündigt. So kam der Zirkus Spirou nur noch schwerlich voran, hatte selten ein gut gefülltes Zelt vorzuweisen und selbst in großen Städten fehlte der Zulauf. Grund genug für die Thurs, sich zu verabschieden.

Jettas Bruder Franz hatte etwas für sie arrangiert, und so bekamen sie gleich ein neues Engagement: in Paris im „Medrano". Hier konnte nur der auftreten, der sich als Artist bereits einen Namen gemacht hatte. Konrad, der im Winter 1934/35 mit August Lindner dort gastiert hatte, sah jetzt das gleiche stolze Glänzen in den Augen seiner Kinder. Sie hatten es für dieses Mal wieder geschafft. Und heu-

Stuhlnummer im Medrano um 1959

te wie vor fünfundzwanzig Jahren huschten in den Garderoben die Ratten über die Deckenbalken und blickten neugierig auf die sich schminkenden Artisten.

Im März 1960 erwarb Konrad in Paris von den ersten Ersparnissen einen VW-Bus, mit dem sie zu ihrem nächsten Engagement nach Finnland fuhren. Ein ehemaliger Pferdedompteur der Althoffs betrieb dort einen eigenen Zirkus. Der voll gepackte Wohnwagen mit den Requisiten reiste per Schiff nach Helsinki. Als sie dort ankamen und ihren Bestimmungsplatz erreichten, erinnerte sie der Anblick des bettelarmen Zirkus Suonenjoella an ihre Ankunft bei Boswell und Jetta sorgte hier wie damals zunächst für eine warme Mahlzeit und Plätze zum Schlafen.

„Der Zirkus war eine Bruchbude". Bieni und Johnjohn drängten vom ersten Tag an, wieder abzureisen und als die Gagen nach drei Wochen nicht gezahlt wurden, fanden sie es ganz unverständlich, dass ihr Vater an dem Vertrag festhielt. Eine weitere deutsche Familie mit einer Trampolinnummer erlitt das gleiche Schicksal. Da sie essen und wohnen mussten, waren sie bald gezwungen, ihre schmalen Finanzreserven anzugreifen. Nach wenigen Wochen spitzte sich die Situation prekär zu, während sie irgendwo in der Nähe von Lathi Halt machten. Zum Abreisen reichte ihr eigenes Geld nicht mehr, die Gage blieb weiter aus, sie steuerten geradewegs in die Pleite. Einige Artisten taten, was Konrad am meisten verhasst war: Sie „bettelten" mit der Sammelbüchse. Manche unter ihnen, darunter seine Kinder, gaben vor dem Zirkuszelt Vorstellungen, um zu kassieren, bevor die Leute eine Karte kauften und hinein gingen. Das schadete dem Ruf des Zirkus noch mehr, deshalb verbat es Konrad seinen Kindern: *„Das gehörte sich einfach nicht".* Die Artisten, die noch über ausreichend eigenes Kapital verfügten, verschwanden nach und nach. Nicht so die Thurs. Konrad erlebte das nicht zum ersten Mal, er wollte durchhalten bis Helsinki, da würde eine Botschaft zu finden sein, die helfen könnte. Trotz der misslichen Lage, ließen sie sich immer wieder von den eigenwilligen Landschaften und Stimmungen bezaubern, das tiefe Grün der endlosen Wälder, die Mitternachtssonne. Als am 21. Juni im ganzen Land die Sonnenwendfeuer entzündet wurden, um die bösen Geister zu vertreiben, erinnerte ihn das nur einen Moment an Hitlerdeutschland. Dann ließ er sich ge-

fangen nehmen von ihrer Musik, ihren Tänzen und der Heiterkeit der Menschen. An den seltenen freien Tagen holte Konrad seine Angel zum Fischen heraus und verbesserte so den Speiseplan seiner Familie. Als sie Helsinki im August endlich erreichten, verkaufte Konrad zunächst ihren kleinen Wohnwagen. Er wollte vermeiden, die Hilfe der Botschaft in Anspruch zu nehmen, Schulden machen war nicht seine Art. Zu dem schmalen Gewinn aus dem Verkauf kamen Einnahmen aus Auftritten in diversen Hotels. Mit diesem Erlös verfügten sie über ausreichend Geld, um nach Deutschland zurückzufahren. Mit dem gesamten Gepäck und ihren Kostümen quetschten sie sich in den kleinen Kastenwagen und fuhren zurück nach Köln. Die Kosten für die Fähre von Helsinki nach Stockholm verschluckte bereits die Hälfte ihres Budgets, deshalb nutzten Bieni und Johnjohn später die Stopps auf den Raststätten, um Handstände, Flicflacs oder kleine Tänze vorzuführen, für die sie anschließend ein bisschen Geld von den Zuschauern bekamen. Als sie endlich in Köln bei Carola Althoff im Winterquartier ankamen, sich alle aus dem überfüllten Gefährt geschält hatten, fuhr Konrad den Wagen zu dem von Carola angewiesenen Platz. Er stieg aus, warf die Türe zu und in dem Augenblick sackte das kleine Auto in sich zusammen: Die Federn waren gebrochen.

Agenten nahmen wieder Kontakt zu den Thurs auf, jetzt rentierte sich, dass Konrad alle ihre Auftrittsnummern so konzipiert hatte, dass sie sich für kleine Bühnen eigneten, denn es sollte durch die Kinovarietés in Deutschland gehen. Kinovarietés lockten ihre Besuche zu dieser Zeit mit einem abendfüllenden Programm. Ein wenig Musik, manchmal live, stimmte das Publikum auf den Abend ein, dem folgte eine Varieténummer. Je nach Länge des Films, traten während der Pause oder erst am Ende der Vorführung wieder Artisten auf. Konrad freute sich jedes Mal, wenn es einen Chaplinfilm gab, dessen Kunst und feine Komik er verehrte und bewunderte.

Im August 1961 reiste die Familie Thur auf Einladung der Fürstin Gracia Patricia nach Monaco, um auf einer Gala des Roten Kreuzes aufzutreten, als in Berlin das Brandenburger Tor langsam hinter einer Mauer verschwand. Um den anhaltenden Flüchtlingsstrom von Ost nach West zu unterbinden, hatten die Ostmächte und ihnen voran Walter Ulbricht den Bau der Mauer beschlossen.

Während der Gala in Monaco engagierte ein französischer Agent die Thurs für Clubs in Cannes, Nizza und Monte Carlo. An einem sonnigen Nachmittag promenierten auf der La Croisette in Cannes neben den Schönen und Reichen auch Bieni und Johnjohn. Für Bieni sollte dieser Tag zu einem besonderen werden. Denn zufällig trafen sie dort den Artisten John, einem attraktiven jungen Burschen aus Dänemark, den sie von gemeinsamen Auftritten in verschiedenen Clubs kannten. Bieni, die den ständig von gut aussehenden, jungen Mädchen umgebenen Frauenschwarm stets ignoriert hatte, spürte beim Wiedersehen ihr Herz klopfen. John plauderte mit ihrem kleinen Bruder und blickte doch immer wieder zu ihr. Der junge Däne ging bei den Thurs bald ein und aus und Jetta ließ die Verliebten nicht aus den Augen. Wenn sie sich vor der Türe trafen, dort auf eine Bank setzten, vergingen kaum zwei bis drei Minuten, bis auch Jetta erschien. Erst unmittelbar vor der Rückreise nach Deutschland gelang es Bieni und John sich davonzustehlen, so dass endlich Zeit für einen Kuss blieb. Doch die große Liebe entdeckte Bieni erst, zurück in Deutschland, als zahllose Briefe hin und her flogen. Sie versprachen einander und planten, bei nächster Gelegenheit mit den Eltern zu sprechen und zu heiraten.

Bieni vor dem Filmplakat

**„Wieder viele neue Länder!
Hast du nie Angst gehabt, z.B. in der Wüste?"**
*„Och, nö. Weißt du, ich wär en schlechter Soldat.
Hab in so vielen Ländern gearbeitet, Geld bekommen,
zu Essen, ein Bett, mich zu Hause gefühlt,
auf die kann ich doch nicht schießen!"*

9. | Der Nahe Osten

Im Winterquartier in Köln, bei Carola Althoff, trat ein Agent aus Istanbul an Konrad heran. Ihm gefielen ihre Künste auf dem Seil. Johnjohns Sprung über den Feuerreifen, der von der hübschen, blonden Bieni gehalten wurde, schien wie gemacht für Istanbul, aber er benötigte eine „hohe Nummer". Da der Agent ein Engagement für drei Monate vergeben konnte, entwickelte Konrad kurzerhand eine Konstruktion, die ihre Luftnummer etliche Meter nach oben schob. Zugleich baute er einen Steg, der ebenfalls in luftiger Höhe zu verankern war und sicher stellte, dass, sollte eines seiner Kinder vom Seil fallen, ihr Sturz gebremst würde. Im September fuhren sie, die neue Konstruktion und die Stühle im Gepäck, mit dem Zug von Köln nach Venedig. Die verliebte Bieni freute sich auf die Stadt der Liebe, aber nach vielen Regentagen zeigte Venedig sich von seiner hässlichen Seite: Aus den Kanälen quollen die Abwässer zurück auf die Straße, das aufgewühlte Meer glich einer grauen Brühe, der Himmel über dem Markusplatz drückte bleiern auf die Häuser und ein kalter Wind fegte durch die Gassen, so dass die Stühle der Straßencafés verlassen blieben. Zwei Tage fuhren sie an der italienischen Küste entlang und machten am dritten Tag im griechischen Hafen Piräus Halt. Nach weiteren fünf Tagen passierten sie die Meerenge des Bosporus, auf der einen Seite Europa, auf der andern Seite Asien. Das Schiff fuhr an kleinen Inseln vorbei, auf einer von ihnen konnten sie den unmittelbar am asiatischen Ufer gelegenen, 30 m hohen Leanderturm, ein Wahrzeichen Istanbuls, erkennen. Es dauerte fast einen halben Tag, bis die Thurs das Schiff mit ihrem Gepäck verlassen konnten. Der Zoll durchwühlte ihren Requisitenkoffer, prüfte genau Visa, Arbeitserlaubnis und die Pässe, die Konrad und Jetta immer noch als Staatenlose auswiesen. In einer halsbrecherischen Taxifahrt ging es quer durch das Straßengewirr von Istanbul zu der in den Papieren angegebenen Adresse. Auf der Fahrt dorthin lernten Bieni und Johnjohn von dem Taxifahrer ihre ersten Worte Türkisch. Unter Jettas Regiment bezogen sie eine kleine Wohnung in dem zur Messe gehörenden Appartementhotel. Konrad liebte Istanbul und seine Märkte auf den ersten Blick. Der Tee schmeckte süß und das gleichmäßige Gemurmel in den Gassen der Basare klang für ihn wie Gesang. Er fand heraus, dass einzelne Stadtteile Tagesbasare hatten, wo der Blumenmarkt zu finden war, und dass der festinstallierte Hauptbasar über 17 Eingänge verfügte. Während seiner zahlreichen Besuche dort, merkte Konrad sich immer den Eingang und ging meistens nur geradeaus, um sich nicht in dem Gewirr der über 90 Gassen zu verlaufen. Auf der Messe feierten sie täglich große Erfolge und Bieni ließ viele Männerherzen höher schlagen. Das erkannte auch ein Regisseur, der gerade einen Liebesfilm drehte, in den Bieni hervorragend hineinpasste.

Ursprünglich sollten Bieni und Johnjohn nur die artistischen Darbietungen doubeln. Um dem Film ein wenig mehr Pep zu verleihen, wollte der Regisseur auch gerne die Luft- und Drahtseilnummern der Thuranos einbauen und eventuell sollte Bieni ein paar Worte sprechen. Vater und Tochter waren sich einig, dass es machbar sei und außerdem ein angenehmer Zusatzverdienst. Als die Dreharbeiten starteten, hieß es plötzlich, Bieni solle auch in der Anfangssequenz mitspielen. Als sie sich auch noch selbst schminken sollte, fühlte sie sich vollends überfordert. Sie sprach sich selbst Mut zu, ging in die Garderobe und schminkte sich, wie sie es für die Manege gelernt hatte. Unter den wachen Augen von Mum und Dad schauspielerte sie so gut sie konnte. Während Bieni glaubte, es sei fürchterlich, überzeugte sie offenbar so sehr, dass der Regisseur sie bat, auch in der zweiten Szene aufzutreten. Konrad ließ Bieni selbst entscheiden, wie weit sie mitspielen wollte. Am Abend nach den Drehtagen schrieb sie alles haarklein ihrem Geliebten, dem dänischen Artisten. Konrad und Jetta ließen ihre Tochter keine Minute aus den Augen, denn viele Männer am Filmset verzehrten sich nach dem hübschen blonden Mädchen. Szene reihte sich an Szene und letztlich spielten Bieni und auch ihr Bruder im ganzen Film mit. Mit einem Mal waren die Thuranos Berühmtheiten. Die Boulevardblätter überschlugen sich, denn, Efkan, Bienis große Liebe im Film, erfreute sich zu dieser Zeit schon einer gewissen Bekanntheit und Beliebtheit in der

Türkei. Die anfänglich geplante Protagonistin war auch Efkans Partnerin im privaten Leben. Ein gefundenes Fressen für die Reporter. Spekulationen: Verlässt Efkan seine Frau? Lieben sich Bieni und Efkan auch im wirklichen Leben? Filmbilder, auf denen Efkan Bieni leidenschaftlich oder zärtlich in die Augen sah, vertrauensvoll die Hand auf ihre Schulter legte, tauchten plötzlich als angebliche Schnappschüsse auf. Die Presse erörterte ausgiebig das Ende von Efkans Beziehung und stilisierte ihr neues Traumpaar: Efkan und „Sabina"!

Nachdem der Vertrag ausgelaufen und der Film abgedreht war, ging es mit dem Schiff weiter nach Athen. Bieni schrieb ihrem Freund, dass sie ein paar Monate später als geplant nach Deutschland zurückkehren würden, denn während der Film in der Türkei anlief, sollten sie die Premieren in den einzelnen Städten begleiten und live ihr Können zeigen. In Athen arbeiteten „Thurano & Co", wie sie sich jetzt nannten, einen Monat im Restaurant Greenpark. Erholsame vier Wochen für die Artisten, die in Istanbul oft auf der Straße angesprochen oder fotografiert worden waren. Besonders Bieni setzte der Presserummel zu und sie betrachtete das Ganze durchaus mit gemischten Gefühlen. Konrad lernte in dieser Zeit einen amerikanischen Lehrer kennen, der wie sie Griechenland verlassen wollte, allerdings in Richtung Amerika. Als er Konrad von den Problemen erzählte, sein Auto nach USA zu verschiffen, bot Konrad an, es ihm abzukaufen. Ihr Budget ließ es zu und Konrad fühlte sich mit einem Auto einfach flexibler – zwei Tage später konnte er den Wagen mit dem griechischen Kennzeichen sein eigen nennen. Das Greenpark-Engagement beendeten sie im Dezember, fuhren quer durch Griechenland und erreichten zwei Tage später mitten in der Nacht als staatenlose Artisten und einem Auto mit griechischem Kennzeichen ohne Triptick die türkisch-griechische Grenze. Der prüfende Grenzbeamte teilte den Thurs mit, dass sie unmöglich mit dem griechischen Kennzeichen in die Türkei einreisen könnten. Aber ohne Kennzeichen einreisen, war ebenfalls nicht möglich. Konrad sollte das Auto stehen lassen, nach Istanbul fahren, ein türkisches Kennzeichen beantragen und das Auto wieder abholen. Das lief ihren Plänen und Verträgen allerdings völlig zuwider. Zum Glück war eine ihnen bekannte Artistin ebenfalls an der Grenze. Und sie, die schon längere Zeit im Nahen Osten arbeitete, fand die richtigen Worte für den Grenzbeamten, um Familie Thur die Weiterreise zu ermöglichen. Allerdings erhielten sie die Auflage, das Kennzeichen sofort nach Ankunft in Istanbul auszutauschen und das griechische unbedingt an die Grenzstation zu schicken. Konrad nickte überzeugend und wirkte vertrauensvoll genug, sie konnten weiterfahren. Er ignorierte die jahrhundertealte Zwietracht der Griechen und Türken und fuhr mit diesem Auto und Kennzeichen unbeschadet quer durch die Türkei. Nach der erfolgreichen Premiere des Films in Istanbul ging es nach Ankara, Izmir, Adana und Antalya. *„Das war wirklich ein schönes Kennzeichen, sehr bunt und in der kyrillischen Schrift. Ich habe es natürlich nicht zurückgeschickt. In Istanbul starrten die Leute oft den Wagen an, so, als müsse jemand Berühmtes darin sitzen!"*

Die Agenten im Nahen Osten hatten die Thuranos und ihre hübsche Tochter für sich entdeckt. Ein Engagement jagte das andere, die unzähligen Clubs in den großen Städten der Türkei partizipierten an der „Berühmtheit" der deutschen Artisten. Ließ es sich einrichten, führten Bieni und Johnjohn vor der Premiere des Films im jeweiligen Kino ihre Jonglage vor. In Istanbul traten sie mal auf der europäischen, mal auf der asiatischen Seite auf. Konrad konnte sich nie satt sehen an dem Bild, das diese Stadt bot, besonders wenn der Sultanpalast, in das goldene Licht der untergehenden Sonne getaucht, aus dem Gewirr der Häuser und Türme herausragte. Die Straßen der türkischen Metropolen barsten vor Menschen. Seit dem Ersten Weltkrieg hatte sich die Einwohnerzahl in der Türkei beinahe verdreifacht – von 12 auf 30 Millionen allein im Jahre 1962. Das machte sich am stärksten in den Städten bemerkbar. Während Konrad tagsüber durch die Basare der jeweiligen Städte schlenderte, sich zum Tee trinken einladen ließ und stundenlang mit Händen und Füßen über einen kleinen Gegenstand verhandeln konnte, besuchte Jetta die Museen und Sehenswürdigkeiten oder die großen Einkaufszentren. Sie beherrschte längst die türkischen Vokabeln, die für den Einkauf, auch von Lebensmitteln, notwendig waren. Die Neugier der Menschen in den kleineren Städten störte die Familie nie, selten lehnten sie eine freundlich ausgesprochene Einladung zum Kaffee ab. Aber manchmal genierte es sie, wenn eine offensichtlich arme Familie eines ihrer wenigen Hühner schlachtete, um sie angemessen zu bewirten. In diesem Jahr erhielten sie zahlreiche Filmangebote. Das türkische Publikum hatte sich in „Sabina" verliebt und wollte weitere Filme mit ihr sehen. Sicher, das gebotene Geld war reizvoll, aber Bieni mochte den Trubel um ihre Person nicht, das Pressetheater empfand sie als beklemmend. Konrad, der selbst vor fast vierzig Jahren seinen Beruf mit dem Herzen gewählt hatte und ihn immer noch mit Liebe ausübte, drängte seine Tochter nicht. *„Mancher wird vielleicht denken, wir waren dumm. Aber wir hatten ja unsere Arbeit."*

Konrad achtete sehr auf Bieni. In allen Verträgen, die sie über einen Agenten abschlossen, bestand er hartnäckig auf der Klausel, dass seine Tochter sich nach der Vorführung nicht zu Gästen an den Tisch setzen müsse. Gemeinhin erwarteten die Nachtclubs das von den auftretenden Künstlern, besonders von den Frauen. Für die Gäste erhöhte das den Reiz eines Besuches, und unausgesprochen erwarteten die Clubbesitzer, dass die Mädchen nur Champagner bestellten und damit den Umsatz merklich förderten. Zähneknirschend nahmen die Nachtclubbesitzer Konrads Auflage an. Nach einer Vorstellung setzten sich die Thurs zwar in den Gastraum, kam dann aber eine Einladung für Bieni, sprachen sie kurzerhand eine Gegeneinladung aus, der Besucher möge doch einfach an ihren Tisch kommen. Im gleichen Maße, wie sie Bieni schützten vor dem Ansturm der Männer, genoss der sechzehnjährige Johnjohn die Aufmerksamkeit der europäischen Frauen, die ihn oft um seine Begleitung baten, wenn sie sich in der Stadt frei und unbehelligt bewegen wollten. Johnjohn, der – dem Vater gleich – sehr lange sein jungenhaftes Aussehen behielt, entwickelte sich zum attraktiven und überaus charmanten jungen Mann. Freundin reihte sich an Freundin, wie sich für die Thurs Land an Land reihte im Nahen Osten.

Im Juli 1962 traten sie das erste Mal in Damaskus auf. Unbesorgt fuhr die Familie wieder mit dem Artistengepäck, Stühlen und Seilkonstruktion und dem Auto mit griechischem Kennzeichen über eine Grenze, diesmal die türkisch-syrische. Probleme gab es nicht. Unbeirrt fuhren sie quer durch Syrien in die Hauptstadt. Im Gewirr der Straßen hielten sie mehrfach an, reichten einem freundlichen Passanten einen Zettel, den sie selbst nicht lesen konnten, da er in Arabisch war, auf dem die Adresse ihres Clubs stand.

Sie folgten den Handzeichen bis zur nächsten Ecke und fragten sich weiter durch, bis sie endlich da waren. Schon nach wenigen Tagen entdeckte Konrad den Suk El Hamidieh, den Basar der uralten Stadt an der Seidenstraße. Sofort umfing ihn der nur den arabischen Basars eigene Geruch aus gemahlenem Kardamom, getrockneten Feigen, heißem süßen Tee und seidenen Stoffen in trockener Hitze. Eine orientalische Vielfalt an Eindrücken: die Kunstschmiedearbeiten, für die Damaskus berühmt ist, die Dampfbäder im Basar und das Murmeln der Märchenerzähler. Ausnahmsweise zog Jetta ihren „Konni" einmal hinter sich her in die Omajaden-Moschee, die früher als das achte Weltwunder galt und in deren Ostteil sich ein kleiner Kuppelbau befindet, in dem Johannes der Täufer beerdigt ist. Tausende Gläubige pilgern freitags dorthin zum Gebet.

Das Seil, unverzichtbares Requisit für ihre Nummer, stellte sie in vielen Clubs immer wieder vor Installationsprobleme. Längst nicht überall waren die notwendigen Verankerungen vorhanden. Wenn möglich, montierte Konrad dann Halterungen auf zwei gegenüberliegenden Wänden und spannte das Seil quer über die Fläche, die als Bühne diente. Im Club in Damaskus fehlten dafür jegliche Vorraussetzungen. Konrad fand einen Balken, der stark genug schien, um ihre Konstruktion zu stützen und verknotete ein Seilende daran. Dann bat er den Clubbesitzer, den Balken von außen quer vor das geöffnete Fenster zu halten, solange, bis er auf der gegenüberliegenden Wand das Seil stramm zog. Als Konrad das Seil spannte, gab es plötzlich einen Riesenknall, und das Fenster samt Rahmen und Balken flog ihnen entgegen und hinterließ ein beträchtliches Loch in der Wand. Konrads Blick folgte dem Direktor, wie dieser entgeistert die zerstörte Wand betrachtete. Ganz unerwartet fand der das allerdings großartig und nutzte dieses Loch in der Wand zu Werbezwecken. Derselbe Direktor klatschte wiederum höchst erfreut, als Konrad wenige Tage später während seiner Stuhlnummer versehentlich einen Tisch zerschmetterte und bat den Artisten, das Element in die Vorführung einzubauen. Um den Herrn zu amüsieren und die Spannung zu halten, ließ Konrad den Direktor jedes Mal im Ungewissen, ob am Ende seiner Darbietung der Tisch bersten würde oder nicht. Ihre Nummern wandelten sich ständig und manchmal kam ihnen der Zufall zu Hilfe. Manche Elemente entstanden auch aus plötzlichen Launen oder Ideen. Manchmal führte das zu überraschenden Reaktionen, so als Konrad in Damaskus einen Betrunkenen spielte, der tölpelhaft versuchte, die Seilkonstruktion aufzubauen. Bedienstete holten den vermeintlich Volltrunkenen rüde von der Bühne und zwangen ihn auf einem Stuhl sitzen zu bleiben.

Zu Beginn des Jahres 1963 musste Bieni ihrem geliebten Dänen wieder mal mitteilen, dass sich die bereits um ein Jahr verschobene Rückkehr nach Deutschland weiter verzögern würde. Zu dieser Zeit arbeitete die Familie auf Zypern, der Insel im Schnittpunkt dreier Kontinente. Wieder fuhren sie mit dem Auto tagelang durch die Türkei, bevor eine Fähre sie auf die drittgrößte Mittelmeerinsel brachte. Wenige Jahre zuvor, am 19. Februar 1959, hatten Griechenland und die Türkei, Schutzmacht ihrer jeweiligen Volksgruppe auf Zypern, nach langwierigen Verhandlungen mit Großbritannien das Zypernabkommen geschlossen, das die Insel auf der Basis einer Präsidialverfassung in die Unabhängigkeit entließ. Das Abkommen legte die Stationierung griechischer und türkischer Truppen fest und sicherte Großbritannien die Hoheitsrechte über die militärischen Stützpunkte Akrotiri und Dhekelia. Am 16. August 1960 erfolgte die Proklamation der Unabhängigkeit Zyperns.

Das Engagement der Thuranos beschränkte sich auf die Hauptstadt der Insel, Nikosia. Sie staunten über die vielen Spuren der Geschichte, die vorgeschichtlichen Siedlungen, antike griechische Tempel, römische Theater, frühchristliche Basiliken, byzantinische Kirchen, Kreuzfahrerburgen, Klöster, venezianische Festungsanlagen und gotische Kirchen, die ihnen auf den Fahrten über die sommerlich warme Insel begegneten. Als sie Zypern nach zwei Monaten verließen, um erst in Beirut und dann in Bagdad zu arbeiten, hatten sie schon für einen Club in Limassol einen Vertrag unterschrieben, der sie Ende des Jahres wieder hierher führen würde. Ein Schiff brachte sie nach Beirut, das damals noch „Paris des Ostens" genannt wurde und als wichtigstes Handels- und Finanzzentrum des Nahen Ostens galt. Die Thurs mochten die Stadt mit ihrer bunten Mischung an Nationalitäten, Araber, Spanier, Franzosen, Engländer, Armenier, schon seit ihrem ersten Aufenthalt vor einem Jahr. Sie arbeiteten im Schmelztiegel der Stadt, im Hafen von Beirut, auf dem

Hotelschiff Eve, auf dem sie auch wohnten. Zwei Monate später verließen sie die großartige Stadt am Wasser und fuhren zunächst nach Damaskus. Dort beluden sie das Auto bis zum Rand mit Wasser und Benzinkanistern, denn die fast 1000 km nach Bagdad würde sie einen großen Teil durch die syrische Wüste führen. An der syrisch-jordanischen Grenze prüften verwegen aussehende Soldaten sehr genau die fremden Pässe, bestaunten die Arbeitserlaubnis für Bagdad und die seltsamen Requisiten. Die Familie Thur stand in der trockenen Hitze, wartete geduldig und freundlich lächelnd, bis das Procedere vorüber sein würde. Johnjohn bestaunte die großen krummen Säbel, die die Grenzer im Gürtel trugen und die vor ihm auf dem Tisch lagen. Gedankenverloren griff er nach den messerscharfen Waffen. Blitzartig spannte sich die Atmosphäre bedrohlich an, hatten die Grenzer ihre Maschinengewehre im Anschlag und zielten auf Konrad, Jetta, Bieni und Johnjohn. Die Welt schien einen Moment still zu stehen. Der arabischen Sprache nicht mächtig, traute sich Konrad noch nicht einmal mit den Schultern zu zucken. Als Johnjohn sich bewegte, zielten sofort alle Maschinengewehre auf ihn. Unter den ungläubigen Blicken der Araber begann Johnjohn ruhig und mit sicheren Bewegungen mit den Krummsäbeln zu jonglieren. Die zuvor zum Greifen nahe Spannung entlud sich in einem allgemeinen, erleichternden Gelächter. Jetzt wollten die Grenzsoldaten wissen, mit wie vielen Messern Johnjohn jonglieren könne und was er sonst noch beherrsche. Johnjohn zeigte ihnen den einarmigen Handstand und was alles so aus dem Stehgreif zu zeigen war. Die Reise konnte weitergehen. Nun begann der endlose Weg durch die Wüste, vorüber an kargen Berglandschaften. Konrad fuhr bis tief in die dunkle Wüstennacht. Plötzlich quoll Rauch aus der Motorhaube, der Wagen holperte und blieb schließlich liegen. Sie befanden sich irgendwo in Jordanien, nur noch 100 km von der jordanisch-irakischen Grenze entfernt. Konrad prüfte den Motor, konnte keinen bedrohlichen Schaden entdecken und beschloss, bei Tageslicht weiter zu sehen. Da sie auf ihren Reisen oft nachts im Auto schliefen, gelang es auch jetzt jedem wieder auf seine Weise, eingezwängt zwischen Gepäck, Requisiten, Benzin- und Wasserkanistern eine Stellung zu finden, in der er schlafen konnte. Wenige Stunden später schreckte Konrad hoch, jemand hämmerte gegen die

Autotüre und das Erste was er sah, war die Mündung eines auf ihn gerichteten Gewehres: jordanische Polizei, die unmissverständlich klar machte, dass die Thurs von der Straße zu verschwinden hätten. Vorsichtig, um deren Nervosität nicht zu provozieren, versuchte Konrad den Polizisten mit Händen und Füßen zu erklären, dass sie gerne verschwinden würden, aber das Auto nun mal nicht mehr fahre. Mit der Gewehrspitze deutete der Polizist auf den Zündschlüssel und Konrad drehte ihn gehorsam um. Der nach Stunden Pause in der kühlen Wüstennacht erkaltete Motor sprang sofort an. Erleichtert setzten sie ihren Weg mitten in der Nacht fort und erreichten zwei Tage später in Bagdad das Hotel „El Habib", das sie für die nächsten zwei Monate engagiert hatte.

Der von politischen Unruhen geschüttelte Irak hatte erst im Februar einen Umsturz erlebt: Ministerpräsident General A. K. Kassem, der sich im Juli 1958 durch einen blutigen Staatsstreich (u. a. der Ermordung König Feisals II. und vieler seiner Familienangehörigen) und mittels einer Gruppe von Offizieren an die Macht geputscht hatte, ereilte Jahre später das gleiche Schicksal. Zwar hatte Kassem eine Bodenreform eingeleitet, um die Kluft zwischen Arm und Reich zu verringern, er verfolgte jedoch einen zunehmend diktatorischen Kurs. Zunächst spielte Kassem mit viel Geschick diverse innenpolitische Kräfte gegeneinander aus und paktierte vorübergehend mit den Kommunisten. 1958/59 trat er aus dem 1955 geschlossenen Bagdadpakt aus, um das Ende der prowestlichen Haltung zu signalisieren und löste sich außenpolitisch von der Arabischen Föderation, die das Königreich Irak 1958 mit Jordanien geschlossen hatte. Wenige Monate bevor die Thurs in Bagdad angekommen waren, hatten Konflikte mit den Kurden und den panarabischen Kräften im eigenen Land sowie Kassems Forderung nach der Einverleibung Kuwaits seinen Sturz durch General A.S.M Aref erwirkt, dem zukünftigen Präsidenten. Auf den Straßen und Basaren der Stadt war von Unruhe in der Bevölkerung nichts zu spüren. Mehr Sorgen machten Konrad die zahlreichen Freier, die seine Tochter auch hier umwarben. Die Herren wollten einfach nicht begreifen, dass sie die Schönheit nicht mit Diamanten, Goldkettchen und lockenden Versprechungen gewinnen konnten und manchmal nahm das Ganze abstruse Formen an. Ein liebeskranker Kuwaiter bot Konrad im

Tausch für seine Tochter gar eine Limousine mit zehn Sitzen. Das änderte sich erst, als die Thuranos Kontakt knüpften zu Mitarbeitern der amerikanischen Botschaft. Nach den vielen Monaten in einer vom Islam geprägten Männergesellschaft genoss es Bieni, sich wieder unbefangen mit Männern unterhalten zu können, ohne lästige Werber fürchten zu müssen. Eben dort in der amerikanischen Botschaft in Bagdad hielten sie sich auf, als Anfang Juli 1963 die dereinst General Kassam unterstützenden Kommunisten ihrerseits einen Umsturz wagten und aus Flugzeugen heraus den nahe gelegenen Präsidentenpalast beschossen. Das Botschaftspersonal forderte alle Besucher auf, sich in die unteren Etagen zu begeben und bis auf weiteres das Haus nicht zu verlassen, denn die Iraker galten als miserable Schützen und in der Tat traf der eine oder andere Kugelhagel auch das Dach der Botschaft. Zum Glück wurde der kommunistische Aufstand schnell niedergeschlagen, die Thurs konnten zurück ins Hotel. Allerdings war ihnen untersagt, die Anlage zu verlassen. Nach einigen Tagen fühlten sie sich so mürbe in den begrenzten Räumlichkeiten, Schießereien hörten sie auch nicht mehr, dass sie sich in einem unbeobachteten Moment davon schlichen und durch die Straßen streiften. Noch am selben Tag ging die an schwierige und mitunter widrige Umstände gewöhnte Jetta wieder einkaufen und kochte für ihre Familie, traten Bieni, Johnjohn und Konrad wieder im Nachtclub des Hotels auf. Nach zwei Monaten verließen sie die damals noch sehr schöne und unzerstörte Stadt. Ihr nächstes Engagement führte sie weiter in den Osten. Wieder ging es durch Wüstenland und karge Berglandschaften nach Teheran, wo Schah Mohammed Resa mit Hilfe seiner Geheimpolizei das Regiment führte.

Wieder einmal reisten die Thurs unter dem Schutz ihrer Künste und Unbedarftheit in ein politisch instabiles Land, in dem noch kurz zuvor staatlicherseits unterdrückte Unruhen 4000 Tote gefordert hatten. Der 1919 geborene Mohammed Resa war seit 1941 fast ununterbrochen Schah von Persien. Zwar hatte er 1960 durch weitreichende Reformen die Modernisierung des Landes (Bodenreform, Einrichtung von Genossenschaften, Ausbau der Rechte der Frau etc.) eingeleitet. Doch die als „weiße Revolution" in die Geschichtsbücher eingegangene Reformphase endete in besagten Unruhen.

Spitzentanz auf dem Seil

Das Kasino Miami, Arbeitsplatz der Thurs für die kommenden acht Wochen, lag im Herzen der Stadt. Auch hier nahmen die Clubbesitzer zähneknirschend zur Kenntnis, dass Bieni ihrem Werben nicht nachgab. Konrad achtete wie auch sonst streng darauf, dass sie sich niemals im Saal zu den Gästen gesellte, um mit ihnen ein Glas zu trinken. Mit diesem beharrlichen Kurs der Distanzwahrung gelang es ihm, seiner Tochter Respekt zu verschaffen, obwohl sie mit nackten Armen und Beinen über den Köpfen der Zuschauer ihren Spitzentanz auf dem Seil aufführte, was der traditionellen Rolle der Frau dort kaum entsprach.

Kurz vor ihrer Abreise nach Bagdad bat der Schah von Persien anlässlich des Geburtstages seines Sohnes Konrad, Johnjohn und andere Artisten aus dem Kasino Miami in seinen Palast. Einige von ihnen wollten nur gegen Gage autreten, was ihnen jedoch verweigert wurde und das Folgen für sie haben sollte. Johnjohn jonglierte,

Konrad zeigte seine Tricks mit dem Stuhl. Zum Abschied gab es für sie einige Geschenke und sechs Militärpolizisten brachten sie wieder zurück in ihr Hotel. Fortan standen die Thurs unter dem Schutz der Militärpolizei, während die Artisten, die nur gegen Gage auftreten wollten, das Land innerhalb von 24 Stunden verlassen mussten.

Nach einigen Auftritten in Bagdad führte sie ihr Weg Ende Oktober 1963 nach Damaskus und Beirut. Beschwerliche 1000 km durch die Wüste lagen vor ihnen. Wie schon auf der Hinfahrt, lief das Auto heiß und blieb einfach stehen. Da sie mittlerweile wussten, wie gefährlich es war, mitten in der Wüste zu rasten, prüfte Konrad sofort, was zu tun sei. Diesmal verlor das Auto allerdings Öl, weil ein Loch in die Ölwanne gerissen war. Ein beklemmendes Gefühl breitete sich im Auto aus, Bieni verspürte sofort Angst. Auf der Straße weit und breit kein Auto und um sie herum nur ödes Wüstenland. Die nächste Stadt lag in unbekannter Ferne. Wieder einmal bewiesen die Thuranos, dass sie Improvisationstalent haben. Johnjohn kam die Idee, alle Kaugummis, die er im Wagen finden konnte, zu einer guten Konsistenz zu kauen, während Konrad das Loch in der Ölwanne mit dem Finger zuhielt und sie dann auf die undichte Stelle klebte. Nach dieser eigenwilligen Reparatur füllten sie ihr Reserveöl vorsichtig ein und stellten erleichtert fest, dass es funktionierte. Dieses Provisorium hielt tatsächlich bis Beirut.

Ein paar Tage blieben sie im „Paris des Ostens" und traten in verschiedenen Nachtclubs auf. Konrad kannte sich aus im Nahen Osten, lernte in allen Ländern Menschen kennen, die er mochte, schätzte und respektierte. Viele Familien luden die Thurs ein, genossen deren angenehme Gesellschaft. Sie schlossen zahlreiche Freundschaften mit anderen Artisten, schließlich gab man sich Tipps, informierte sich über die einzelnen Häuser: Waren die sauber? Zahlten sie verlässlich?

Die jeweiligen Landesagenten sorgten für die Unterkünfte, die Arbeitserlaubnis, Visa und Wegbeschreibung. So bedenkenlos Konrad mit seiner Familie durch die Türkei, Griechenland und kreuz und quer durch den Nahen Osten reiste, so viele Bedenken hatte er bei Angeboten aus Israel. Da er fürchtete, im arabischen Raum mit einem Stempel Israels im Pass nicht mehr auftreten zu dürfen, schlug er diese gut dotierten Offerten stets aus.

Die Thurs befanden sich im Hafen von Limassol auf Zypern, als am 22. November 1963 eine schockierende Nachricht um die Welt ging: John F. Kennedy, der Präsident der Vereinigten Staaten, war Opfer eines Attentats geworden. Der Hoffnungsträger für Fortschritt, Freiheit, Frieden und Gleichberechtigung der Rassen starb wenige Minuten nach dem Schuss an den Folgen seiner Verletzung.

Wenige Tage später füllte ein neues Thema die Schlagzeilen der zyprischen Presse: Am 30. November unterbreitete der griechische Präsident Makarios dem türkischen Vizepräsidenten einen Vorschlag zur Änderung des 1960 abgeschlossenen Zypernabkommens, das der griechischen Regierung einen größeren Handlungsspielraum einräumen sollte. In der Zeit, als der türkische Teil der Regierung über den Vorschlag diskutierte, traten „Thurano & Co" in verschiedenen Clubs in Limassol auf. Bieni schickte unermüdlich Briefe an ihren dänischen Geliebten und längst war von baldigem Wiedersehen keine Rede mehr. Schon seit zwei Jahren war die Rückkehr nach Deutschland geplant, aber immer wieder verschoben worden. Und wieder feierte man Weihnachten fernab der Heimat mit einer kleinen, dürren Tanne, die den wenigen, stets mitgeführten Baumschmuck trug. Während ihres Auftritts am 21. Dezember 1963 stürmte Militär das Casino „New Maxim" und abermals wurden sie Zeugen politischer Unruhen in einem fremden Land. Der türkische Vizepräsident hatte den Vorschlag der Griechen erwartungsgemäß zurückgewiesen. Die ersten Ausschreitungen aufgebrachter Griechen erfassten die Hauptstadt Nikosia, griffen aber bald auf andere Städte der Insel über, so auch auf Limassol. Soldaten forderten die Thurs auf, Zypern umgehend zu verlassen, da es schon erste Tote und Verletzte gab. Die Kinder wurden per Flugzeug nach Deutschland geschickt. Als Konrad und Jetta wenig später mit dem Schiff nach Marseille aufbrachen, herrschten schon bürgerkriegsähnliche Zustände auf der zauberhaften Mittelmeerinsel.

Das traurige Weihnachtsbäumchen musste zurück bleiben, dafür gab es für die Kinder einen großen bei Carola Althoff im Kölner Winterquartier. Konrad und Jetta erreichten Deutschland erst im Januar. Hatte der „Bürgerkrieg" ihr Engagement auch jäh unterbrochen, eine war froh über die plötzliche Änderung der Pläne: Bieni. Sie konnte nach fast drei Jahren Trennung endlich ihren Liebsten wieder sehen,

Sabina und Johnny

den dänischen Artisten! John Seidel, der zu dieser Zeit in Paris arbeitete, reiste sofort an. Als sie sich in die Arme schlossen, spürten sie, dass sich an ihren Gefühlen füreinander nichts geändert hatte. Die wachsame Jetta brachte Bieni an manchen Tagen zur Weißglut, da es ihr trotz aller Tricks und Vorwände nie gelang, mit ihrem geliebten John alleine zu sein. *„Man will ja nur das Beste für seine Kinder!"*

Der Erfolg der „Thuranos & Co" oder „Sabina, Johnny and Shorty" im Nahen Osten war inzwischen bis nach Europa gedrungen, ein Agent verpflichtete sie für Auftritte in den „American Bases" in Deutschland. Die Auftritte dort fanden zumeist in der Umgebung von Frankfurt statt und nur samstags und sonntags. Die noch hier stationierten Soldaten sollten etwas Unterhaltung haben, um sie das Heimweh ein wenig vergessen zu lassen. Die Bühnen waren keine Bühnen im eigentlichen Sinne, man saß wie in einem Wohnzimmer und ein amerikanischer Soldat begleitete die Nummern auf dem Klavier. Wenn der Klavierspieler fehlte, übernahm ein Artist diesen Part, denn Musikbegleitung erhöhte doch den Reiz des Dargebotenen. Anschließend ging es für zwei Monate nach Madrid ins Casino „Casablanca". Das ließ das Herz des Varietéartisten höher schlagen: *„Och, das war ein wunderbares Programm! Ein echtes Varietéprogramm, nach langer Zeit mal wieder."* Bieni jedoch fühlte sich, als sei sie vom Regen in die Traufe gekommen: Die spanischen Männer übertrafen in puncto Aufdringlichkeit ihre Kollegen im Nahen Osten um Längen! „La Figura de la Semana, Sabina, Johnny and Shorty" warb eine spanische Zeitung für den Besuch im „Casablanca".

Von Madrid aus führte sie ihr Weg nach Antwerpen, Zirkus Franz Althoff stand hier im Winterquartier. Mit Johnjohn bastelte Konrad schon seit langem an einer Seilkonstruktion die es ermöglichen sollte, auf jeder Bühne – wie klein sie auch sei – aufzutreten. Damit stellten Vater und Sohn die Weichen für ihre Zukunft. Sie entwickelten, zeichneten, konstruierten, legten Entwürfe vor und verwarfen sie wieder. Nach Johnjohns Idee entstand schließlich jene frei stehende Seilkonstruktion, schlicht der „Apparat" genannt, mit der sie bis heute auftreten. Zu ihrem Glück lernten sie in diesen Tagen einen zirkusverliebten Ingenieur kennen. Er unterstützte sie mit seinem technischen Wissen, half ihnen beim Aufbau des „Apparats" und empfahl ihnen das geeignete Material. Das Konstrukt gelang: Der schwere „Apparat" funktionierte ausgezeichnet. Fortan waren sie unabhängig von den Konstruktionen der jeweiligen Bühnen vor Ort und konnten mit der Seilnummer endlich auch in kleinsten Varietés auftreten. Es bedurfte einiger Zeit Übung, da das Seil im „Apparat" nicht so stramm zu spannen war, wie in einer an der Wand angebrachten Verankerung. Da aber die ganze Konstruktion höhenverstellbar ist, konnten sie sogar in Zimmern mit normaler Deckenhöhe arbeiten.

Johnjohn entwickelte sich unverkennbar zu einem erwachsenen Mann. Auf dem Zirkusplatz in Antwerpen überraschte er seinen Vater eines Tages mit einem Auto. Jetta, „Finanzminister" der Familie, hatte stets Rücklagen für die Kinder geschaffen, wovon sie Johnjohn nicht nur die Fahrerlaubnis, sondern auch gleich ein Gefährt finanzierte. Konrad musste schmunzeln, es erinnerte ihn daran, wie er vor 32 Jahren seinen Führerschein zusammen mit dem Auto erhalten hatte. Schon wenige Tage später folgte eine noch größere Überraschung: seine Tochter Bieni offenbarte dem Vater ihre festen Heiratsabsichten. Denn eines war ihr inzwischen klar geworden: Ein ungestörtes Beisammensein mit dem Liebsten würde ihr nur gelingen, wenn sie verheiratet wären! Der um Rat gebetene Schwager, Franz Althoff, gab der Nichte Rückendeckung: „Lass die Kinder, sie sind alt genug und du hast doch ne Nummer!" Bieni, noch keine 21 Jahre, erhielt den Segen des Vaters und im Mai 1964 gaben sich Sabina Thur und John Seidel das Jawort. Allerdings so einfach war die Sache für die frisch Vermählten doch nicht: Kaum verheiratet, mussten sie sich schon wieder trennen, denn es gab Verträge mit einigen Nachtclubs in Südfrankreich. Bienis Ehemann, selbst ein sehr erfolgreicher Artist, kannte die Regeln zu gut und erwartete seine frisch angetraute Frau drei Monate später in Paris. Das talentierte Mädchen verschwand aus dem Rampenlicht und wurde Assistentin ihres Mannes. Jetzt waren sie nur noch zu dritt, Konrad, Jetta und Johnjohn, der unentwegt und überall neue Freundinnen mit nach Hause brachte. Viele Frauen schwärmten für den gut gebauten, attraktiven Johnjohn – wie einst für seinen Vater. Allerdings hatte Jetta ihren „Konni" stets gut im Auge behalten und wenn es ihr doch einmal schien, dass die Damenwelt Konrad zu sehr „belagerte", ging sie zu ihm und sagte laut: *„Herr Thur, ihre Kinder warten zu Hause!"*, um den Frauen jede Illusion zu nehmen, Konrad sei noch zu haben. Aber in Johnjohns Leben gab es noch keine Jetta und so genoss er unbeschwert die Gunst der Frauen. Seine Schwester hatte es schon lange aufgegeben, sich deren Namen zu merken und auch Jetta sah in den jungen Frauen längst nicht mehr zukünftige Schwiegertöchter. Sie waren alle willkommen, so oft sie auch wechselten. Die Thurs engagierten eine neue Assistentin, um die Lücke, die Bienis Weggang gerissen hatte, zu schließen. Dieses Unterfangen war schwieriger, als zunächst angenommen. Nur wenige der jungen Mädchen, die zumeist noch am Anfang ihrer Artistenausbildung standen, konnten genügsam leben und sich den jeweiligen Umständen so anpassen, wie es den Thurs in all den Jahren zur zweiten Natur geworden war. Ihr Artistenleben hatte sie gelehrt, dass das Gepäck leicht bleiben muss, der Komfort sich ständig ändert, es hunderte Zuhause gab, klein oder groß, Pension oder Hotel, möblierte Wohnung, Wohnwagen, Eisenbahnwaggon. Und wenn die jungen Damen sich dann beschweren, dass in ihrer Garderobe keine frischen Handtücher hingen, standen sich zwei Welten sprachlos gegenüber. Deshalb wechselten die Assistentinnen sehr häufig.

Im Juni und Juli 1964 tingelten sie durch den Süden Frankreichs. In einem kleinen Varieté in Marseille hatte ihr „Apparat" Premiere, nicht ohne Startschwierigkeiten: Bei den Proben bemerkten sie, dass die wichtigste Schraube, die zum Spannen des Drahtes, verschwunden war. Johnjohn fuhr in den Hafen, fand glücklicherweise ein wohlsortiertes Geschäft für Boots- und Fischereibedarf und die passende Spannschraube. Auf dem Weg zum nächsten Engagement, in Montpellier, nahm ihr auf Zypern erworbenes Auto, das sie kreuz und quer durch den nahen Osten gefahren hatte, ernsthaft Schaden. Schweren Herzens kauften sie ein neues Auto und führten das kyrillische Kennzeichen zum Andenken noch eine Weile im Gepäck mit. Von Montpellier, aus führte sie ihr Weg über die Pyrenäen zunächst nach Madrid, dann weiter nach Portugal, wo sie in einem der größten Casinos Europas auftraten: im „Casino Estoril", im Herzen der Costa de Estoril, nur wenige Kilometer von der Hauptstadt Lissabon entfernt. Auch Zirkus Colloseo, der dort seinen festen Standort hatte, engagierte „Die Thuranos". Nach vier Wochen verließen sie das Land, das zu dieser Zeit noch von der rechtsgerichteten Diktatur Caetanos geführt wurde, und erhielten im „Medrano" in Paris ein Engagement.

Ende 1964 wollte ein Agent sie für Alexandria, Kairo und Teheran engagieren, aber nur mit der schönen blonden Tochter. Eine hübsche blonde Artistin musste her! Jetta kam die Idee, dass vielleicht ein Mädchen, das ihre Arbeit in einem südafrikanischen Zirkus gelernt hatte, besser zu ihnen passe und reiste nach Johannesburg. Dort konnte sie auch ihre Tochter Jeanette und die Enkelkinder sehen. In einer Ballettschule fand Jetta was sie suchten. Nicole, eine hübsche, aufgeschlossene aus Südafrika stammende junge Frau Anfang zwanzig hatte großes Interesse, mit den Thurs zu reisen. Jetta handelte einen Vertrag mit der Ballettschule aus, vereinbarte mit Nicole, dass sie im April nächsten Jahres in Kairo eintreffen sollte und flog erleichtert zurück nach Deutschland.

Im Februar und März lebten sie bei Carola Althoff im Winterquartier in Frankfurt und bedienten sonntags die „American Bases". Bei einem ihrer letzten Auftritte zeigten die Soldaten jedoch kaum noch Interesse an der Darbietung. In den USA herrschte eine depressive Stimmung, die die ganze Nation erfasst zu haben schien. Die Nation war in ihrem Gefühl als Weltmacht getroffen: sie hatten den Wettlauf zum Mond und damit den Konkurrenzkampf der Systeme verloren, als der sowjetische Kosmonaut Alexei A. Leonow am 18. März 1965 als erster Mensch sein Raumschiff verließ, um für einige Minuten frei im Weltall zu schweben, nur durch ein Sicherungsseil mit diesem verbunden. Dass die USA am 23. März, also nur fünf Tage später, ihr erstes bemanntes Raumschiff ins All schossen und die ersten Direktbilder vom Mond auf die Fernsehbildschirme brachten, schien ohne Belang. Diese den Nationalstolz stark beeinträchtigende Enttäuschung hatte auch die amerikanischen Besatzungssoldaten erfasst. Für die Artisten war es schwer, gegen eine solche Missstimmung anzutreten.

Als Konrad mit Johnjohn und Jetta im April 1965 in Kairo eintrafen, fehlte von Nicole jede Spur. Erst einige Tage später erschien sie in einem recht derangierten Zustand, der darauf schließen ließ, dass die Wahl wohl doch nicht so ganz glücklich gewesen war. So erfolgte ihr erster gemeinsamer Auftritt ohne gründliche Proben, nur

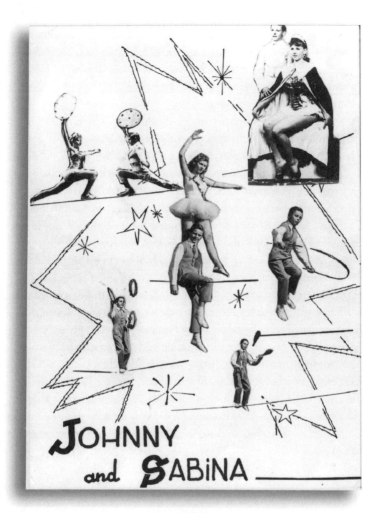

Werbung

mit kurzer Abstimmung. Wenig empfindlich schien die junge Frau, was Ansprüche an den Garderobenkomfort anging und auch die staubige, trockene Hitze Nordafrikas war für sie kein Problem, doch die unvermeidlichen Ratten auf den Dachbalken ihrer Unterkünfte konnte auch sie nicht ertragen.

Mit „der Neuen" verschärften sich die Probleme schon nach den ersten erfolgreichen Auftritten. Konrad hatte wieder mal auf der Klausel bestanden, dass das Mädchen nach der Aufführung nicht als Tischdame zur Verfügung stehe, aber anders als Bieni ließ Nicole sich von den goldenen Kettchen und glitzernden Ringen bezaubern. Sie genoss den Luxus, wenn reiche Araber im Casino den Champagner flaschenweise bestellten und ihr gelegentlich zu Haschisch verhalfen. Jetta und Konrad redeten mit Engelszungen auf sie ein, aber es half nichts. Jetta, die, wohin immer sie kamen, bald für alle Artisten einer Show „Mama" hieß, kannte die traurige Kehrseite des Vergnügens, wenn die Männer ihren Spaß mit den jungen Mädchen gehabt hatten. Einmal rettete sie in Kairo einer jungen Frau aus dem Tanzballett das Leben. Nach vier Wochen großer Liebe hatte der schöne Ägypter sie verstoßen und der Liebesschmerz endete im Selbstmordversuch. Jetta fand das Mädchen gerade noch rechtzeitig und brachte sie ins Krankenhaus. Wenige Wochen später, als sie im „Casino Chatby" in Alexandria auftraten, rettete Jetta ein Tanzmädchen in letzter Sekunde, die sich tatsächlich aus dem Fenster stürzen wollte, weil der „Verlobte" sich als verheirateter Mann mit zahlreichen Kindern entpuppt hatte. Das wollten sie Nicole, für die sich Jetta und Konrad verantwortlich fühlten, als sei sie ihre eigene Tochter, gerne ersparen.

Aber Nicole hörte nicht auf Konrad und Jetta, sie hatte ihren eigenen Kopf und ihre Abenteuerlust. Im August flogen die Thurs mit Nicole nach Teheran, um wieder im „Miami-Night-Club" aufzutreten. Hier kokettierte Nicole derart hemmungslos mit ihren Verehrern, dass Jetta und Konrad die Furcht überkam, sie könne „unter die Räder kommen" und irgendwo plötzlich „in der Versenkung verschwinden". Der Nachtclubbesitzer sah das genauso. Da er dafür verantwortlich war, dass Artisten, die auf seine Einladung einreisten, auch wieder ordnungsgemäß das Land verließen, informierte er kurz entschlossen die Polizei. Die erschien prompt, nahm die überraschte Nicole samt der von Jetta klammheimlich gepackten Koffer und setzte Nicole ins Flugzeug zurück nach Südafrika, um sicher zu sein, dass sie das Land verließ und nicht bei einer ihrer vielen gesammelten Adressen unterschlüpfte. Ihren Pass händigten die Beamten dem Kapitän des Flugzeuges aus. Konrad fühlte sich der Ballettschule gegenüber in der Pflicht: Er zeichnete verantwortlich dafür, dass Nicole wohlbehalten nach Südafrika zurückfand. Seine Aufgabe war mit diesem Tag erledigt.

Kurz vor dem Ende ihres Engagements stürzte Johnjohn zum ersten Mal schwer und verletzte sich ein Bein. Der Direktor des „Miami" versicherte ihnen, dass sie bleiben sollten, er wolle für alle Kosten aufkommen und sobald Johnjohns Bein geheilt sei, könnten sie wieder auftreten. Die Entscheidung, was zu tun sei, wurde ihnen abgenommen: Ein Brief von Franz Althoff, in dem er sie dringend bat, nach Deutschland zurückzukehren, der Zirkus brauchte Artisten und vor allem Fahrer für die Zirkuswagen.

Johnjohn verließ den Nahen Osten höchst ungern. Die Frauen aus den Varietés mochten den freundlichen jungen Mann und erbaten häufig seine Begleitung, wenn sie in die Stadt wollten oder essen gingen, denn es ziemte sich für Frauen nicht, ohne Mann auf der Straße zu sein. Die Restaurantbesitzer behandelten ihn wie einen König, wenn er mit fünf, sechs bildschönen Frauen ihr Lokal besuchte.

Crazy Wire Act

„1965 habt ihr mit dem verrückten Drahtseilakt begonnen?"
„Wat willse wissen?"
„Seit 38 Jahren die selbe Nummer, ist das nicht langweilig?"
„Das Material ist heute viel besser und leichter. Der erste Apparat hat Zentner gewogen. Oder Johnny sprang, sein linkes Bein angewinkelt und mit der Hand festgehalten, darüber. Das sind Tricks, die sieht das Publikum nicht und die Schwierigkeit lohnt sich nicht, ist nur gefährlich. Das haben wir dann gelassen. Heute machst du einen neuen Trick, dann merkst du, der Moment ist gut, es kommt gut an, dann entwickelst du die Nummer, es ist nie die Gleiche!"

10. „Crazy Wire Act"

Im Winter 1965 blieben sie im Winterquartier von Franz Althoff, Johnjohns Bein sollte heilen und Jetta freute sich, mit ihrer Familie zusammen zu sein und wünschte sich, dass ihr Sohn die Arbeit in einem „anständigen" Zirkus lernen möge. Jetta liebte das Zirkusleben, Konrad das Varieté. Er besuchte seine Familie im Fürstenwall und erzählte seinem Bruder Willi ausführlich wie früher seinem Vater von den Ländern, durch die er gereist und in denen er gearbeitet hatte. Der freute sich, dass Konrad die nächsten zwei Jahre mit dem Zirkus Franz Althoff touren wollte, denn das hieß, er könnte ihn hier und da besuchen. Gegen Ende der Winterpause – der Zirkus generalüberholt, die Wagen neu gestrichen, die Sitzbänke ausgebessert – ging es auf Tournee durch Deutschland: Köln, Frankfurt, Duisburg, Düsseldorf hießen die Städte. Die Planung der Großen – Althoff, Sarasani, Busch und Krone – hatte sich verändert. Dank der Koksöfen, die an sehr kalten Tagen unter die Sitzbänke gestellt werden konnten, begann eine Saison früher und dauerte länger. Wenn möglich, starteten sie in den Teilen Deutschlands, die der Frühling zuerst erreichte. In den großen Städten blieben sie mittlerweile zwei bis vier Wochen und in den kleineren wenigstens ein paar Tage. Auf den Dörfern traten sie gelegentlich in Scheunen und ohne Tiere auf. Das mühsame Geschäft, jeden Tag an einem anderen Ort zu gastieren, blieb den kleinen, fahrenden Geschäften vorbehalten. Allerdings kam es gelegentlich vor, dass Althoff in eine Stadt kam, die Sarasani nach einem Gastspiel von drei Wochen gerade erst verlassen hatte. Das hatte finanzielle Folgen, das Geschäft war härter geworden. Wie damals in Afrika musste Konrad jetzt wahre Grabenkämpfe zwischen Sarasani und Krone erleben. Man kämpfte mit harten Bandagen und das fing schon bei der Werbung an. Auf Plakaten hieß es plötzlich: „der größte Zirkus", „die meisten Löwen", „der älteste Zirkus" – ohne dass dies einer Prüfung standgehalten hätte. Aber der Kampf wurde nicht nur mit dem direkten Konkurrenten ausgetragen sondern auch gegen die unerbittlich steigenden Kosten, die umso drückender waren, da man nicht wie Schauspiel- und Opernhäuser staatliche Vergünstigungen erhielt. Überhaupt, die Rahmenbedingungen insgesamt wurden schwieriger, vor allem die Übermacht von Fernsehen und Kino immer spürbarer. Unter solch harten Konditionen gab es bisweilen den einen oder anderen, der sich unseriöser Geschäftsmethoden bediente. Mancher Zirkus verteilte großzügig Freikarten um Besucher anzulocken und wenn sie dann kamen, forderte man sie auf, die „Steuer" zu entrichten. Selbstredend lag die nur wenige Pfennige unter dem normalen Eintrittspreis.

Konrad blieb das „Stiefkind" im Zirkus und trotz Jetta fühlte er sich nie als voll akzeptiertes Mitglied der großen Familie Althoff. Sicherlich war da auch ein bisschen Neid im Spiel, denn: Konrad konnte fast alles, zuviel jedenfalls für manche Zirkusleute. Sein Talent ärgerte und beschämte die Zirkusartisten. Fiel ein Reiter aus, Konrad sprang ein. Brauchte man einen Ersatz am Trapez, Konrad war zur Stelle. Er konnte die Stuhlnummer, den hohen Mast, das Seil, den Perch – und doch blieb der entscheidende Makel: Er war nicht im Zirkuswagen geboren!

Johnjohn lernte den harten Alltag im Zirkus kennen: Der Tag begann in der Nacht und endete in der Nacht, so dass er bald chronisch müde war. Er hasste es, „Mädchen für alles" zu sein, und hielt nur seiner Mutter zuliebe durch, deren Devise stets lautete: „Im Schweiße deines Angesichts sollst du dein Brot verdienen!" Wie schon acht Jahre zuvor, sollte es nicht lange dauern, bis Konrad und Johnjohn sich nicht mehr mit ihrem Job als Traktorfahrer und Helfer begnügten, sondern wieder mit ihrer „richtigen" Arbeit anfingen, und das hieß Arbeit auf dem Drahtseil. Jetzt heilte Johnjohns Fuß, an dem er lange laborierte hatte, wie durch Zauberhand. Auch beschlossen sie nun ernsthaft, auf eine weibliche Unterstützung zu verzichten, da ein geeigneter Ersatz für Bieni ohnehin nicht in Sicht war. Der „Crazy Wire Act" entstand. Konrad assistierte seinem Sohn nun alleine: Während Johnjohn auf dem Seil außergewöhnliche Akrobatik darbot, waren Konrads Clownerien sozusagen die komischen Untertitel. Als der Zirkus nach der Saison wieder das Winterquartier erreichte, gelang es den Thurs, sich der faden und arbeitsreichen Tage ein wenig zu entziehen. Sie traten zunächst auf dem Zirkusfestival von Antwerpen und anschließend im „Casino Estoril" auf. Das Weihnachtsfest verbrachten sie im Fürstenwall. Konrad staunte jedes Mal, wie sich seine Heimatstadt im Zeichen des deutschen Wirtschaftswunders entwickelte. Das 96 Meter hohe Thyssen-Hochhaus überflügelte inzwischen das 1958 erbaute Mannesmann-Haus. Düsseldorf erhielt ein modernes Gesicht. „Seine" Altstadt führte plötzlich den Beinamen „längste Theke der Welt"; die Berliner Allee befreite die „Kö" von zuviel Verkehr. Wieder konnte Judith ihrem Bruder gruselnd von einem Mörder erzählen. Am 21. Juni 1966 hatte die Düsseldorfer Kriminalpolizei den 19-jährigen Metzgergesellen Jürgen Bartsch festgenommen, der vier Jungen im Alter von acht bis zwölf Jahren ermordet hatte. Der Volksmund taufte ihn „Bestie von Langenberg" und gleich einem Déjà-vu-Erlebnis hörte Konrad im Geiste die Kinder auf den Straßen das „Lied mit dem Hackebeil" singen – wie er selbst bei dem Mörder Haarmann und spätere Kinder bei dem Serienkiller Kürten.

Sie hätten dem Zirkus gerne den Rücken gekehrt, aber Konrad schätzte die Sicherheit, die eine Anstellung dort bot: fast wie eine Arbeitslosenversicherung. Die großen Städte Deutschlands und Europas waren immer noch „Varietéwüsten". Sie traten im Wiener Prater auf, als Konrad in der Presse las, dass der Mann, in dessen Haus er mit Johnjohn zu Gast gewesen war, am 2. Juni 1967 Berlin besuchte: der Schah von Persien. Dieser Besuch war von großen Demonstrationen begleitet, hatte über 60 Verwundete und den Tod des Studenten Benno Ohnesorg zur Folge.

Der inzwischen gut erprobte „Crazy Wire Act" erregte das Interesse der Agenten. Im Winter gastierten sie im „Hamburger Hansatheater", dem ältesten deutschen Varieté. Dort wurden sie von einem japanischen Agenten entdeckt, der Artisten für Kabaretts, Varietés und Nachtclubs suchte. Man wurde rasch handelseinig, die Flugtickets als Auftragsbestätigung kamen wenige Tage später. Und so wurde das Land der aufgehenden Sonne für fünf Monate die neue Heimat von Konrad und Johnjohn. Im Schlepptau ein neuer Begleiter: Boxerrüde Cassius.

„Was mir an Japan gefiel? Endlich hatte ich mal alles in Augenhöhe!"

Nach über 24 Stunden Flug landeten die beiden in der Millionenstadt Tokio. Im Juni, zu Beginn des japanischen Sommers, empfing sie eine feucht-schwüle Wärme, die das Atmen erschwerte. Der Agent holte Konrad und Johnjohn am Flughafen ab, stellte ihnen ihren Dolmetscher vor und informierte sie, dass dieser ihnen samt Auto rund um die Uhr zur Verfügung stehe und um sicher zu gehen, dass sie sich nicht verlaufen, mögen sie bitte davon absehen, alleine auszugehen. Ihre neue Begleitung brachte die Thurs zunächst in ein kleines Varieté. Das Prinzip erinnerte Konrad an seine erste Londonreise mit August Lindner. Was dort Canterbury, war hier Tokio: Ein Treffpunkt für Agenten aus allen Teilen des Landes, wo man Künstler und Artisten in Augenschein nahm. Erstaunt stellten die Thurs fest, dass dem japanischen Geschmack längst nicht alles zusagte und manche sonst beliebte Nummern beim Publikum „durchfielen". Die „Thuranos" jedoch kamen an und so standen sie täglich auf der Bühne.

Konrad und Johnjohn bezogen ein Hotel unweit von Tokio, mit Blick auf den höchsten Berg Japans, den Fuji-san, der mit seinem schneebedeckten Gipfel wie ein Zuckerhut in der Sonne glänzt. Von diesem Hotel aus ging es in verschiedene Casinos und Varietés. Die einzelnen Engagements dauerten mindestens zwei, maximal vier Wochen. Konrad entdeckte bald, dass Japan ein Land für seine Blumenseele ist. Wann immer die Zeit es zuließ, besuchte er die umliegenden Klöster, nicht um die Gebäude zu bestaunen, sondern um sich stundenlang in ihren Gärten aufzuhalten. Im Gegensatz zu einigen anderen Artisten kamen Konrad und Johnjohn mit der japanischen Küche problemlos zurecht. Ihre zeitlebens praktizierte Devise „Es wird gegessen wie es kommt!" erleichterte ihnen auch hier die Anpassung an fremde Landesgegebenheiten. Konrad aß in Japan auch das, was er nicht identifizieren konnte. *„Wenn die es vor einem hinstellen, wird es schon zum Essen gedacht sein. Auf den rohen Krabben musste ich manchmal lange kauen, bis die unten waren!"* Seine Höflichkeit verbat ihm überall, angebotenes Essen zurückzuweisen. *„Und wenn mir hinterher auch schlecht wurde!"* Nur eines mochte er sich nicht angewöhnen – den ungesüßten Tee. Dass der Tee grün war, nahm er ja noch hin, aber zuckerfrei brachte er ihn nicht hinunter. Und so wiederholte sich jeden Morgen das gleiche Spiel:

Konrad bat den Kellner um Zucker. Er erhielt dann ein kleines Tütchen. Das reichte ihm aber nicht, also bat er um weiteren Zucker. Der Kellner konnte nicht glauben, dass soviel Zucker in eine einzelne Teetasse passte, aber er lernte es, und brachte Konrad auch nach der dritten Aufforderung wieder Zucker. Nach einer Woche servierte das gesamte Personal im Frühstücksraum Konrad seinen Tee stets mit vier Tüten Zucker.

Mit seinem feinen Gespür für das Publikum entdeckte Konrad bald, dass der japanische Humor sich vom europäischen sehr unterscheidet. Es erschien ihm, als liebten es die Japaner gerne laut und freuten sich wie Kinder, wenn einer dem anderen einen Teller auf den Kopf schlug, der dann klirrend zersprang. Diese Art der Komik, die an Klamauk grenzte, entsprach ganz und gar nicht Konrads Sinn für Humor. Aber ihm gelang auch hier, die Menschen zu amüsieren. Als das japanische Publikum herzhaft lachte, wenn sich Johnjohn und Konrad, wann immer sich auf der Bühne ihre Wege kreuzten, in der Art des Landes voreinander verbeugten bevor sie weitergingen, wurde Konrad klar, dass auch diese Menschen über sich selbst lachen können. Ihr „Crazy Wire Act" erlaubte diese feinen Abwandlungen und wurde ohnehin ständig modifiziert. Obwohl in ihrer Nummer damals noch kein Text vorgesehen war, schrieb Konrad sich auch hier ein paar freundliche Floskeln auf die Hand, bis er sie auswendig beherrschte. Linke Hand: Guten Abend, Koban wa; rechte Hand: Auf Wiedersehen, Sayoonara.

Außerdem erlernte er die japanischen Tischsitten: die Kunst, mit Essstäbchen umzugehen, wusste bald, dass man sie keinesfalls in den Reis stecken durfte, da dies eine Sitte nur bei Beerdigungen war. Schlürfen von Tee und Suppe war erlaubt, Rülpsen schon sehr unhöflich und Schnäuzen, besonders bei Tisch, kam einer Katastrophe gleich. Auch andere Landessitten lernten sie nach und nach kennen. Von den Direktoren der Casinos erfuhr Konrad, dass die Anzahl der Geishas, die mit den Geschäftsleuten in die Vorführung kamen, deren Reichtum zeige. Alles in allem gelang es den Thurs auch hier recht schnell sich anzupassen und bald schlossen sie Freundschaften, die zahlreiche Einladungen nach sich zogen. Einladungen der Industrie nahm Konrad nur aus Höflichkeit an, ließ sich aber geduldig die Errungenschaften der Technik präsentieren. Geradezu eine Qual bereiteten ihm Konzerte und Vernissagen. Lediglich seine gute Erziehung verbot ihm, solches abzuschlagen. *"Aber ganz nett war, dass man überall beim Abschied etwas geschenkt bekam, auch von den Hotelangestellten oder den Bühnenleuten. Ein Feuerzeug, Süßwasserperlen, eine Postkarte. Irgendwas gab es immer."*

Einladungen in Teehäuser hingegen waren Konrads Vorlieben. Er zog die Schuhe aus, schlurfte mit den Pantoffeln zum Tatamiraum, zog sie vor dem Betreten wieder aus und ließ sich auf den Matten im Schneidersitz nieder. Im Stillen nannte Konrad die Geishas „Micky Mäuse", die zu seinem Entzücken direkt vor ihm auf den niedrigen Tischen Tee zubereiteten.

Nach fünf Monaten schlossen sich Konrad und Jetta im Fürstenwall wieder in die Arme. Da Europa und besonders Deutschland für Varietéartisten weiterhin nur schlechte Verdienstmöglichkeiten bot, kam Autonarr Johnjohn auf der Suche nach einer zusätzlichen Einnahmequelle auf die Idee, sich an einer Kfz-Werkstatt in der Düsseldorfer Jahnstraße zu beteiligen. Das sollte den Thurs ein zweites Standbein verschaffen, für den Fall, dass ihre Arbeitsmöglichkeiten zukünftig noch eingeschränkter sein würden. Sie investierten ihr Geld in den solide erscheinenden Betrieb eines Freundes, dem sie auch die Regie überließen. Über den Jahreswechsel 1968/69 traten sie in Westberlin in verschiedenen kleinen Kabaretts auf. Bald schon schwärmte die Presse der Stadt von Vater und Sohn; ihr „Crazy Wire Act" traf den Geschmack der Menschen. „Schöne Tischsitten" betitelte „Der Abend" Johnjohns Sprung über die gedeckte Tafel und schrieb weiter: „Gewagte Sprünge auf schwankendem Drahtseil, gemixt mit umwerfender Situationskomik und viel Witz. Diese Schau mit Pfiff ist Höhepunkt des Programms im Weihnachtsmonat im ‚Haus Carow am See in Gatow'". Die „Bunte" verlieh ihnen das Prädikat „Weltklasse".

Auf der Weiterreise nach Dänemark gastierten sie wieder im „Hansatheater", deren Leiterin Telse Grell für Konrad wie immer einige Briefmarken bereithielt. Noch war das bekannte Hamburger Varieté gut besucht, aber die ersten Probleme zeichneten sich auch hier ab. Zwar lag es verkehrsgünstig in Bahnhofsnähe, aber genau diese Lage erwies sich als problematisch, da Hamburgs Prostituierten die Gegend für sich entdeckten.

Nach fast sechs Jahren gab es das erste Wiedersehen zwischen Konrad und Bieni, die mit ihrer Tochter eine Weile in Langeskov auf Fünen im Haus ihres Mannes lebte. Die Thurs blieben einige Monate im Norden, arbeiteten in Kopenhagen und im Sommer 1969 im Theaterrestaurant von Kolding. Da sie nur abends und später bei den kleineren Tivolis sogar nur am Wochenende auftraten, fuhr Johnjohn gelegentlich tagsüber Rennen für Porsche. Konrad erinnerten die kleinen Tivolis an seine Jahre mit August Lindner. Sie hatten sich in den vergangenen dreißig Jahren kaum verändert: Immer noch bestanden sie aus ein paar Lotteriebuden, einem Tanzboden und einem kleinen Restaurant mit Bühne. Das war ihre kleine Welt. Die große Welt draußen war in rasanter Veränderung begriffen, wurde immer schnelllebiger und der Fortschritt in allen Belangen des Lebens machte Riesenschritte. Am 20. Juli 1969 etwa gewannen die Amerikaner endlich ihren Wettlauf mit der Sowjetunion, Neil Armstrong landete mit der Apollo 11 auf dem Mond, bestieg die Mondoberfläche und beschrieb sie den Menschen auf der Erde als lose und pulverig.

„Die Thuranos", in der Presse und den Programmen immer noch als „Südafrikaner" bekannt, tingelten weiter durch Dänemark. Anfang Januar führte ein Engagement sie wieder nach Kopenhagen in den „Swinging Palace", wo Konrad ganz überraschend auf seinen Schwiegersohn John Seidel traf, der im gleichen Programm als „Handakrobat" auftrat, bevor sie nach Schweden gingen, um mit der traditionellen Malmstenshow durch das Land zu reisen. In einem Reisebus begleiteten die Artisten die Radfahrer durch Schweden. Am Ende eines Tages erreichten sie in der Regel das Tivoli, in dem sie auftraten, wobei eine Nummer sich auf das Radfahren beziehen musste. Zwar standen den Thurs Hotelzimmer zur Verfügung, aber aus alter Gewohnheit reisten sie mit ihrem eigenen Campingbus. Als sie im November Bieni besuchten, zeigten sich auch hier die Spuren des Fortschritts: Sie mussten keine Fähre mehr benutzen, um Langeskov zu erreichen. Seit Oktober 1970 gab es eine 1700 Meter lange Hängebrücke über den kleinen Belt. Das Jahresende führte sie wieder nach Wien, wo sie im Prater in einem kleinen Barrestaurant auftraten und bei der Toilettenfrau des Etablissements wohnten. Ihr alter Freund Isi Cohen hatte einige Tage auf dem Münchner Oktoberfest verbracht und anschließend die Maschinen auf dem Prater begutachtet, da er eine neue Attraktion für seine südafrikanische Kirmes suchte. Etwas „Hohes" sollte es sein. Mit Konrad spazierte er durch die Stadt, den Prater und sie schwelgten in Erinnerungen. Konrad hatte sich in seinem Leben schon oft verabschiedet – von Menschen, von Ländern, von Zuhause – und dabei nie gewusst, wann und ob überhaupt ein Wiedersehen möglich sein würde. Dennoch fiel ihm diesmal der Abschied vom Freund besonders schwer, denn es war ungewisser denn je, ob er den hoch betagten Isi noch einmal wiedersehen würde.

Als 1971 das berühmte Schiff SS-France zu seiner letzten Überfahrt nach Amerika den Hafen verließ, befanden sich einige Artisten an Bord, die diverse Hotels in Puerto Rico engagiert hatten. Der Kapitän der SS-France stolperte am Abreisetag über das eigenwillige Artistengepäck, ließ sich die Gästeliste geben und bat „Die Thuranos", eine Sängerin und eine Gruppe Ikarier (Bodenakrobaten), zu sich in die Kabine, um ihnen ein Geschäft vorzuschlagen: Wenn sie bereit wären, auf der einwöchigen Überfahrt aufzutreten, könnten sie in der ersten Klasse reisen. Das erschien allen ein faires Angebot und war nicht ohne Reiz, so dass die Entscheidung leicht fiel. Den Nachmittag verbrachten sie mit der Besichtigung ihrer exquisiten Kabinen und nutzten den seltenen Luxus von Sauna und Swimmingpool, bevor sie sich zum Abendessen umzogen. Konrad reute der Deal in dem Moment als er den Speiseraum betrat: Denn hier wurde ihm schlagartig klar, dass er keinesfalls die „Ausrüstung" im Gepäck führte, um hier jeden Mittag und Abend „angemessen" gekleidet zu erscheinen. Für 23 Uhr war der Auftritt geplant, zunächst die Ikarier, dann „Die Thuranos". Die zweiköpfige Ikariergruppe lief auf die kleine Bühne, verbeugte sich und einer legte sich auf den Rücken, zog seine Knie so an, dass die Fußsohlen gerade nach oben zeigten. Als der Partner sich auf diese Füße legte, versuchte sein Untermann wie gewohnt, ihn erst auszubalancieren, um ihn dann hochzuwerfen und zu drehen. Es gelang einfach nicht. Woran niemand gedacht hatte: Sie befanden sich zwar an der ruhigsten Stelle, in der Mitte des Schiffes, aber eben doch auf hoher See, und die Bewegung des Meeres machte es unmöglich, die Balance zu halten. Nach einer Weile gaben beide Artisten entnervt auf.

Johnjohn wagte dennoch einen Versuch und stieg auf das Drahtseil, die Trompete blasend. Aber der Weg auf die andere Seite schien ihm endlos und er balancierte ununterbrochen mit seinem freien Arm. An Seilspringen oder den gewagten Tischsprung war einfach nicht zu denken. Was den Akrobaten den Balanceakt vereitelte, bereitete der Sängerin permanente Übelkeit. Der Kapitän musste einsehen, dass er ein schlechtes Geschäft gemacht hatte. Nicht anders ging es Konrad: Die vielen Kellner, die bei jeder Mahlzeit um seinen Tisch huschten – einer bei der Vorspeise, der nächste für die Getränke, wieder ein anderer beim Hauptgang – machten ihn nervös. Er ließ sich einfach nicht gerne bedienen. Johnjohn vertrieb sich die Zeit, indem er für die zahlreichen Kinder an Bord jonglierte, was trotz der Schwankungen des Schiffes gelang.

Als die SS-France New York erreichte, stand Konrad an Deck, überwältigt vom Anblick der Freiheitsstatue. Zu ihrer Überraschung empfing sie gleich hinter dem Zoll ein Agent, der ihnen erklärte, dass die Taxis in New York streikten und man sicher gehen wolle, dass die Artisten ihr Flugzeug erreichen. Er fuhr mit ihnen durch die Häuserschluchten, zeigte ihnen eine, durch Taxistreik und Sonntagmittag fast menschenleere Stadt, und brachte sie am Nachmittag zu ihrem Terminal. Am frühen Abend erreichte Konrad mit Frau und Sohn Puerto Rico. Nachdem sie sich von den anderen Artisten verabschiedet hatten, setzten sie sich in der Ankunftshalle auf eine Bank und warteten wie vereinbart auf ihre Gastgeber. Die Halle leerte sich, immer weniger Passagiere kamen und nach einer Stunde saßen die Thurs recht einsam auf ihren Plätzen. Der Direktor des Hotels und sein Frau hielten schon die ganze Zeit Ausschau nach den Artisten aus Deutschland, streiften dabei auch mehrfach Konrad und Johnjohn, konnten sich aber nicht vorstellen, dass die „Thuranos" schon so alt sein sollten. Deshalb dachte der Direktor, sie seien nicht angekommen. Erst als alle anderen Fluggäste fort waren und nur noch der kleine alte Mann mit Frau und Sohn da saß, sprachen sie sie an und unter großem Gelächter klärte sich das Missverständnis auf.

Puerto Rico, die 1493 von Kolumbus entdeckte subtropische Insel, gewann mit ihrer Blütenfülle sofort Konrads Herz. Der Direktor fuhr sie an der alten Festungsmauer entlang quer durch die

Der „Apparat"

Altstadt zum Strand von San Juan, wo sie im Hotel Americana arbeiten sollten. Nachdem er Konrad das erste Mal auf der Bühne gesehen hatte, kam ihm nie wieder in den Sinn, den 62-jährigen alt zu nennen. Die Ikarier allerdings hatten zu kämpfen, um bleiben zu können, obwohl sie Meister ihres Faches waren: Man hielt ihre der Komik wegen absichtlich in die Nummer eingebauten Ungeschicklichkeiten für ungewollt schlechte Akrobatik. Nach nur drei Monaten packten sie ihre Koffer. Die Thurs hingegen sollten bleiben und hatten bald einen einjährigen Vertrag für ihren „Crazy Wire Act" in der Tasche.

Jetzt galt es, sich wieder dauerhaft auf eine neue Heimat einzustellen. Vor allem die Sprachbarriere war zunächst störend, doch den weit gereisten Artisten kam auch hier ihr Improvisationstalent zugute. Tagsüber schlenderten Jetta und Konrad gerne über die Märkte und kauften ein. Mit Händen, Füßen und Fingerzeigen erstanden sie die notwendigen Gemüse und Gewürze, was oftmals ungewollt komisch wirkte. Als beim Geflügelhändler die Verständigung misslang, deutete Konrad auf sein eigenes Bein, hob drei Finger in die Luft und gackerte laut. Die ratlose Miene des Verkäufers wich einem breiten Lächeln – er hatte verstanden. Konrad nahm die drei Hühnerbeine und hatte, was er wollte.

In direkter Nachbarschaft über ihnen wohnten die Mantegos, Jongleure, die jeden Abend mit ihnen auftraten. Die Direktion legte besonders den Frauen nahe, abends nicht alleine zu gehen, da Überfälle keine Seltenheit waren. Die latent vorhandene antiamerikanische Stimmung auf Puerto Rico war intensiv zu spüren. Überall tauchten die Parolen „America go home" auf und obwohl Englisch neben Spanisch als Amtsprache galt, benutzten es wenige. Puerto Rico, 1897 von Spanien in die Autonomie entlassen, fiel im Spanisch-Amerikanischen Krieg 1898 an die USA. Seitdem kämpfte die Insel um ihre Unabhängigkeit und 1952 gewährten die USA den Inselbewohnern lediglich die innere Autonomie.

Eines Nachmittags erhielten die Thurs kleine Ausweise vom Sicherheitsdienst des Hotels und die Anweisung, diese stets gut sichtbar zu tragen. Am Tag darauf war das Hotel von Polizei umstellt. Ihr Auftritt an diesem Abend fand vor geschlossener Gesellschaft statt: Die High Society der Insel und die Befürworter einer vollständigen

Integration Puerto Ricos als 51. Bundesstaat der USA begrüßten an diesem Tag Gouverneure aus den Vereinigten Staaten zu Verhandlungen – ein illustres Abendprogramm inklusive. Die unpolitischen Thurs standen drinnen vor Amerikanern auf der Bühne, während draußen eine Demonstration stattfand, die lautstark „Ami go home" skandierte. Wieder einmal brachen in ihre „kleine Welt" unversehens die weltpolitischen Ereignisse ein.

Nach wenigen Wochen hatten die Thurs sich häuslich eingerichtet: Der Balkon glich einer kleinen Oase, der Hibiskus blühte in allen Farben und in kleinen Töpfen züchteten sie Kokospalmen. Viele Freunde und Verwandten nutzten diese Zeit zu einem Besuch auf Costa Rica: Carola Althoff kam und viele Familienmitglieder des schwedischen Zirkus Scott.

Kurz bevor sie Puerto Rico wieder verließen, ereignete sich ein dramatischer Unfall, wie er in ihrem Gewerbe leider nie ganz ausgeschlossen werden kann. Ein mit den Thurs befreundeter und bekannter Hochseilartist, Karl Walländer, trat in einem Stadion auf. Gute Artisten waren und sind gewohnt immer aufzutreten, auch wenn sie Schmerzen oder auch seelische Nöte plagen. Das muss alles vergessen sein, da der Auftritt die volle Konzentration erfordert. Um mit diesen Unwägbarkeiten umzugehen, lernte Konrad im Laufe seines Künstlerlebens eine Art „goldene Regel" des Artisten: Nie darf er seine Grenzen überschreiten, immer sollte ein kleiner Spielraum an Kraft und Kondition bleiben. Dafür muss die Nummer derart gut geplant sein, dass er sie auch mit angeschlagener Konstitution noch so bewältigt, dass der Zuschauer als Laie gar nichts bemerkt. Und trotzdem gab es manchmal etwas, das nicht ausreichend berücksichtigt worden war: So wie Konrad damals in Südafrika die Kälte unterschätzt hatte, unterschätzte der Hochseilartist Karl Walländer den Wind, der am Meer schneller umschlagen kann als anderswo. Er lehnte sich auf dem Seil leicht gegen den Ostwind um seine Balance zu halten, als eine Böe ihn von der anderen Seite ergriff und wie eine Feder vom Hochseil blies. Karl verlor das Gleichgewicht und stürzte. Vielleicht war sein fortgeschrittenes Alter nicht ganz unschuldig, mit Sicherheit aber die schlechten Bedingungen. Er konnte nicht mehr rechtzeitig zum Seil greifen. Sein Leben endete im Rollstuhl. Vom warmen und sonnigen Puerto Rico führte ihr nächstes Engagement sie nach Schottland und Irland.

Nach dem Jahreswechsel und glücklicherweise vor dem „Blutsonntag" im irischen Londonderry, an dem 13 Demonstranten starben und über 16 schwer verwundet wurden, als britische Fallschirmjäger das Feuer auf eine verbotene Demonstration katholischer Bürgerrechtler eröffneten, reisten die Thurs nach London; eine Stadt voller Erinnerungen für Konrad. Die Spuren des Zweiten Weltkrieges waren längst beseitigt, aber schmerzhaft musste er feststellen, dass von der blühenden Varieté- und Kabarettszene kaum etwas geblieben war.

Im Londoner „Viktoriapalace" traten sie mit einer Gruppe Ikarier als Zwischennummer in einer Revue auf. Diese Vorgehensweise hatte sich in großen Revuen längst etabliert, um die zum Teil längeren Pausen der Umbauarbeiten für das Publikum vergnüglich zu gestalten. Konrad wohnte diesmal mit Blick auf den Buckinghampalast. In seinen freien Stunden studierte er aufmerksam den Garten, was in den Gartenräumen vor sich ging und beim morgendlichen Kaffee beobachtete er vom Bett aus den Wachwechsel. So nahmen sie für ein paar Monate und aus der Entfernung am Leben der Queen teil.

Im Juli 1972 trat der PR-Chef eines neu zu eröffnenden Tierparks in London an Johnjohn heran. Der Park benötigte für seine Eröffnung etwas Spektakuläres, das ihn in die Schlagzeilen bringen sollte. Ursprünglich dachte man, dass die über den Wildgehegen schwebende Seilbahn als Attraktion ausreiche. Es stellte sich aber heraus, dass am selben Tag Cassius Clay gegen Al „Blue" Lewis in Dublin kämpfen sollte. Und es war unzweifelhaft, dass die Londoner Presse diesem Kampf wesentlich mehr Beachtung schenken würde.

Nachdem er Johnjohn auf dem Seil gesehen hatte, glaubte der PR-Chef, ein Spektakel gefunden zu haben. Er stellte sich vor, wie Johnjohn in luftiger Höhe die Gondel verlassen würde und über die Tiere hinweg balanciere.

Er wäre nicht Konrads Sohn, hätte nicht auch Johnjohn Sinn für pfiffige Ideen. Er sagte zu, Draht ist Draht, dachte er und über 15 Jahre Erfahrung sollten ausreichen, um Proben überflüssig zu machen. Der 19. Juli 1972 begann mit strahlendem Sonnenschein. Um kurz vor elf Uhr begab sich Johnjohn mit ein paar anderen Passagieren in die Gondel. Über dem frisch restaurierten Seehundbecken blieb die Seilbahn stehen, vor Johnjohn die Löwen, hinter ihm die Eisbären. Er kletterte auf das Dach der schwankenden Gondel, tastete sich an den Rand vor, stellte seine Füße auf das Seil und kam gerade ein, zwei Meter weit, als er abrutschte. Woran niemand gedacht hatte: Notwendigerweise war das Seil ölig. Johnjohn hielt sich einen Moment mit den Händen fest, die immer glitschiger wurden; die Gondel konnte er nicht mehr erreichen und wieder auf das Seil zu kommen, war undenkbar. 15 Meter blickte er in die Tiefe und entschloss sich zu einem kühnen Sprung in das Seehundbecken. Die unerträgliche Spannung löste sich in einem kollektiven Aufschrei, als Johnjohn losließ und auf das Becken zuflog. Der PR-Chef wusste, dass er sein Ziel erreicht hatte und fürchtete um Johnjohn, denn im Wasser staken überall noch die Pfosten des alten Beckens, die der Einfachheit halber kurz unter der Wasseroberfläche abgesägt worden waren. Im Bruchteil der Sekunde, in der Johnjohn erkannte auf was er zuraste, konnte er nichts mehr tun, als ein leises „Oh Gott!" zu murmeln, dann klatschte er geräuschvoll ins Wasser.

Wie durch ein Wunder glitt er genau zwischen zwei Eisenverstrebungen ins Seehundbecken und konnte es selbst kaum fassen, als er am Grund ankam, sich vom Boden abdrückte und unverletzt die Oberfläche erreichte, umringt von aufgeregt durcheinander schwimmenden Seehunden, die den unerwarteten Gast von oben argwöhnisch beäugten. Der PR-Chef klopfte sich innerlich auf die Schulter, denn einen besseren Werbegag hätte er sich nicht wünschen können. Tatsächlich berichteten am nächsten Tag viele Londoner Zeitungen auf der Titelseite über den wagemutigen Sprung des Artisten und nicht nur von Cassius Clay, der seinen Kampf gewonnen hatte.

Als sie im September 1972 auf der Durchreise im Fürstenwall auf Stippvisite waren, zog Willi aus dem Stapel Post, der für seinen kleinen Bruder bereit lag, lächelnd einen Umschlag. Es war der Amtsbescheid, dass seine Einbürgerungsurkunde im Einwohnermeldeamt bereit läge. Die Bundesrepublik Deutschland bürgerte Konrad Thur am 18. August 1972 ein. Die Urkunde, die seine Staatenlosigkeit beendete, kostete DM 200,– und unterschlug, dass Konrad in Deutschland als Deutscher zur Welt gekommen war.

Johnjohns Werkstatt

Vierzehn Jahre hatten die Behörden benötigt um sicher zu gehen, dass gegen Konrad Thur nichts vorliege was gegen seine Einbürgerung spreche.

Johnjohn suchte auch die Werkstatt auf, in die er als stiller Teilhaber Geld investiert hatte und hörte besorgt, dass die Geschäfte mehr schlecht als recht liefen. Den Thurs fehlte die Zeit, sich näher damit zu beschäftigen, denn das „Hansatheater" in Hamburg wartete auf sie, wo sie bis Ende Januar 1973 gastierten. Von dort ging es weiter nach Norden, durch die Tivolis des kurzen skandinavischen Sommers, dann wieder in den Süden nach Portugal. Artistenleben! Einen Tag vor ihrer Rückreise nach Deutschland vermittelte ein Agent ihnen kurzfristig ein Engagement nach Südafrika.

Fünfzehn Jahre waren vergangen, seit Konrad durch die Straßen Johannesburgs geschlendert war. Auch hatte sich das ursprüngliche Stadtbild durch den Bau zahlreicher Hochhäuser wie das Standard Bank Centre und das Charlton Centre verändert, die historischen

Gebäude waren verschwunden. Der gebürtige Amsterdamer Hendrik Frensch Verwoerd, der zweite Nachfolger Malans, erwarb sich als Premierminister den Titel „Architekt der Apartheid". Die seit 1948 forcierte Apartheidspolitik, die sich in der Ansiedlung der schwarzen Bevölkerung in „Homelands" und „Townships" manifestierte, führte im Laufe der Jahre zu anhaltenden blutigen Unruhen und einem starken internationalen Druck auf die „weiße" Regierung. Verwoerd proklamierte 1961 die Republik Südafrika, schied aus dem Commonwealth aus und versuchte den Begriff „Apartheid" durch den der „getrennten Entwicklung" im Sprachschatz zu ersetzen. Die „Abteilung für Eingeborenenangelegenheiten" sollte zukünftig „Abteilung für Zusammenarbeit und Entwicklung" heißen. Verwoerd hatte das Land international isoliert. Die portugiesischen Kolonien Mosambik und Angola entwickelten sich zu Frontstaaten, die dem weißen Minderheitsregime in Pretoria verbal den Krieg erklärten und politischen Flüchtlingen Asyl boten. 1973 wurden die Gesetze der „Petty Apartheid" noch strikt eingehalten und die Touristen fotografierten immer noch die nach Hautfarben getrennten Parkbänke. Fünfzehn Jahre waren auch vergangen, seit Konrad seine Tochter Jeanette gesehen hatte. Sie, die dem Artistenleben vor vielen Jahren gerne Lebewohl gesagt hatte, drängte ihren mittlerweile fast 65-jährigen Vater, er möge Akrobatik Akrobatik sein lassen und sich zur Ruhe setzen. Konrad hörte zu, lächelte, trat mit Johnjohn in Durban, Pretoria und Johannesburg auf und kurze Zeit später flogen sie zurück nach Deutschland. Ihren alten Freund Isi Cohen konnten sie nicht mehr treffen, er war wenige Jahre zuvor verstorben. In Frankfurt erwartete Jetta, die mit dem Auto von Portugal zurückgefahren war, die beiden mit einem Engagement, das sie wieder an die französische Côte d'Azur bringen sollte, in die noblen Nachtclubs der High Society.

Dort erreichte sie im Januar 1974 ein gerichtlicher Bescheid aus Deutschland, Johnjohn musste vorstellig werden, seine Werkstatt in der Düsseldorfer Jahnstraße hatte geschlossen und einen Berg Verbindlichkeiten hinterlassen.

Die Araber hatten im Herbst 1973 den Industriestaaten den Ölhahn zugedreht. Der israelisch-arabische Jom-Kippur-Krieg, in dem die Niederlande und die USA eine deutlich israelfreundliche Haltung gezeigt hatten, veranlasste die Erdöl exportierenden Länder Arabiens zu diesem Schritt. Auch Deutschland traf dieser Boykott unvermittelt, da 1973 der deutsche Energiebedarf zu 55% durch importiertes Erdöl gedeckt wurde. Die Ölkrise war gleichzeitig eine Sternstunde für die umstrittene Atomenergie.

Am 9. November 1973 verabschiedete der Bundestag ein Energiesicherungsgesetz, das Sofortmaßnahmen zur Energieeinsparung zuließ. Die ersten Maßnahmen waren vier autofreie Sonntage im November und Dezember sowie die Begrenzung der Abgabemengen für Treibstoff. Für Johnjohns kleine Werkstatt war das der Tropfen, der das Fass zum Überlaufen brachte. Sein Teilhaber hatte sich verspekuliert, seine teuren Autos fanden keine Abnehmer, er musste einen Offenbarungseid ablegen. Mit dieser Pleite befanden sich die Thurs in bester Gesellschaft. Die Ölkrise zwang die Autoindustrie in die Knie. Der Absatz von Autos im Inland sank um 24%. Die deutsche Konjunktur geriet in eine Flaute, die Autoindustrie entließ Mitarbeiter in großer Zahl, was die Arbeitslosenquote innerhalb eines Jahres von 2,2% auf 4,2% anhob. Die Arbeitslosigkeit bedrohte die Thurs nicht, aber das Gefängnis, sollten sie nicht zahlen. Ihr in den letzten Jahren Erspartes ging an den Konkursverwalter und die Thurs in den Winterzirkus Bouglione. Die langjährige Konkurrenz der Pariser „Cirque de hiver" war zu Ende, „Bouglione" hatte das „Medrano" gekauft und dem Erdboden gleichgemacht. Der Chef des „Bouglione" pflegte seit langem einen engen Kontakt mit Franz Althoff, der die „Thuranos" empfohlen hatte. Sie fühlten sich wohl in diesem Zirkus und trafen die Ikarier aus Puerto Rico wieder.

Ein paar Tage später sprach ein Agent des „Lidos", damals noch 78, Avenue des Champs Elysees, die Thuranos an. Dort zu arbeiten, bedeutete einen Sprung für „Die Thuranos", *„es war schließlich ein Haus und kein Laden"* traf für das Revuetheater ebenso zu, wie 50 Jahre zuvor, 1924, für das „Apollo". Der Vertrag sollte für drei Monate gelten und das erste Mal in seinem Leben forderte ein Bühnenmeister Konrad auf, zu Proben zu erscheinen. Das tat er zwar unwillig, aber einsichtig, als er die Millimeterarbeit sah, mit der die Shows im „Lido" geplant und umgesetzt wurden. Eine Revue bestand aus verschiedenen Nummern: Tänzen, auch auf dem Eis, Akrobatik, Sketchen, Musicalausschnitten und vielen schönen

Körpern. Während der mitunter immensen Umbauarbeiten zwischen den einzelnen Szenen, die mal das Mittelalter, mal den Wilden Westen oder einen Wasserfall zeigten, musste jemand auf der Bühne das Publikum unterhalten. Eine solche Revue wurde ein halbes, ein ganzes Jahr oder mehrere Jahre gezeigt, das war vorher nie absehbar. Die Shows während der Umbauarbeiten dagegen wechselten regelmäßig. Bei den für Konrad ungewohnten Proben stellte sich heraus, dass ihre Seilkonstruktion bestens geeignet war, da der „Apparat" innerhalb von drei Minuten auf- und wieder abzubauen war. Andere Requisiten installierten die Arbeiter so, dass sie in der Bühne versenkt werden konnten. In der ersten Umbaupause trat Erich Benn, der mit Tellern jonglierte, auf, in der zweiten ein Komiker aus Montreal, der auf falschem Eis lief, und in der letzten Pause „Die Thuranos". Die Show dauerte mit Pausen knapp drei Stunden. Die Blue Belles, die 24 schönen, langbeinigen Frauen, für die das „Lido" bis heute berühmt ist, tanzten auch 1974 bereits mit großem Erfolg.

Nach Ablauf der drei Monate verlängerte die Direktion den Vertrag mit Konrad und Johnjohn, und die Familie Thur bezog eine Dachwohnung über ihrem Arbeitsplatz und den Dächern von Paris. Kabaretts, Varietés, Bars, Cafés, Restaurants, Spelunken, das war Konrads Stadt. Wenn Jetta tagsüber durch die großen Kunstausstellungen streifte, Johnjohn mit einer seiner zahlreichen Freundinnen durch die Stadt zog, bummelte Konrad über die vielen kleinen Flohmärkte der verschiedenen Quartiers und bestaunte, was es alles zu kaufen gab. Gelegentlich feilschte er nur zum Vergnügen, wenn so kuriose Dinge wie ein Propellerflugzeug zum Verkauf standen. Er suchte auch Briefmarken für seine Sammlung und dachte dann manchmal an Hermann Heuer von den „Pascas", von dem er diese Leidenschaft übernommen hatte: Eine der wenigen Beständigkeiten in einem Leben, das dem ständigen Wechsel unterworfen war. Am liebsten aber zog Konrad über die vielen Blumenmärkte und kaufte immer wieder neue Pflanzen, um ihren kleinen Balkon in eine Blumenoase zu verwandeln. Er fühlte sich in Paris so wohl, dass er entgegen seiner Gewohnheit wieder einmal versuchte, die Sprache des Landes richtig zu lernen und kaufte sogar Sprachkassetten. Auf seinen Streifzügen durch die Stadt las er gelegentlich die Schlagzeilen

Jerry Lewis mit Konrad und Jetta

der Zeitungen, die an den Kiosken aushingen. Dadurch erfuhr er im Mai 1974 vom Rücktritt Willy Brandts als Bundeskanzler, dessen persönlicher Referent Günter Guillaume als DDR-Spion enttarnt worden war. Im Juli desselben Jahres las er von dem neuerlichen Putsch auf Zypern, wo immer noch sein Koffer mit der Luftnummer stand. Im August beherrschte der schmähliche Abgang US-Präsident Nixons als Folge der Watergate-Affäre die Titelseiten der französischen Tageszeitungen. Konrad nahm solche Fakten zur Kenntnis – und vergaß sie gleich wieder. Politik war einfach nicht seine Sache.

Sein Blick auf Menschen und Nationen war immer anders, er kannte in vielen Ländern, die jetzt in den Schlagzeilen auftauchten, die „kleinen" Leute, ihre Sorgen und Nöte, besonders ihr Lachen und wusste zu genau, dass Zypern nicht Makarios III. war und Griechenland nicht General Phädon Giskis. Eine Schlagzeile blieb ihm jedoch im Gedächtnis: Charlie Chaplin wurde am 4. März 1975 von der englischen Queen zum Ritter geschlagen.

Das „Lido" verlängerte den Vertrag um weitere sechs Monate und bald waren Konrad und Jetta für viele Artisten-Kollegen wieder „Papa und Mama". Bei Jetta gab es immer einen Kaffee und ein paar tröstende Worte, ein Stück Kuchen oder ein mit Liebe geschmiertes Brot. Mit dem Tellerjongleur Erich und seiner Frau ging Jetta gelegentlich in einen der zahlreichen Parks, um Golf zu üben. Die Weltstadt Paris bot immer wieder neue Attraktionen: Am 20. Juli 1975 fand die Tour de France hier ihr Ende und Konrads Bruder Willi kam, um sich das Spektakel aus nächster Nähe anzusehen. Viele Freunde aus den alten Zeiten lebten nicht mehr: Schwager Schäng war gestorben, auch Bruder Jakob war seit einigen Jahren tot. Schwester Judith und Willi waren die letzten noch lebenden Zeugen seiner Kindheit und sie bedeuteten Konrad viel. Judith fand nie den Weg nach Paris, sie blieb in Düsseldorf-Bilk, reiste nicht gerne. Da Konrad die Stadt aufgrund seiner ausgedehnten Spaziergänge am besten kannte, übernahm er bei Besuchern zumeist die Rolle des Cicero. Die Bootsfahrt vom Eiffelturm nach Notre Dame genoss er selbst stets aufs Neue. Doch er führte auch unermüdlich durch das Quartier Latin, zeigte den Louvre von außen und fand für jeden Besucher ein freundliches kleines Café abseits der Touristenmeilen. An jenem 20. Juli standen sie alle gemeinsam auf dem Balkon ihres Appartements und sahen den französischen Radrennfahrer Bernard Thevenet vor Eddy Merckx ins Ziel fahren. In einer von verschiedenen Kabaretts und Variétés veranstalteten „Tour de Paris" trat auch Johnjohn als Radler an. Es galt den Hauptgegner, das „Moulin Rouge", zu schlagen, gegen den das „Lido" bereits im Fußball eine Niederlage hatte einstecken müssen. Von seinen Kollegen und Freunden angefeuert, setzte sich der sportlich durchtrainierte Johnjohn bald an die Spitze des Pulks, der zehn Runden um den Park drehen sollte. „Moulin Rouge" blieb Johnjohn hart auf den Fersen und er gab alles. Jedes Mal, wenn er an Start und Ziel vorbeikam, applaudierten die am Rand stehenden „Lido"-Leute vehementer, hielten allerdings verblüfft inne, als Johnjohn nach der neunten Runde aufhörte in die Pedale zu treten und seine Hände zur Siegerpose erhob. Erst als fast alle anderen Radfahrer an ihm vorbeigezogen waren, konnte er hören, was Konrad und die anderen ihm zuriefen: *„Du hast erst neun Runden!"* Johnjohn trat in die Pedale, konnte jedoch die verlorenen Sekunden nicht wieder aufholen und gratulierte lachend dem „Moulin-Rouge"-Fahrer.

Anfang 1976 informierte sie ihr Agent, dass das „Olympia" die „Thuranos" gerne für eine Show mit Jerry Lewis engagieren würde. Sie glaubten nicht so richtig daran, bezeugten jedoch großes Interesse, sofern es mit ihren Verpflichtungen im „Lido" nicht kollidieren würde. Jerry Lewis hatte den „Crazy Wire Act" von Vater und Sohn Thur gesehen und wollte sie unbedingt in seiner Show haben. Die Agenten einigten sich: „Die Thuranos" sollten im „Olympia" nach der ersten Pause auftreten und im „Lido" weiterhin als letzte Umbaushow. Das wurde ein stressiger Monat. Ein Wagen holte Konrad und John nachmittags im „Lido" ab und fuhr sie zum „Olympia", wo ihr zweiter „Apparat" fest installiert war. Nach dem Auftritt gegen 21 Uhr brachte der gleiche Wagen sie wieder quer durch Paris zum „Lido", wo sie spätestens um 22 Uhr hinter dem Vorhang auf ihren Auftritt warteten. Im „Olympia" trat nach den „Thuranos" Jerry Lewis auf und bestritt den zweiten Teil „seiner" Show mit der Schreibmaschinennummer, dirigierte die Kapelle auf seine Art und sang. Seine Show war zwar erfolgreich, aber das Pariser Publikum war nicht so angetan von seinem „lauten" Humor; in den Zeitungen stand, die Zuschauer hätten gerne ein wenig mehr von dem „Artistischen Programm" gesehen. Jerry Lewis nahm das nicht übel, er selbst legte Wert darauf, dass „Die Thuranos" jeden Tag erst dann mit ihrer Nummer anfingen, wenn er sich am Bühneneingang platziert hatte. Einen ganzen Monat lang, Tag für Tag, wurde er des „Crazy Wire Act" nicht müde, Jerry Lewis fühlte sich zu den Thurs hingezogen. Bald stellte sich heraus, dass er selbst aus einer Zirkusfamilie stammte und es liebte, mit Jetta, der „im Wagen Geborenen", stundenlang über das Zirkusleben zu reden. Jerry Lewis lud die „Die Thuranos" in seine Garderobe ein, lieber ging er aber zu ihnen, da die Chance größer war, einen von Jettas selbst gebackenen Reibekuchen zu ergattern. Jetta brachte ihrem Mann und Sohn jeden Tag etwas zu essen, damit sie vor der nächsten Vorstellung etwas zu sich nahmen und in der Thermosflasche wartete heißer Kaffee. Jettas und Konrads Fähigkeit, mit wenigen Handgriffen aus jeder noch so kleinen Bude, Wohnwagen, Appartement oder Garderobe ein Zuhause zu schaffen, hatte zur

Folge, dass auch Jerry Lewis sich lieber bei ihnen als in seiner eigenen Garderobe aufhielt. Wenn sie gemeinsam in dem kleinen chaotischen, aber behaglichen Raum saßen, der erfüllt war von Kaffeeduft, träumte Jerry auch gerne von einer gemeinsamen Tournee mit den „Thuranos" durch Amerika. Nach einem Monat verließ Jerry Lewis Paris, das „Lido", verlängerte den Vertrag mit Konrad und Johnjohn abermals und sie avancierten zu einer begehrten Nummer. Ihr Agent hatte keinerlei Probleme, sie an andere „Häuser" zu vermitteln, als die Thurs Frankreich für einen Monat verlassen mussten, um eine neue Arbeits- und Aufenthaltserlaubnis zu erhalten. Das „Hansatheater" freute sich über ein Gastspiel im Januar 1976, dann fuhren sie wieder zurück nach Paris. Nur Johnjohn gönnte sich eine Auszeit von einer Woche und erreichte Paris erst nach einem Umweg über Amerika, es ging – mal wieder – um eine Frau. *„Gewundert hat mich ja immer, dass er es geschafft hat, mit allen in Freundschaft auseinander zu gehen. Manche rufen heute noch an!"*

Da viele Artisten zu „Mama und Papa" zum Kaffeetrinken kamen, waren Jetta und Konrad jederzeit auf dem neuesten Stand der Klatschgeschichten. Als am 18. Mai 1976 in Bonn der neu gegründete Zirkus Roncalli seine erste Aufsehen erregende Vorstellung gab, gingen die Meinungen im Appartement, 78, Avenue des Champs Elysees, siebte Etage, weit auseinander. Niemand in Deutschland interessierte sich noch für die Welt der Akrobaten, Dompteure, Dressurreiter und Clowns, die alteingesessenen wie die Althoffs kämpften mühsam und immer am Rand des Konkurses um ihr Überleben. Aber Bernhard Paul, Direktor des Zirkus Roncalli, wollte es wissen und machte alles anders: Er baute sein Zelt im Stil der Kaiserzeit mitten in der Stadt auf, umgeben von liebevoll restaurierten und wunderschönen historischen Zirkuswagen.

Der Zirkus verfügte wieder über ein Orchester und die Musiker, Artisten und Manegenarbeiter begrüßten das Publikum persönlich, malten den Besuchern rote Herzen auf die Wangen und verteilten großzügig Konfetti. Bernhard Pauls Traum, ein Zirkus als Mischung aus Theater, Jahrmarkt und Akrobatik, belächelt von der Konkurrenz, kritisch beäugt von den Artisten, nannte sein erstes Programm „Die Reise zum Regenbogen" und tourte damit sehr erfolgreich durch Deutschland.

Fast vier Jahre lang verlängerte das „Lido" Monat für Monat den Vertrag mit den „Thuranos" und alle Agenten, die in dieser Zeit an Konrad herantraten, wurden abgewiesen. Ihre Auftritte dort garantierten, dass sie im Gespräch blieben. Konrad – selten in seinem Leben so lange an einem Ort und in einem „Haus" – spürte eine gewisse Ermüdung. Sicher, die Gäste wechselten täglich, aber er erkannte auch viele, die zum wiederholten Male kamen und Freunde oder Geschäftspartner ausführten. *„Man verliert die Energie sich richtig anzustrengen, die Herausforderung lässt nach."*

Deshalb verspürte er eine gewisse Erleichterung, als sich im Oktober 1976 für einen Monat ein Engagement in Hongkong ergab. Ihr „Crazy Wire Act" kam beim englisch-chinesischen Publikum gut an. Die Stadt in den Tropen, Freihandelshafen, teilweise auf künstlichen, dem Meer entrissenen Flächen gebaut, quoll über vor Menschen aus aller Herren Länder. Auch in dieser Stadt ging Konrad wieder stundenlang durch die großen Straßen oder die kleinen verwinkelten Seitengassen.

Stand an Stand genoss Konrad den Anblick der vielen Gewürze, die grell bunten Süßigkeiten, die Buden der Wahrsager, der Wunderheiler mit speziellen Fachgebieten und Prothesenmacher neben Garküchen, zum Verkauf stehenden Kampfmäusen und Kartenspielern. Aber Konrad sah auch die krassen Gegensätze von Arm und Reich. Auf den Straßen die luxuriösesten Hotels und Häuser, unter den Brücken, die Städte aus Pappe und Packpapier gebaut. In ihrer Freizeit fuhren Konrad und Jetta manchmal auf den Peak, um in der Höhe der schweren Luft Hongkongs ein wenig zu entkommen.

Von Hongkong flogen sie im Februar 1977 ins mondäne Monte Carlo; Gracia Patricia lud als Schirmherrin wieder zu einer Gala des Roten Kreuzes ein. Hier erreichte Konrad die Nachricht, dass nun auch Willi, der letzte Zeuge seiner Kindheit, nachdem er seine Tochter in Amerika besucht hatte, in Düsseldorf verstorben war. Weder zum Trauern noch zur Beerdigung blieb Zeit, denn das „Casino Estoril" engagierte „Die Thuranos" für April. Portugal feierte zum dritten Mal das Ende der 41 Jahre währenden Diktatur. Am

25. April 1974 war es dem portugiesischen Militär gelungen, in einem nahezu unblutigen Putsch die Diktatur zu beenden.

Schon im nächsten Monat standen Konrad und Johnjohn in Kopenhagen auf der Bühne des Tivolis, zogen danach weiter nach Helsinki und Stockholm. Ende des Jahres traten sie vor dem Königshaus in Norwegen und einer großen Veranstaltung des Roten Kreuzes auf und lernten Bing Crosby kennen. Es sollte einer seiner letzten Auftritte werden; er verstarb kurz darauf in Spanien.

Hier hörte Konrad auch vom Tod Charlie Chaplins am 27. Dezember 1977, der einzige Komiker, den er je als Vorbild betrachtet hat.

Zürich, Basel, Genf, Tokio, Monte Carlo und Hamburg waren die nächsten Städte. Unermüdlich, mit Spaß und ungebrochener Energie tourte der fast 70-jährige Artist weiter durch die Welt, bis Amerika ihn für 13 Jahre festhielt.

HANSA-THEATER

ABC

HAMBURG
Mai 1970

ABC

Brigitte Borgeest
Eine deutsche Nachtigall

Elia & Bob Carley
Perm. Adr.: 12, Rue Bellevue, 92 Boulogne (France) - Tel.: 603 43 30

Didier Danion
Perm. Adr.: 400 Warley Rd. - Blackpool (England) - Tel.: 5 54 70

---

2 Elmontes
Elegante Zahnwirbel-Kapriolen

Jul & Jule
Komische Akrobatik-Parodie

Bob & Marion Konyot
– Der Maler und sein Modell –

Wolfgang Krenzola
mit seinen Tieren

Ola & Barbro
Perm. Adr.: Gamla Bangatan 55 - 77100 Ludvika (Sweden)

Omar Pasha
Wunder aus 1001 Nacht

Duo Popescu-Pappert
Kautschuk-Akt mit Hebe-Elastik, eine Welt-Attraktion aus Rumänien
Perm. Adr.: Str. Alex. Vlahuta 19, Sector 4, Bucuresti (Romania)

Fujiko Sawada
Original japanische Antipodistin - Filigranarbeit mit den Füßen
Siehe eigene Annonce!

Viggo Spaar

The Thuranos
Selfstanding Wire

Auszug aus einem Programmheft

Konrad und Johnjohn nach getaner Arbeit

„Amerika, waren die Jahre dort Rentenzeit?"
„Ne, Schatz, Leben in slow motion.
Wir nahmen keine vollen Engagements mehr an."
„Dann bist du nur noch zum Spaß aufgetreten?"
„Ne, dat war immer Arbeit! Aber Arbeit, die Spaß gemacht hat!"

11. Amerika

Die feucht warme Luft von Miami lag Konrad nicht, machte ihm das Atmen schwer, sein Alter machte sich bemerkbar. Am Ende des Engagements reisten Konrad und Jetta zum ersten Mal in ihrem gemeinsamen Leben zum Vergnügen und nicht zum nächsten Auftritt. Sie leisteten sich einen kurzen Urlaub, fuhren mit den Greyhoundbussen über Land. Tagelang schaukelten sie von Florida nach Alabama, Louisiana, Texas, und von New Mexiko nach Nevada. Sie besuchten in Dakota Willis Tochter, die einen Amerikaner geheiratet hatte, und bei Willis Enkelin Maya in Las Vegas erwartete Johnjohn seine Eltern, der die Strecke auf seine Weise zurückgelegt hatte: Mit einem Porsche und dem Wohnwagen, der die Habseligkeiten barg. Zunächst wohnten sie bei einer Freundin, die sie von Puerto Rico kannten und blieben länger als geplant. Johnjohn kam die Idee, es noch einmal und unter gänzlich anderen Bedingungen mit einer Autowerkstatt zu versuchen. Besitzer europäischer Luxusautos wie Mercedes und Porsche sollten seine Kunden werden. Zunächst benötigte Johnjohn eine Greencard. Dafür blieb er ein Jahr lang ohne Unterbrechung in den Staaten und arbeitete kontinuierlich, was immer es zu arbeiten gab. Er verdingte sich als 14-sprachiger Kellner im Circus-Circus, arbeitete als Chauffeur, verteilte in seiner Nachbarschaft zur Eigenwerbung Zettel mit der Aufschrift „Ich tue in Ihrem Haus, was Sie nicht selbst tun wollen!" 1980 hatte Johnjohn sein Ziel erreicht, er erhielt eine unbefristete Aufenthaltserlaubnis und gründete nach dem Kauf von zwei Hebebühnen seine Reparaturwerkstatt, abermals mit einem Partner. Gelegentlich nahmen er und Konrad noch kleine Engagements an, von einem Abend bis maximal einer Woche. Ihre Flexibilität zahlte sich einmal mehr aus. Auftraggeber konnten morgens anrufen und „Die Thuranos" für den gleichen Abend buchen.

Durch Johnjohns Werkstatt erhielten auch Jetta und Konrad eine dauerhafte Aufenthaltserlaubnis. Amerika war im Aufruhr zu dieser Zeit. Im Dezember 1980 hatte ein Fan John Lennon in New York erschossen und wenige Monate später, im März 1981 wurde US-Präsident Reagan bei einem Attentat schwer verletzt.

Ende 1981 entschieden Konrad und Johnjohn, dass Las Vegas vielleicht ein guter Platz sein könnte, um sich niederzulassen. Sie kauften ein Haus gegenüber einer Mormonenkirche in der Nähe des Flughafens. Zwischen dem Las Vegas Boulevard, „Strip" genannt, und ihrem eigenen Garten, lag nur der Friedhof. Die Stadt litt zu dieser Zeit unter einer Rezession, Investoren gab es kaum und außerhalb des „Strip" noch viel unbebautes Land. Das Haus der Thurs, das sie zu einem moderaten Preis erhielten, hatte damals noch rundum freie Sicht – heute unvorstellbar.

In den 40-er Jahren legalisierte Nevada das Glücksspiel und am „Strip" wurden die ersten Ressorts gebaut, bestehend aus einem Hotel mit großem Pool, einem Casino für das Glücksspiel, Restaurant und einem angegliederten Showbereich. Der Bauboom ging ungebremst weiter, am „Strip" entstanden das Tropicana, Sands, Stardust, Sahara, Riviera, Dunes und Desert-Inn. Im Zentrum von Las Vegas bauten verschiedene Hotelketten weitere Anlagen. Die 60-er Jahre brachten die ersten „Themen Ressorts" wie das Circus-Circus oder der Caesar's Palace, wo der Besucher sich ins alte Rom versetzt fühlte. Einen geschäftlichen Einbruch erlitt Las Vegas, als 1976 auch Atlantic City das Glückspiel legalisierte und damit das Monopol Nevadas gebrochen war. Hinzu kam die Rezession im ganzen Land, so dass Las Vegas sich bis Mitte der 80-er Jahre kaum veränderte und über jeden Investor froh war.

Konrads Leben in „slow motion" begann. Er, der sein ganzes Leben lang auf Achse war, von einer Stadt zur anderen, von einem Kontinent zum nächsten tourte, wurde auf Sparflamme gesetzt. Aber es gab dennoch viel für ihn zu tun: Um dem Haus an der Sierra Nevada einen gemütlichen Rahmen zu geben, umgaben sie es mit einem Zaun und legten anschließend einen kleinen „Wald" an. An verregneten Tagen sortierte er endlich ausgiebig seine inzwischen immense Briefmarkensammlung oder er beobachtete vom Balkon der ersten Etage aus das Treiben auf dem Flughafen. Manchmal ließ

Arbeit am Zaun: Johnjohn, Cassius und der 72-jährige Konrad

er einen Tag einfach an sich vorüber gleiten und saß vor sich hin summend in der Sonne. Aber dann wieder machte ihn die Untätigkeit nervös. *„Wenn uns langweilig war, haben wir eben irgendwas wieder kaputt gemacht."*

Konrad legte den ersten Pool an. Als dieser ihm zu klein erschien, baute er einen größeren. Als er eines Tages im Garten in der Sonne saß kam ihm eine weitere Idee: Ein neuer Swimmingpool, der so nah am Haus lag, dass sie von der kleinen Veranda auf der ersten Etage hineinspringen konnten. Als an dem Pool wirklich nichts mehr zu verbessern war, legte er im Garten einen Teich an. Dem folgte eine kleine Brücke, die Garten und Terrasseneingang verband und unter der riesige Fische schwammen. Die nächste Idee, eine Insel mit Wassergraben scheiterte, weil die Wasserpumpe nicht ausreichte, um das „Inselwasser" sauber zu halten.

Immer noch erreichten sie Angebote von Agenten, nach wie vor waren die Auftritte der „Thuranos" gefragt, in Spielshows und Casinos in Amerika, aber auch im Ausland, in Chile und auf den Antillen. In Europa hingegen dümpelte die Artistenszene vor sich hin. Hier war die große Zeit der Zirkusse vorbei, von ihnen gab es immer weniger und die verbliebenen führten ein Schattendasein und kämpften mit den massiven Kosten. Auch von den Althoffprösslingen blieb nur einer als Artist tätig. Carola trennte sich 1984 von ihrem Zirkusunternehmen, ihr Winterquartier für den Zirkus Williams übernahm Roncalli; Franz Althoff trennte sich von seinen berühmten Pferden.

Nach 16 Jahren kam Bieni erstmals wieder zu Besuch. Sie begleitete die Eltern zu einem Engagement nach Montreal und für kurze Zeit, als Mutter und Tochter gemeinsam die Stadt erkundeten, Johnjohn neue Freundinnen mit nach Hause brachte und Konrad vor sich hin summend seine Briefmarken sortierte, war fast alles so wie früher. Dennoch: Auch sie mussten sich jetzt mit den Erfordernissen einer bürgerlichen Existenz befassen. Das Eigentum machte ein Testament notwendig, die Finanzen mussten geregelt werden.

Ihr Leben in Amerika war geprägt von Ruhe, viel Zeit und Müßiggang. Es ließ Konrad, der zeitlebens jünger aussah als er tatsächlich war, jetzt auch äußerlich altern. Am unvermeidlichen Galgen in ihrem Garten probte er täglich, welche Elemente ihrer alten Nummer er noch beherrschte. Mit 71, mit 72, mit 73, mit 81 Jahren. Seit 1990 trifft auf Konrad Thur der Titel „ältester aktiver Artist der Welt" zu.

Viele befreundete und noch aktive Artisten kamen zu Besuch. Die Zauberer unter ihnen hinterließen „Mama" und „Papa" regelmäßig alle möglichen Tiere zur Pflege, die sich aus verschiedenen Gründen nicht mehr für die Bühne eigneten. Manche wurden zu groß für den Hut, andere zu eigensinnig und manche schlichtweg zu alt. So bevölkerten Huhn, Katze, Pfau, Schildkröte und Kaninchen nach und nach den wilden Garten.

An manchen Abenden gingen Jetta und Konrad auf dem „Strip" spazieren, der sich bei Sonnenuntergang jeden Tag aufs Neue vom kargem Ödland in eine glitzernde Welt verwandelte: Ein Eiffelturm vor dem Pariser Hotel, verschiedenste Hotels mit Seen und Schiffen darauf, die einmal stündlich ihren kleinen Hafen verließen und vor dem Hotel eine Schlacht austrugen. Jede Hotelfassade war noch glamouröser als die vorherige. In den Casinos dieser riesigen Ressorts traten sie gelegentlich noch auf.

Konrad mochte sein Zuhause, die Tiere, die Briefmarken, den Grand Canyon und den Besuch der Freunde, aber richtig wohl fühlte er sich nie unter den Amerikanern. Die Artistenseele, die seit über siebzig Jahren mit leichtem Gepäck durch die Welt zog, selten etwas sein eigen nannte, stand ein wenig ratlos vor der von Konsum und Materialismus geprägten Lebensweise und Mentalität seiner amerikanischen Bekannten. Die Eigenschaft „auf Pump" zu kaufen, widersprach Konrad aus tiefster Seele. Immer noch trug er den Leitsatz seines Vaters in sich: „Gekauft wird nur, was wir sofort bezahlen können!" Präsentierte jemand Konrad ein neues Auto, eine neue Hausbar oder eine teure Wohnzimmercouch, zeigte er sich stets unbeeindruckt. *„Ich hab mir gedacht, mal sehen, wie lange er das hat."* Tatsächlich geschah es nicht selten, dass das erworbene Stück nach zwei Monaten wieder abgeholt wurde, weil die zu zahlenden Raten ausblieben.

Einmal im Jahr, so auch 1992, besuchte auch Konrads Hausarzt die Thurs in Amerika und blieb für mehrere Wochen. Konrad ließ sich immer noch von ihm untersuchen, überhörte jedoch seine Ermahnungen, mit den Auftritten Schluss zu machen, da sein Herz einfach nicht mehr kräftig genug für die Anstrengungen sei. Dass Konrad seinen Rat beständig ignorierte, übersah er wohlwollend. Zu gut kannte er seinen lanjährigen Patienten. Dass ihre Gesundheit nicht unverwüstlich war, sollte ihnen ein weiteres Ereignis schlagartig vor Augen führen. Jetta musste erfahren, dass sie an Brustkrebs erkrankt war. Gott sei Dank war die Krankheit frühzeitig genug festgestellt worden, um ihr eine Chemotherapie zu ersparen. Die Amputation hingegen war unvermeidlich. Sehr schnell aber erholte sie sich und zeigte sich ihren Kindern und Freunden gegenüber bald wieder von der optimistischen Seite. Nur ihrer Tochter konnte sie nichts vormachen. Bieni spürte genau, dass in Jetta etwas zerbrochen war, sie hörte es in den feinen Tönen ihrer Stimme, die jetzt in seltenen Momenten brüchig klang. Hinter verschlossener Türe hielt Konrad seinem „Jettchen" die Hand, wenn das Trauma des nahen Todes sie nicht schlafen ließ und trocknete ihre Tränen, wenn sie über den Verlust ihrer Weiblichkeit weinte.

„Die Thuranos" traten viele Monate nicht mehr auf. Johnjohn kümmerte sich verstärkt um seine Werkstatt und Konrad und Jetta genossen ihre gemeinsamen Tage. Über einen Freund erhielt Johnjohn eines Tages das Angebot, in einem Film mitzuwirken, in dem eine Jongliernummer mit 30 Tellern gebraucht wurde. Zwar wurde nichts aus der Rolle, die Teller aber überließ man ihm und sie stapelten sich fortan in seiner Werkstatt. Das war natürlich ein ständig ins Auge fallender Anreiz, die Tellernummer noch einmal zu proben. Erst widerstand er der Versuchung, dann aber juckte es ihm doch in den Fingern und er baute die Tellernummer eines Abends in der Werkstatt auf. So wie Konrad an seinem Galgen, wollte der Sohn einfach nur mal testen, was er noch drauf hatte. Und das tat er plötzlich jeden Abend. Als nach Monaten Auszeit die Anfrage des legendären „Flamingos" kam, ob „Die Thuranos" auftreten könnten, war es für beide keine schwierige Entscheidung. Eilig holten sie den „Apparat" aus der Garage, um zu proben. Eigentlich waren sie in Rente, Konrad 83, Johnjohn 46 Jahre alt und mit seiner Werkstatt gut beschäftigt. Aber wie die Katze das Mausen nicht lässt, weil es ihre Natur ist, kann der Artist, der sich mit Leib und Seele dieser Leidenschaft verschrieben hat, die Bühne erst mit dem Tod für immer verlassen. Eine Woche später packten Konrad und Johnjohn ihre Sachen zusammen für den Auftritt. Das „alte" Leben passte ihnen, war ihnen vom ersten Moment an wieder vertraut – wie ein maßgeschneidertes Kleidungsstück, das man nach Jahren wieder aus dem Schrank holt und feststellt, dass es noch wie angegossen passt. Eingespielte Handgriffe auf Zuruf, geübte Gesten zur Verständigung und die Freude daran, den „Crazy Wire Act" jeden Abend neu für das Publikum entstehen zu lassen. Johnjohn verspürte keine Bühnenmüdigkeit mehr, Konrad war der Bühne niemals

Konrad und Johnjohn beim Training

müde geworden. Nach erfolgreichen Wochen im „Flamingo" gingen sie wieder zu dritt auf Tour. Mit kleinem Gepäck: Bühnenanzug, Trainingsanzug, Ausgehanzug, Waschzeug! Zunächst für drei Monate in die Schweiz und dann zum „Sechs-Tage-Rennen" nach Italien. Leider bestätigte Italien bereits am ersten Abend ihren Vorbehalt gegen dieses Land. Sie parkten ihr Auto vor der Arena, trugen die ersten Requisiten nach oben, schauten sich kurz in der Garderobe um und gingen wieder nach unten. Als sie zurückkamen, fehlte der kleine Campingwagen und mit ihm der Rest des Gepäcks, darunter Konrads alte Briefmarkensammlung. Seit 1924 reiste Konrad in alle möglichen Länder, um dort zu arbeiten und ausgerechnet in Italien wurde er bestohlen! Trotzdem genossen sie die zwei Auftritte am Tag, um das Publikum während der Rennpausen in alter Manier aufs Beste zu unterhalten.

„Die Thuranos" in Action

„Und?" – „Jo, hat Spaß gemacht?"

„Ihr habt wieder in Deutschland angefangen zu arbeiten?"
*„Ja, aber erst im dänischen Kolding, dann Hamburg, ‚Hansa'.
Dabei war es da schon so, dass die heimischen Artisten eher verschmäht werden. Ausländischen wird der Vorzug gegeben.
Früher sorgte die IAL dafür, dass das nicht passierte."*

12. Zuhause ist, wo eine Bühne für uns steht

Bieni, die seit einigen Jahren selbst nicht mehr mit Mann und Tochter durch die Welt tourte, wohnt mittlerweile in Dänemark. Dort sprach sie im Sommer 1993 der Direktor des Varietés in Kolding an. Der Sohn wollte das Varieté nicht weiterführen, seine Frau und er fühlten sich langsam zu alt für diese Aufgabe. Sie planten eine Abschlussshow, die keiner so schnell vergessen sollte. Auf die Frage des Direktors „Was macht Papa" bekam er die Antwort, dass Konrad wohlauf sei und noch auf Tour gehe. Er bat sie ihren Vater zu fragen, ob er, der so oft im Kolding-Varieté auf der Bühne gestanden hatte, in die Abschlussshow käme. Selbst wenn er nur an einem Stock über die Bühne gehen könnte!

Bieni telefonierte mit ihrem Vater in Amerika. Sie konnte ihm auch berichten, dass Enkelin Nadine einen gesunden Jungen, Urenkel Mark, geboren hatte. Mit reinem Gewissen sagte Konrad Kolding zu. Der Direktor freute sich, dass Konrad, der „älteste aktive Artist" der Welt, nicht wie ein Greis mit einem Stock, sondern mit seinem Sohn und dem „Crazy Wire Act" anreiste. Die Abschlussshow im Kolding wurde das, was der Direktor sich gewünscht hatte: ein grandioser Erfolg! Konrad und Johnjohn traten dort drei Monate auf, bevor sie zurück nach Amerika reisten. Die Neuigkeit, dass „Die Thuranos" wieder auf Tour gingen, fegte wie ein Wirbelsturm durch die ausgedünnte Varietészene Europas. Bernhard Paul, der bereits mit seinem Zirkus Roncalli dem Wunsch der Menschen nach Zauber und alten Zirkuszeiten erfolgreich entsprochen hatte, rief im September 1992 mit Partnern den Berliner „Wintergarten" wieder ins Leben. Der „Friedrichstadt-Palast" im Ostteil Berlins galt nach dem Fall der Mauer 1989 als modernste Varietébühne der Welt. Das seit fast hundert Jahren bestehende Traditionshaus in Hamburg, das „Hansatheater", engagierte „Die Thuranos" vom Fleck weg für zwei Monate. Auch Agenten nahmen die beiden gerne wieder unter Vertrag. Johnjohn entschied sich deshalb zum Verkauf seiner Werkstatt. Konrad, froh über seine Fitness, genoss jede einzelne Vorstellung. Der Ehrgeiz schlug ihm allerdings einmal ein Schnippchen. Stets war seine Devise: *„Wenn mich jemand gefragt hat, wie viel Klimmzüge ich kann, habe ich immer gesagt: zwei und nie mehr gemacht. Wenn das Publikum bei zwei nicht begeistert ist, dann hat auch keiner an zwölfen Spaß."*

Nur an einem Abend hielt er sich nicht an die eiserne Regel, nur soviel zeigen, wie man wirklich kann. Er überschätzte seine Kräfte und seine Fähigkeiten. Die Folge war ein Bauchmuskelriss, der ihn für ein paar Tage ans Krankenbett fesselte. Rasch erholte er sich jedoch und stand kurze Zeit später wieder auf der Bühne – erst in Kopenhagen und anschließend für drei Monate in Monte Carlo. Seinen Bauchmuskelriss behandelte er in Eigenregie mittels Paketklebeband, so konnte er arbeiten.

„Die Thuranos" waren froh, dass ebenso wie der „Wintergarten" das Varieté „Friedrichsbau" in Stuttgart an historischer Stelle 1994 seine Türen wieder öffnete. Mit Besorgnis vernahm Konrad, dass die rechte Gewalt in Deutschland wieder aufflammte und sich am hässlichsten zeigte in massiven und tödlichen Anschlägen auf Ausländer in Hoyerswerda, in Rostock und Solingen, wo ein ganzes Haus niederbrannte, zwei Frauen und drei kleine Mädchen in den Flammen starben. Konrad hatte das alles schon einmal erlebt.

Als das nächste Engagement sie für ein Jahr an Berlin band, entschieden sich die Thurs zum Verkauf ihres Besitzes in Las Vegas. Die Stadt an der Sierra Nevada hatte sich nach dem Ende der amerikanischen Rezession schnell erholt, viele Hotels wurden renoviert oder erweitert. Die Neubauten Mirage, Excalibur, Treasure Island, Luxor und MGM Grand mit den dazugehörenden Attraktionen machten Las Vegas zur „Familienerlebnisstadt". Um die echten Zocker weiter anzulocken, baute die Stadt noch größere, schönere und spektakulärere Paläste und die gigantischen Shows der Illusionen benötigten keine „echten" Artisten mehr. Konrad und Johnjohns Zeit hier war vorbei: Altes Rom neben New-York und Raumschiff Enterprise inklusive Mr. Spock dominierten das neue Entertainment auf dem „Strip".

Der nächste Bauboom und neuerliche Run auf Las Vegas griff um sich, die Grundstückspreise stiegen um das Doppelte, der Flughafen brauchte mehr Platz und plante den Ausbau. Thurs Haus stand diesen Plänen ein bisschen im Weg, sodass sie ein gutes Geschäft bei dem Verkauf machten; sie kehrten Amerika leichten Herzens den Rücken. Die materialistisch orientierte Gesellschaft in den USA entsprach seinen Vorstellungen ganz und gar nicht. Konrad, der den Wert einer Person zeitlebens an ihrem Denken und Handeln festmachte, stolperte immer wieder über die Bewertung der Menschen nach Haus, Auto und Gehalt.

Im Berliner „Friedrichstadtpalast" traten sie lange erfolgreich auf, Tag für Tag. Konrad, der gerne auf einer hellen Bühne arbeitet, wies den Bühnenmeister mehrfach darauf hin, dass er mehr Licht auf der Bühne benötige. Da der Lichttechniker das regelmäßig vergaß, was Konrad täglich aufs Neue ärgerte, gewöhnte er sich an, entweder Streichhölzer oder eine Taschenlampe zu seinem Auftritt mitzunehmen. Stellte er fest, dass das Licht nicht ausreichte, zündete er ein Streichholz oder machte die Taschenlampe an und leuchtete sich den Weg über die Bühne zum Seilapparat. *„Das Publikum hat gedacht, es gehört zur Nummer, aber der Mann am Licht ist wach geworden, weil er sich gefragt hat, was macht der da unten eigentlich!"*

Ein zweites Mal in ihrem Leben verloren sie durch Diebstahl einen Teil ihrer Requisiten: Über Nacht verschwand das Drahtseil des „Apparates". Johnjohn montierte ihren Ersatzdraht und sie traten wie gewohnt auf. An diesem Abend wickelte sich mit jeder Drehung sein Hemd um das neue Seil, bis er sich weder vor noch zurück bewegen konnte. *„Ich häng fest"*, sagte er an diesem Abend zum ersten Mal auf der Bühne. Sie mussten Konrad mit dem gesamten „Apparat" von der Bühne tragen, draußen los schneiden und alles wieder hineintragen.

Manche Freunde waren der Meinung, in Las Vegas sei Konrad gealtert und das „neue alte Leben" verjünge ihn, gäbe ihm wieder mehr Schwung. Nicht so ganz! Wer ihn täglich sah, bemerkte es nicht. Der Körper begann Wasser einzulagern, die Glieder wurden schwerer, das Atmen ebenfalls. Mit der lebenslang geübten Disziplin des Artisten ignorierte Konrad diese Beschwerden, anstatt einen Arzt aufzusuchen. Gegen Ende ihrer Auftritte im „Friedrichstadtpalast" lernte Johnjohn Marjolein kennen, eine ehemalige Blue Belles Tänzerin des „Lidos" in Paris und verliebte sich. Diesmal schien es – ganz gegen seine Gewohnheiten – eine Beziehung von Dauer zu werden. Kurze Zeit später folgte sie Johnjohn nach Hamburg, blieb bei ihm und bald feierte man Hochzeit.

„Die Thuranos" verließen das „Hansatheater" im Januar 1995 und verbrachten einige Zeit bei Bieni in Dänemark. Johnjohn, der bisher in einem Campingwagen im Garten seiner Schwester gewohnt hatte, kaufte auf Fünen ein Haus für seine Familie und im Mai kam Kirsten Thur auf die Welt. Konrad und Jetta bezogen das kleine Gästehaus.

„Oh, der Johnny war ein Playboy. In jeder Stadt hatte er mindestens eine, meistens zwei Freundinnen. Ich dachte manchmal, das kann er doch nicht machen, aber es ging immer gut und bis auf eine Ausnahme ging alles freundlich auseinander. Als er heiratete, fiel ich aus allen Wolken."

Konrad fiel aus zweierlei Gründen „aus allen Wolken". Zum einen hatte er nicht mehr damit gerechnet, dass sein Sohn jemals eine eigene Familie gründen wollte, und das überraschte und freute ihn gleichermaßen. Zum anderen hatte er in seiner Artistenlaufbahn viele Nummern zerbrechen sehen, sobald die Liebe ins Spiel kam und fürchtete, dass jetzt, wo sie wieder große Erfolge feierten, Johnjohn durch die Heirat wieder ans Aufhören denken würde. Aber dem war nicht so. Sein Sohn genoss genau wie er selbst das Leben auf der Bühne und hatte sich eine Partnerin gesucht, die das akzeptierte und unterstützte.

Der Auftrieb von Vater und Sohn bedeutete auch Jetta sehr viel, obwohl ihr Lebensmut seit ihrer Erkrankung nie wieder ganz zurück kam. Sie stürzte manchmal und verlor zusehends an Kraft. Jetta blieb jetzt lieber bei Bieni in Dänemark als mit ihren beiden Männern auf Tour zu gehen, was sie allerdings gelegentlich immer noch tat: Nach Schweden, Finnland, Japan, Taipeh und Malaysia. Konrad bemerkte langsam, dass ihm die Beine schwer wurden. Doch die Disziplin des Artisten, der mit Grippe, Fieber, Influenza gewohnt war auf die Bühne zu gehen, übersah die Stoppschilder seines 86 Jahre alten Körpers.

1995 erhielten „Die Thuranos" abermals ein Engagement in Japan. Sie kamen in ein erschüttertes Land: Die Städte Kobe und Osaka kämpften noch mit den Folgen eines schweren Erdbebens, das am 17. Januar 1995 in 20 Sekunden die Gebiete um die Millionenstädte schwer verwüstet und über 6000 Menschen in den Tod gerissen hatte. Tokio befand sich in erhöhter Alarmbereitschaft, seit im März desselben Jahres die Aum-Sekte Anschläge mit Giftgas verübte und dabei zwölf Menschen getötet und über 5000 verletzt hatte. Konrad und Johnjohn traten zunächst bei einer Gala auf, die der Flughafen Osakas veranstaltete. Danach tourten sie durch einige Städte und Konrad gewöhnte sich wieder an den rohen Fisch, genoss lächelnd seinen morgendlichen Kampf mit dem Kellner, um ausreichend Zucker für seinen Tee zu bekommen. Johnjohn, der sieben Sprachen in den Grundbegriffen beherrscht und weitere sieben fließend, begeisterte auch das japanische Publikum mit seinen Sprachkenntnissen.

Im Sommer 1996 verschlechterte sich Konrads körperlicher Zustand ganz rapide, er schwitzte sehr, das Atmen fiel ihm schwer und ein starker Husten plagte ihn. Telse Grell, die Direktorin des „Hansatheaters", in dem sie zu dieser Zeit auftraten, war Konrad sehr zugetan und beobachtete ihn mit Besorgnis. Eines Abends im August kollabierte er fast auf der Bühne, vergeblich nach Luft ringend. Johnjohn informierte Telse Grell und schaffte den Uneinsichtigen in ein Krankenhaus, wo man eine Operation für notwendig hielt. Wasser hatte sich in seiner Lunge gesammelt, machte das Atmen fast unmöglich. *„Wenn die operieren, dann nur in Düsseldorf, wo die Ärzte mich kennen"!*

Dank einflussreicher Freunde, deren Kontakte sie ausnahmsweise in Anspruch nahmen, konnte Konrad in die Universitätsklinik Düsseldorf gebracht werden. Die Operation verlief zwar sehr gut, das Wasser in den Gliedern und in der Lunge verschwand, jedoch erholte sich der kleine schlanke 88-jährige Artist nur langsam. Sein bislang unerschütterlicher Optimismus verließ ihn in diesen Tagen, das Zutrauen in sich selbst, in seine Unverwüstlichkeit, in das Leben. Der Schalk blieb ihm jedoch treu. Schon länger geplant, sollte Konrad das Bundesverdienstkreuz in Düsseldorf überreicht bekommen. Nur noch ein Fliegengewicht, war er trotz-

DÜSSELDORFER STADTPOST

Noch Puste mit 89
Ein Ereignis auf der Bühne: 89 Kerzen hatten die Künstler-Kollegen zum 89. Geburtstag von Konrad Thur aufgebaut. Der Senior feierte dort, wo er sich hingezogen fühlt und nach wie vor auftritt - im Apollo-Varieté. Und auf die Solidarität der Kollegen durfte er auch zählen: Sie pusteten kräftig mit, um das Kerzenlicht zu löschen. Die Zuschauer hatten viel Beifall für diesen Düsseldorfer übrig, der schon im alten „Apollo" gearbeitet hat und auf die Frage, wann er denn ans Aufhören denke, mit den Achseln zuckt.

Geburtstagsfeier im Apollo: 89 Kerzen – da brauchte Konrad Thur (Mitte) schon ein wenig Unterstützung von seinen Artisten-Kollegen.

Konrads 89. Geburtstag im „Apollo"

dem bereit, für diesen Tag das Bett zu verlassen. Die Ärzte lehnten zwar ab, aber der Stationsarzt meinte, wenn er nichts davon wüsste.... Das war nach Konrads Geschmack!

Als am Tag darauf Düsseldorfs Zeitungen mit dieser Meldung aufwarteten und Fotos von Konrad Thur ohne Tropf, dafür mit Bundesverdienstkreuz zeigten, übersahen Ärzte und Schwestern des Krankenhauses dies geflissentlich. Allerdings riet man Konrad dringend, von der Bühne Abschied zu nehmen – nicht ahnend, dass sie ihm damit auch den Lebensmut nahmen. Den fand der Artist wieder, als am 17. Oktober 1997 das Haus „Apollo" in seiner Heimatstadt eröffnete. Mehr als alle Medikamente und ärztliche Pflege ließ ihn dieser Gedanke genesen. 1924, vor 73 Jahren, hatte er das erste Mal auf der Bühne des „Apollos" gestanden. 1933 diente den „Gebrüdern Lindner" dasselbe „Haus" als Sprungbrett und ermöglichte ihnen, Deutschland den Rücken zu kehren. Auf dieser für ihn so geschichtsträchtigen Bühne wollte Konrad noch einmal stehen. Zwar konnten „Die Thuranos" aufgrund seiner Erkrankung nicht in der Eröffnungsshow auftreten, aber man wollte am 4. April 1998 dort seinen Geburtstag feiern.

Darauf arbeitete der 88-jährige hin, und je länger sie probten, desto gesünder fühlte er sich. Das heutige „Apollo" befindet sich unter der Rheinkniebrücke, dort, wo Konrad vor über 80 Jahren mit seinen Freunden „Männemann", Alvis, Schmiedepeter und seiner Jugendliebe Eva gespielt hatte. Wo Konrad zwischen den Zügen und Kasematten durchgelaufen war, um seinem Schwager Schäng das Essen zu bringen. Keine 500 Meter vom neuen „Apollo" entfernt, befindet sich noch immer der Hinterhof des Hauses Fürstenwall Nr. 26, wo er mit seiner Fürstenwalltruppe die ersten Aufführungen probte und erfolgreich in den Kohlenkeller entschwand.

Mit August Lindner hatte Konrad 25 Jahre dieselbe Nummer aufgeführt, die sie nur in Nuancen abwandelt hatten. Mit seinem Sohn Johnjohn trat er seit 35 Jahren mit der gleichen Nummer auf, die sie im Laufe der Jahre mit komischen Elementen füllten und mit Akrobatik erweiterten. Jetzt, 1997, war es an der Zeit, den „Crazy Wire Act" zu ändern. Nur die Nummer, nicht den hochprofessionellen Artisten. Konrad und Johnjohn planten genau, welche Tricks an welche Stelle sollten. *„An den Anfang gehören die, die 100%ig sitzen müssen!"*

Um sich während der Darbietung selbst ein bisschen zu unterhalten und zu amüsieren, entwickelte sich zwischen beiden Akteuren eine Plauderei. Konrad etwa klagte: *„Hetz mich nicht so!"* und hatte aufgrund seines nachlassenden Gehörs längst sein *„Wat-denn?"* kultiviert. Johnjohn merkte, dass die vorderen Reihen über diese kurzen Dialoge lachten. Im Berliner „Wintergarten" fand der Direktor es schade, dass nicht das ganze Publikum ihrem Schlagabtausch folgen konnte und schlug vor, beide Akteure mit Mikrofonen zu verkabeln. Mit 90 Jahren lernte Konrad jetzt noch einmal etwas Neues und machte den Sprung vom reinen Artisten zum Künstler, zum „Stand up Comedian". Ihre Dialoge entwickelten sich mit jedem Auftritt, wurden immer länger, immer witziger. Konrad, der sein Leben lang auf Reden keinen großen Wert gelegt hatte, tat sich anfangs schwer mit dem Dialog in der Öffentlichkeit, beherrschte ihn aber bald bravourös. So konnte er auch die Rolle des „Störers" weiter entwickeln.

Im Jahre 1998 führte ihn sein Weg an einer Bäckerei vorbei und wie immer warf er einen Blick auf die köstlichen Kuchen in der Auslage. Seinen Weg fortsetzend, wiederholte er im Geiste ein paar Mal den Namen dieser Bäckerei: Löckenhof. Konrad zögerte einen Moment, betrat – die eigenen Zweifel außer Acht lassend – den Laden und erkundigte sich, um welchen Löckenhof es sich handele. Tatsächlich war es die Bäckerei des Löckenhofjungen, linke Seite Neusserstraße, der sich seinen Kindertraum, eine eigene Bäckerei, erfüllt hatte. Wenige Tage später saß Konrad mit Löckenhof am Kaffeetisch, aß Käsekuchen und frischte mit dem Freund aus Kindertagen Erinnerungen auf.

Die Zeit zwischen den Engagements verbringt Konrad auch heute nach wie vor oft bei seiner Tochter in Dänemark, wo sie auch gelegentlich noch auftreten. Dabei wandelten sie die Nummer abermals ab: Bei einem Kinderfest zeigte Johnjohn zunächst seine Tellernummer, während Konrad sich unter das Publikum mischte und einen Platz in der ersten Reihe erkämpfte. Nachdem Johnjohn ein paar Tricks auf dem Seil gemacht hatte, bat er jemandem aus dem Publikum, ihm für die nächsten Tricks zu assistieren. Der scheinbar betrunkene Konrad stolperte auf die Bühne und kam kurz vor dem „Apparat" zum Stehen. Johnjohn gab ihm Anweisungen, den Tisch und das Seil zu holen und schimpfte zunehmend mit dem tollpatschigen Alten. Daraufhin wurde das Publikum – instinktiv auf der Seite des vermeindlich Schwächeren – immer wütender auf Johnjohn, der sich offenbar lustig machte über den alten betrunkenen Mann. Vater und Sohn konnten nur mühsam ihr Lachen unterdrücken und führten, begleitet von wüsten und entrüsteten Beschimpfungen, ihren „Crazy Wire Act" vor.

Ein Engagement reihte sich an das andere, „Wintergarten", einzelne Galas, „Hansatheater", „Friedrichsbau". Zum 90. Geburtstag, den Konrad wieder auf der Bühne des „Apollos" feierte, verlieh ihm die Stadt Düsseldorf den Jan-Wellem-Preis. Bundespräsident Johannes Rau gratulierte Konrad, der wenige Tage zuvor sein Gast auf Schloss Bellevue gewesen war. Die Kritiken blieben hervorragend: „Artistisch Hochwertiges mit dem Mut, sich selbst zu parodieren", so das Fazit der Pressestimmen. Am 31. Dezember 2001 schloss das „Hansatheater" in Hamburg für immer seine Tore. 51 188 Vorstellungen, 37 Millionen Gäste und 25 000 Artisten hatten das Traditionshaus in den 107 Jahren seines Bestehens besucht. Telse Grell hatte jahrelang die schwierigen Bedingungen, unter denen ihr Variéte existierte, hingenommen: keine staatlichen Subventionen, wie sie Theater und Oper genießen, drastischer Besucherrückgang und schließlich auch noch eine erschwerende Steuergesetzgebung der Stadt Hamburg. Die Schließung war unvermeidbar geworden. Konrad bedauerte das aus tiefstem Herzen. Andere Häuser aber blieben – darunter das „Apollo", auf dessen Bühne er seit 2000 seine Geburtstage feierte. 2004 wird für Konrad das Jahr der Jubiläen: 95. Geburtstag, 80-jähriges Bühnenjubiläum, 50 Jahre gemeinsame Auftritte mit Johnjohn. Auch heute noch gelingt es den beiden, die Nummer durch spontane Einfälle oder auch zufällige Situationskomik, die dann fester Bestandteil werden, zu modifizieren und zu bereichern. Während einer Aufführung in Stuttgart zum Beispiel musste Konrad niesen, wobei sein Gebiss unversehens auf die Bühne flog. Am Bühnenrand blieb es liegen, wo er es mit witzigen Kommentaren einsammelte, wieder in den Mund schob und dabei mit größter Selbstverständlichkeit den Eindruck erweckte, dieser Fauxpas sei tatsächlich fester Bestandteil des „Crazy Wire Act".

Es war ein langer Weg…

„Du hast seit heute ein Hörgerät?"
„Die Kinder wollten das unbedingt. Dabei tun die sich ja selbst keinen Gefallen. Bis heute konnten sie immer sagen, haben wir dir doch gesagt und ich musste das glauben. Weil ich es vielleicht nicht gehört habe. Das ist jetzt vorbei!"

13. Heute

Konrad und Jetta verbringen heute viel Zeit bei Bieni in Dänemark, wenn sie nicht gerade mal wieder auf Tour sind. Im Garten steht der unvermeidliche Galgen, an dem Konrad immer noch täglich ein paar Klimmzüge macht. Scheint die Sonne, sitzt er im Trainingsanzug draußen, summt vor sich hin. An Regentagen blättert er durch die neue Briefmarkensammlung oder seine Fotoalben. Enkel und Urenkel kommen täglich auf einen kurzen Moment vorbei. Auch wenn er sie noch so genießt – schon nach zwei Wochen Ruhezeit packt ihn die alte Leidenschaft. Dann ist er froh, wenn er mit Johnjohn den „Apparat" ins Auto laden kann, die kleine Tasche gepackt wird und ein paar Monate Arbeit vor ihnen liegen – im „Wintergarten", im „Friedrichsbau" oder im „Apollo".

Kleine Ärgernisse am Rande der Aufführung, wenn etwa der Bandleader das Tempo nicht hält, vergisst Konrad heute recht schnell wieder. Vielmehr freut er sich immer wieder aufs Neue, wenn die Kinder im Publikum laut mit Johnjohn schimpfen, weil er seinen Vater so schlecht behandelt, und rufen, er solle Konrad in Ruhe lassen. Oder, wenn das Publikum so sehr in die Nummer einsteigt, dass es Johnjohn wüst ausbuht, weil er Konrad die rote Karte zeigt und von der Bühne schickt. Höhepunkt eines Abends ist der „Crazy Wire Act". Auch heute noch legen ihre Verträge ganz exakt fest, in welchem Teil der Show sie auftreten. Bei den „Thuranos" gibt es außerdem den Zusatz, dass während ihres Auftrittes kein Essen serviert werden sollte. Artistenverträge! Wenn ein Programm neu beginnt, begegnen sich die Artisten und Akrobaten freundlich, aber auch argwöhnisch. Da „Die Thuranos" am Showende auftreten, erwecken sie Neugierde besonders bei denen, die sie nicht kennen. Zumeist fragen sie bei Johnjohn nach, was es mit dem „Alten" in der Garderobe auf sich hat, der sich wie ein ‚tütteliger' Greis" gebärdet. Der Sohn erklärt dann zumeist: „Ach, das ist mein Vater, mein Maskottchen, der sitzt immer in der Garderobe, oder schaut hinterm Vorhang zu. Macht ihm halt Spaß!" Oft trumpfen die Artistenkollegen auf, erzählen, woher sie kommen, wo sie schon überall aufgetreten sind und machen sich wichtig. Dabei fällt ihnen nicht auf, dass sie immer noch nicht wissen, was Johnjohn eigentlich macht, und warum seine Nummer das Ende des Programms bildet! Diese „Garderobennummer" beherrschen Vater und Sohn genau so virtuos wie ihren „Crazy Wire Act" und jedes Mal ist die Überraschung groß, wenn der „Alte" plötzlich über die Bühne läuft und das Publikum mit seinem Können, seinem Mutterwitz, seinem Charme und seiner Schlagfertigkeit begeistert!

Wenn „Die Thuranos" auftreten, wohnen sie in Hotels und bei längeren Engagements in einem Appartementhaus, das zu dem jeweiligen Varieté gehört. Dort wohnen sie mit Artisten aus der ganzen Welt: Franzosen, Spanier, Chinesen, Afrikaner, Koreaner, Argentinier, Japaner. Eine Familie auf Zeit entsteht, in der Konrad bald für alle „Papa" ist und Johnjohn mit seinen handwerklichen Fähigkeiten der Hauptansprechpartner, wenn der Wasserhahn tropft, die Waschmaschine ihren Dienst versagt oder das Faxgerät nicht mehr sendet. Sie sind alle Weltbürger, gewohnt, sich an unterschiedlichste Orte und Gegebenheiten anzupassen, schnell neue Freundschaften zu schließen und aus der wenigen Habe, die sie mit sich führen, ein „Zuhause" zu schaffen. Zu Hause, das ist für die Thuranos immer noch da, wo sie alle zusammen sind, wo ein Bett mit einer Decke für sie steht, wo sie auftreten können. Artistenalltag! Kehren sie vom Auftritt abends ins Appartement zurück, fährt Johnjohn den Wagen in die Garage, derweil Konrad zur Wohnung hochsteigt. Ist die Haustüre verschlossen, klingelt er irgendwo. Wenn daraufhin über den Türlautsprecher ein müdes und fragendes „Ja?", „Qui?", „Que?" oder „Ni hau?" ertönt, antwortet Konrad: „Papa hier" und ihm wird aufgemacht. Sie schlafen lange und passen ihre Mahlzeiten ganz dem Zeitrhythmus der Auftritte an. Neigt sich ein Engagement dem Ende entgegen, gibt es in diesen Häusern viele Feiern. Jetzt ist es Zeit, die restlichen Lebensmittel und Spirituosen zu verbrauchen und das geht am besten auf einer Party mit den Kollegen. So kurz vor der Abreise gilt es, die sich angesammelte Habe wieder zu verkleinern. Als ständig Reisende wissen sie, wie wichtig leichtes Gepäck ist.

"Es fragen dich ja immer alle Journalisten wie lange du noch auftreten willst."

"Ich habe Charlie Rivel als alten Mann in Stockholm auftreten sehen. Ich kannte die Rivelbrüder noch von vor dem Krieg mit ihrer klassischen Clownnummer, Weißclown und dummer August, aber immer schon mit akrobatischen Einlagen. Rivel war berühmt für seine Chaplinparodie. Er war eine Zeit bei Carola Althoff engagiert und sein Bruder war bei Franz Althoff. Vor Gericht stritten die Rivelbrüder gegeneinander, dass keiner sich die ‚Original Rivels' nennen durfte. Franz Althoff wurde verboten, die Plakate aufzuhängen mit diesem Titel. Es gab bei Carola Althoff, Charlie Rivel und bei Franz Althoff eben nur „die Rivels". Auch die Kinder waren übrigens gute Artisten. Anyway, als ich Rivel in Stockholm sah, es war peinlich und erschütternd. Ich nahm mir vor, so nie aufzutreten, zu erkennen, wenn die Zeit einfach vorbei ist."

"Was denkst du über den Krieg?

"Wenn einer unbedingt Krieg will, wie Hitler damals, machse nix. Ich bin froh, nicht stolz, nicht im Krieg gewesen zu sein! Wie sollte ich gegen Engländer, Franzosen oder Iraker die Waffe erheben? Habe in ihren Ländern Geld verdient, bin da zu Hause gewesen."

"Du hast ja eine Menge bekannter Menschen kennen gelernt!"

"Ja, aber darauf bin ich auch nicht stolz., dass mir Josephin Baker oder Marlene Dietrich die Hand geschüttelt haben oder irgendwann mal Chaplin. Ihn habe ich bewundert, seinen feinen Humor gemocht, konnte den Sinn in seiner Komik sehen, er war ein bisschen ein Vorbild. Ich habe nie verstanden, warum das immer wieder in der Zeitung steht. Ich hab nich ma Fotos davon. Jerry Lewis mochte eben Mamas Reibekuchen. Peter Sellers hat sich auch mal bei uns bedankt nach der Vorstellung. In England hat mir die Queen ‚Guten Tag' gesagt. Eine wunderbare Frau, wie sie da in ihrem himmelblauen Kostüm vor mir stand. Hans Albers traf ich vor dem Krieg mal im Kinovariéte. Aber Stolz auf so wat? Ne! Gefreut hat mich das natürlich trotzdem, die Gelegenheit zu haben!"

"Worauf bist du stolz?"

"Bis heute ist es gut, wenn man gegen eine Nummer antreten kann. Es macht Freude, wenn man besser abschließt, als die Nummer vorher. Zeigen würde ich das aber nie. Je größer die Nummer davor, desto stolzer, wenn man bestehen kann. Das war immer schon so."

„Hattest du eigentlich in deinem Leben mal richtig Angst?"

„Ja, vor Zahnärzten. Oft waren die Schmerzen weg, sobald ich durch die Praxistüre kam!"

„Und heute?"

„Heute ist es doch nicht mehr schlimm. Ich geh hin, geb´ meine Zähne ab und kann wieder gehen!"

„Wie ist das eigentlich, wenn man als Artist krank wird?"

„Die zwanzig Minuten deiner Nummer schaffste immer irgendwie. Du vergisst Zahnweh oder Kopfschmerzen, oder machst dir in die Hose. Nach der Nummer legst du dich ins Bett. Zwischen den Engagements haben wir uns erholt und die Krankheit genossen. Auf einer Show in England wollte der Bühnenmeister nicht, dass ich rausgehe, weil mein Kopf hochrot war und der Schweiß lief. Bin trotzdem raus gegangen. An manchen Abenden stehe ich hinter dem Vorhang, gebückt, mit dem Gefühl, mich nicht aufrichten zu können. Krumm und mit Schmerzen im Oberschenkel. Dann schick ich ein Gebet in den Himmel, warte auf den Einsatz der Musik und sobald der Vorhang aufgeht, stehe ich gerade und laufe auf die Bühne. Ich weiß nicht, wie das geht. Einmal konnte ich mich mitten auf der Bühne nicht wieder aufrichten, dann hat Johnny mich an die Bühnenseite getragen, die Zeit überbrückt, bis ich wieder da war. Meine Augen sind nich mehr so jut, deshalb sehe ich das Publikum nicht genau. Wenn Johnny beim Applaus sagt, die stehen, verbeug ich mich einmal mehr."

„Und wenn das Publikum mal nicht klatscht?"

„Das Publikum ist immer verschieden. Jeden Tag. Manchmal sind sie begeistert, manchmal aber sitzen sie zu eng, sodass sie nicht klatschen können. Manchmal sind sie sehr steif und dann ist eine Person da, die viel und laut lacht und die anderen ansteckt. Es kommt auch auf die Nummern zuvor an. Wochentag und Wochenende. Selten, aber es ist uns auch passiert, dass man nach der Vorstellung aufstöhnte, weil das Publikum schwer und zäh wie Zement im Rohzustand war. Anyway, ich gehe raus und zeige, was ich kann! Wenn sie es nicht verstehen, kann ich nichts machen, kann niemand was machen. Und wenn die da sitzen, gähnen und hinterher applau-

dieren, dass konnte ich noch nie leiden. Morgen sind wieder andere da, ist meine Devise. Die Menschen sind so verschieden und zu ändern sind sie auch nicht."

„Was ärgert dich?"

„Wenn der Bühnenmeister keine Verbindung zum Publikum hat. Dat is grausam für die Artisten. Wenn z.B. das Publikum kaum applaudiert und er lässt den Vorhang zu lange auf, das ist eine Qual. Auch umgekehrt. Ich fang immer an zu zählen, wenn der Vorhang falsch kommt, 21, 22, 23, das beruhigt mich. Vorhang ist eine Kunst. Einen Job ausfüllen oder einen Job nur übernehmen, das ist zweierlei."

„Was ist dir wichtig?"

„Dass die Familie zusammen ist und gesund bleibt. Wichtig war auch jederzeit: stimmte die Gage, ist das Haus sauber, hat es einen guten Namen. Glück war, wenn es auch mit den Kollegen stimmte."

„Was ist deine Stärke?"

„Wat meinse damit? Stärke?"

„Etwas, was man besonders gut kann, was dir leicht fällt?"

„Das Schlechte hinter mir zu lassen, abzuschütteln!"

„Wünscht du dir noch was?"

„Was soll ich mir noch wünschen heute? War oben und unten, aber nie zu hoch! Ich bin bis heute sehr zufrieden mit dem Leben. Jetta und ich, wir sind durch dick und dünn geschlichen. Ein schöneres Leben kann es nicht geben. Wenn ich heute noch was verlangen würde, hätte ich das Gefühl, das gehört sich nicht. Lassen wir uns überraschen, es kommt schon irgendwie! Ich mache jeden Tag mein Gebetchen, aber das mache ich wo ich bin und wenn ER hören will, dann wird ER schon hören."

„Ich danke dir, dass du mir soviel Zeit geschenkt hast! Jetzt bist du befreit von der lästigen Fragerin!"

„Dachte, dir gehen die Fragen nie aus! Mir hats auch großen Spaß gemacht!"

„Die ganzen Fotoalben, die wir durchwühlt haben, da komme ich noch mal vorbei, um alles wieder zu ordnen."

„Watte ma, den Zettel hab ich heut in meinem Portemonnaie gefunden."

Ein bisschen mehr Friede und weniger Streit
Etwas mehr Güte und weniger Neid
Soviel mehr Wahrheit immer dar
Und viel mehr Hilfe bei Gefahr
Ein bisschen mehr wir und weniger ich
Ein bisschen mehr Kraft und nicht so zimperlich
Viel mehr Blumen während des Lebens,
auf den Gräbern sind die vergebens.

„Bis bald!"
„Jo, bis bald!"

Konrad und Jetta an ihrem 70. Hochzeitstag im Dezember 2002

Berlin, 4. April 2003

Der Bundespräsident

Herrn Konrad Thur
APOLLO-Varieté

Sehr geehrter, lieber Herr Thur,

ich habe gehört, daß Sie auch in diesem Jahr an Ihrem Geburtstag im APOLLO sein werden - nicht etwa nur, um zu feiern, sondern auch und vor allem, weil Sie auftreten und einmal mehr Ihr Publikum begeistern werden. Da gratuliere ich herzlich: Ihnen zu Ihrem Vierundneunzigsten und Ihrem Publikum dazu, daß es dabeisein kann, wenn der weltweit älteste aktive Artist mit einem kleinen Lächeln eine große Leistung zeigt.

Ich wünsche Konrad Thur herzlich alles Gute und den beiden THURANOS viel Applaus.

Meine Grüße gelten Vater und Sohn und allen Gästen des Abends!

Herzlich Ihr

Berlin, 4. April 2001

Der Bundespräsident

Sehr geehrter, lieber Herr Thur,

schön, daß ich die beiden THURANOS vor wenigen Tagen im Bellevue begrüßen konnte! Heute gilt mein Gruß aber vor allem dem Senior und er ist verbunden mit meiner herzlichen Gratulation zum Geburtstag. Ich freue mich mit den Gästen des heutigen Abends, daß Sie ihn wieder - nun schon zum dritten Mal - im APOLLO feiern. Das ist bei Ihren Engagements in aller Welt durchaus keine Selbstverständlichkeit, aber die Düsseldorfer haben Sie nun einmal ganz besonders ins Herz geschlossen.

Ich wünsche Ihnen herzlich noch viele gute und erfüllte Jahre. Mit einem kräftigen toi-toi-toi für die beiden THURANOS und einem Gruß an alle Mitwirkenden auf der Bühne und hinter den Kulissen - und natürlich auch an das Publikum -
bin ich
Ihr

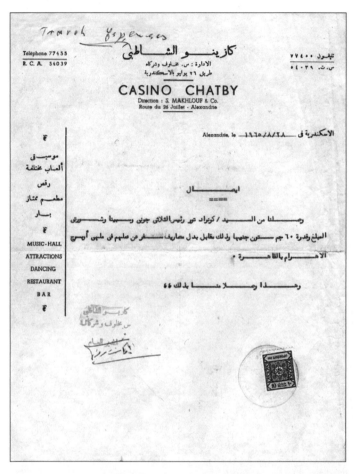

Contract mit der Music Hall
Casino Chatby in Alexandria von 1970

Happy Birthday
lieber Konrad!

Zu Deinem 92. Geburtstag
wünschen wir Dir alles Gute und viel Gesundheit.

Dein Friedrichsbau-Team

Gabriele Frenzel

Ehrenurkunde

Unserem Mitglied

THURANO,

für erfolgreiche Jahre in Show,
Unterhaltung und Artistik

**IAL Berufsverband
Show und Unterhaltung**
Der Vorstand

Hamburg, den 4. April 1979   1. Vorsitzender

Danksagung

*Manchmal lernt man einen Menschen kennen und spürt sofort:
hier macht mir das Leben ein großes Geschenk!*

*So ging es mir, als ich Konrad Thurano im November 2002
kennen lernte und er mich eingeladen hat, mit ihm einen
Spaziergang zu unternehmen durch 94 Jahre
Zeit-, Variéte-, Zirkus- und besonders Lebensgeschichte.*

*Sabina Seidel (Bieni), Konrad, Jetta, Johnjohn und
Marjolein Thurano danke ich, dass ihnen meine vielen Fragen nie
lästig wurden und dass sie mich so mühelos in ihre Familie
integriert haben: „Bei uns ist für Freunde immer ein Bett frei!"
Das stimmt…*

Konrad Thurano und Stefanie Koch